毛泽东眼中的国民党高级将领

李涛　编著

中国文史出版社

图书在版编目（CIP）数据

毛泽东眼中的国民党高级将领 / 李涛编著. -- 北京:
中国文史出版社, 2018.1

ISBN 978-7-5034-9591-5

Ⅰ. ①毛… Ⅱ. ①李… Ⅲ. ①毛泽东著作研究－国民党军－人物评论 Ⅳ. ①A841.692

中国版本图书馆CIP数据核字(2017)第239186号

责任编辑：张蕊燕

出版发行：中国文史出版社

社　　址：北京市海淀区西八里庄69号

电　　话：010-81136602　　81136603　　81136606（发行部）

印　　装：廊坊市佳艺印务有限公司

经　　销：全国新华书店

开　　本：16

印　　张：22.25　　　　字数：228千字

版　　次：2018年1月北京第1版

印　　次：2019年5月第2次印刷

定　　价：59.00元

前言

作为中国乃至世界历史上的伟大人物，毛泽东一生博学多才。他既是伟大的思想家、政治家，又是伟大的军事家、战略家，还是伟大的哲学家、诗人。

翻阅公开出版的毛泽东选集、文集、文稿、书信、诗词、传记，发现其中有许多毛泽东对国民党高级将领的评点之语，无不渗透着感性和体悟。本书共选取了毛泽东对卫立煌、马占山、邓宝珊、白崇禧、汤恩伯、杨虎城、李宗仁、张辉瓒、陈明仁、陈济棠、胡宗南、阎锡山、蒋鼎文、傅作义、戴安澜等十五位国民党高级将领的评点，解读毛泽东评点人物的背景和用意，或讲述毛泽东与所评点人物之间的故事，以便读者既知其然又知其所以然，从中汲取更多的营养，引发更多的省思,带来更多的启示。

尽管毛泽东离开我们已经整整四十年了，但他照耀在祖国大地上的光芒依然那样的耀眼，他的身影依然那样清晰地留在人们心中。在以习近平同志为总书记的党中央领导下，实现中华民族伟大复兴的强国梦之际，我们更加怀念这位为中国人民不懈奋斗终生的一代伟人。

本书力图以记实的手法和翔实生动的语言，披露国共两党长期斗争、几度合作中许多鲜为人知的内幕，充分展示毛泽东高瞻远瞩的政治远见、坚定不移的革命信念、炉火纯青的斗争艺术、杰出高超的领导才能。

在写作过程中，参考了一批历史文献和当事人的回忆文章，军事科学院政治部宣传部包国俊副部长、中国文史出版社张蕊燕主任为此书最终付梓作了艰辛的劳动，在此一并表示感谢。由于本人水平，以及查阅资料等因素所限，书中难免有不当之处，恳请读者批评指正。

李　涛

2016年3月于京西

目　录

毛泽东眼中的卫立煌

——有爱国心的国民党军政人员

卫立煌

卫立煌，字俊如。生于1897年，安徽合肥人。国民党陆军二级上将。1912年，卫立煌在安徽和县革命军当兵。1914年入湖南都督汤芗铭部学兵营，毕业后在上海参加"肇和"舰起义反对袁世凯。1915年到广州投粤军，先在孙中山身边的卫队当兵，后由排长递升至团长，参加了孙中山领导的北伐、镇压广州商团叛乱和东征陈炯明的作战。孙中山赞许他勇敢善战，还送他一张亲笔签名的照片。

1925年9月，卫立煌任国民革命军第1军第3师第9团团长，率部参加讨伐陈炯明的第二次东征。1926年7月参加北伐，由广东入闽作战，升任第14师师长。1927年10月任国民党军第9军副军长。翌年任南京卫戍副司令，后入陆军大学校将官特别班进修。1930年任第45师师长。次年7月率部参加对中央革命根据地的第三次"围剿"。1932年6月任第14军军长，率部"围剿"鄂豫皖革命根据地，攻占豫皖区军政中心安徽金家寨。事后蒋介石将安徽省的六安、霍山、霍邱和河南省的固始、商城五个县的部分地区划出，以金家寨为中心成立县制，称"立煌"县，并任命卫立煌为豫鄂皖边区"剿共"总指挥。1933年12月任第5路军总指挥，率部参加镇压福建事变。1936年6月任徐海"绥靖"分区司令官。

抗日战争全面爆发后，卫立煌任第14集团军总司令兼第二战区前敌总指挥，率3个兵团在山西忻口抗击日军第5师团等约5万人的进攻。在会战中，指挥所部奋勇作战，坚持近20日，毙伤敌2万余人，力挫日本侵略军的锐气。朱德称颂他为“在忻口战役中立下大功的民族英雄”。日军华北最高司令香月清司视他为“支那虎将”。1938年2月，卫立煌任第二战区副司令长官。4月访问延安，受到毛泽东等中共领导人的亲切接见，更加增强了与八路军合作抗日的信念。1939年1月任第一战区司令长官，5月晋升陆军二级上将，9月兼河南省政府主席。1940年兼冀察战区总司令，与八路军友好相处，相互支援。1941年调任军事委员会西安办公厅主任。1943年11月任中国远征军代司令长官。次年，指挥所部击败滇西和中缅边境的日军，收复滇西。1945年1月所部与中国驻印军在缅甸孟尤会师，打通中印公路。4月任同盟国中国战区中国陆军副总司令。美国《时代周刊》曾在封面刊登卫立煌策马扬鞭的照片，赞誉他为“常胜将军”。

蒋介石的虎将——卫立煌

1948年1月，卫立煌任东北“剿总”总司令，所部在东北人民解放军发动的辽沈战役中惨败，逃亡南京，被软禁。1949年初秘密去香港。中华人民共和国成立时，致电祝贺。1955年3月回到北京，历任国防委员会副主席、中国人民政治协商会议全国委员会常务委员、中国国民党革命委员会中央常务委员等职。毛泽东赞誉他是“有爱国心的国民党军政人员”。1960年1月17日在北京病逝。

1938年初，日军集结4个师团10余万大军，气势汹汹地由太原南下，妄图一举拿下山西全境，进而占领整个华北。

国民党第二战区副司令长官、前敌总指挥卫立煌为阻击日军南进，将主力部队摆在太岳山区的韩信岭一带，构筑工事，采取阵地战的战法，进行忻口战役之后的第二次阻击战。

经过十余天的浴血奋战，日军没能从正面突破，便采取迂回战术，从侧面进攻。日军在攻占东阳关后，重新集结兵力马不停蹄地向南疾驰，前锋直指山西最南端的风陵渡。守卫韩信岭的卫立煌部顿时陷入了腹背受敌的困境。

危急关头，朱德、彭德怀指挥八路军在正太路、娘子关地区积极出击，破坏日军的交通补给线，阻击日军的攻势，配合卫立煌部进行突围。

卫立煌采纳了八路军的运动战法，将主力10多个师化整为零，分成数路，巧妙地跳出了日军包围圈。由于战况紧急，卫立煌一直坐镇霍县指挥部队突围。等到主力安全撤退到晋南的中条山一带时，却发现自己已被阻隔在敌后，只得率指挥部及一个警卫团渡过汾河，进入西边的吕梁山脉。

日军在打通同蒲路后，就把汾河上的桥梁全部炸毁。卫立煌再想从吕梁地区向东南突围，已是万分困难。参谋处拟订了几种转移到晋南中条山的行军方案。其中，有一种方案是由晋西渡黄河，假道陕北，再经西安到河南渑池，渡过黄河到达晋南的中条山区。按照卫立煌的倔强性格，宁可冒着日军飞机跟踪轰炸的危险，也要强渡汾河，与主力会师。但参谋长兼第9军军长郭寄峤则倾向假道陕北的方案。

八路军开赴华北抗日前线

其实卫立煌也明白假道陕北自然是一条最为安全稳当的路线，但那可是蒋委员长眼中的“匪窝”啊！他深怕引起蒋介石猜疑，一时顾虑重重，进退维谷。

卫立煌的顾虑并不是没有原因的。作为一员剽悍的勇将，他为蒋介石拼死拼活打了十年内战，屠杀过不少共产党人。

1932年，时任国民党军第14军军长的卫立煌亲率1个师攻占了鄂豫皖苏区军政中心——金家寨。蒋介石喜出望外，亲自前去表彰，同时为鼓励其他“剿共”部队的士气，特地下令将金家寨改名为立煌县。一时间，卫立煌名声大噪，成为国民党“五虎将”之一、蒋介石手里的一张“剿共”王牌。

抗日战争全面爆发后，蒋介石任命卫立煌为第二战区副司令长官兼第二战区前敌总指挥，率嫡系部队第14军开进山西。

蒋介石此举可谓用心良苦。其一，在全国抗日呼声日渐高涨的形势逼迫下，蒋介石不得不暂时放弃“攘外必先安内”的反动政策，摆出一副坚决抗日的样子，把卫立煌这样善打硬仗的猛将派到华北前线，以捞取“领导”全国抗战的名声和地位。其二，卫立煌一向以反共著称，自然不会同共产党合作，当然共产党也不会信任他，因而不会有被中共“赤化”之虑。这样卫立煌坐镇山西，既可以起到监视、钳制，甚至消灭山西境内八路军的作用，还可与西北胡宗南部遥相呼应，包围封锁以致进攻陕甘宁边区。其三，“表里山河”的三晋一直是兵家必争的战略要地，多年来被“山西土皇帝”阎锡山盘踞着，蒋介石想借机将嫡系中央军派驻山西，与晋绥军抢占地盘。

但这一次，蒋介石的如意算盘落空了。

卫立煌来到山西后的半年多时间里，不止一次地听说八路军对日军作战勇敢顽强。先是八路军第115师取得平型关大捷，一举歼灭日军板垣师团千余人，打破了自抗战爆发后日军不可战胜的神话。然后在太原保卫战中，八路军各师连续取得长生口、七亘村、黄崖底和广阳伏击战的胜利，以伤亡300多人的代价，歼敌1800余人。对此，卫立煌十分钦佩，盛赞“八路军是真诚抗日的，是复兴民族的最精锐的部队”，并电话通知在西安的办事处负责人吴海德，购置上万元的慰问品送给八路军。这次韩信岭突围战斗中，卫立煌的指挥部曾在石楼、白儿岭一带几遭日军围歼，幸亏八路军顽强顶住了日军的攻击，才使他化险为夷。

就在卫立煌拿不定主意之际，他的秘书、中共秘密党员赵荣声建议：“还是走陕北这条路好，这正是一个参观延安的好机会。”

卫立煌随口敷衍说：“我也想去看看，可是现在仗打得这么紧张，哪有时间去参观？”

见卫立煌有些动心，赵荣声乘机劝道：“不需要很多时间，走马观花，在延安参观一两天就行了。和毛先生见见面，听听他的议论。如果不抓紧这个机会，下次再想到延安可就不容易了。”

卫立煌听后默默不语。

八路军某部在战斗中

第二天，卫立煌叫赵荣声把最近几期延安出版的《解放》周刊和《群众》周刊找出来翻翻，并给他准备到延安去讲话的演说稿子。

赵荣声兴奋地问：“总司令决定去延安了？”

“去不去延安现在还没有决定，你先这么准备吧。”卫立煌仍是举棋不定，没有最后明确表态。

就在这时，一个意外的机会不期而至。蒋介石致电卫立煌，通知他立即到洛阳开会。

驻守在延安的八路军留守兵团骑兵部队

既然有了委员长的手谕，为争取时间，取道陕北南行就成为合法的行动了。于是，卫立煌兴奋地告诉随从人员："我们可以取道延安了，我要会会毛润之先生，向他取取经，看看他用什么方法指挥八路军打得那样好。"

得知卫立煌将路经延安的消息，中共中央和毛泽东主席极为重视，特意指示组成专门的班子，认真接待卫立煌一行。毕竟卫立煌是第一个到延安的国民党战区长官一级的高级将领。

在延安的一些同志对此表示很不理解：想当年，卫立煌双手上沾满了鄂豫皖苏区军民的鲜血；现如今却又成了贵宾，还要好吃好喝地招待。

毛泽东解释说："不管怎么说，从抗战大局出发，争取卫将军这样的国民党重要将领，对整个国共合作的局面将有重要影响，所以要采取积极的态度，晓之以理，动之以情，尽量争取他。同时，卫立煌是第二战区副司令长官，为我第十八集团军的上级。从上下级关系考虑，若能争取其支持我军，则对我军的处境，对华北、西北抗日根据地都会有很大好处。所以，欢迎一定要隆重、热情，招待的规格一定要高。同时此人官气很重，生活很考究，应注意礼节和照顾好他的生活，使他感到我党的诚意。"

根据中共中央和毛泽东的指示精神，军委参谋长滕代远召集陕甘宁边区留守兵团司令员萧劲光、边区政府秘书长曹力如、交际处处长金城及有关工作人员开会。会上，滕代远传达了中共中央对卫立煌的近况和来延安目的的分析，以及接待的方针。与会人员对如何接待卫立煌的问题，做了进一步的讨论和具体部署。

关于住的问题，当时来延安的客人一般都住在交际处招待所。此次迎接卫立煌非同一般，必须安排在延安城里最好的房子——天主教堂。这个教堂是由外国人建造的，位于延安城十字街口东北面，坐北朝南，砖瓦结构，内有地板，设备考究。关于吃的问题，相对住房来说比较好解决，将延安最好的饭馆——机关合作社搬到教堂对面路南的中央组织部招待所，以便将热菜热饭及时送进教堂里。同时，组织延安各大机关的干部、学校的学生，组成欢迎队伍，在延安城外列队迎接卫立煌一行。

4月17日，天刚蒙蒙亮，第二战区前敌总指挥部的车队浩浩荡荡由延水关出发，经延川县，直奔延安而来。

车队由十几辆大卡车组成，满载着总指挥部里的工作人员，以及一个特务营和一个新成立的战地工作团。走在车队最前面的是两辆黑色小汽车。第一辆小汽车中坐的是卫立煌、郭寄峤、副参谋长文朝藉和交际副官罗香山。第二辆小汽车中坐的是第9军参谋长杜凤翥、随从副官张学诚、秘书赵荣声和一个卫士排长。

延安交际处旧址

大大出乎卫立煌及其随行人员意料的是，离延安城还有三十里的地方就到处可见用花花绿绿的彩纸写的标语，上面写着“加强国共合作”“团结抗日”“欢迎卫副司令长官”等口号。车队刚到延安城外，远远就看到欢迎的队伍排列在大路两旁。车队一到即敲锣打鼓，呼喊口号。口号声此起彼伏，非常热烈。见到如此隆重的欢迎场面，卫立煌等人深受感动。

车队抵达城门不远处停下，卫立煌等人走下汽车。滕代远、萧劲光、金城等人迎上前去，陪伴卫立煌一行走过贴满标语的城门，穿越夹道欢迎的人群，来到城中早已收拾一新的大教堂门口。

此时，毛泽东迎出客厅房，和卫立煌等人亲切握手。

寒暄过后，卫立煌由衷地称赞八路军：“贵军对日本作战打得非常好，立煌很是敬佩。今天来到延安，有机会聆教，非常荣幸。”

毛泽东面带笑容，称赞道：“卫将军是第一位到延安的战区长官，抗日坚决，和八路军友好合作，我们要沿着这样一条路继续走下去。”

谈话在友好、和谐、欢快的气氛中进行。

中午，毛泽东设宴招待卫立煌一行。

毛泽东接见途经延安的卫立煌（左2）

抗日战争时期，延安修械所技术人员在修理机枪

这次为了接待好卫立煌一行，延安交际处可谓倾其所能，把所有能找到的好饭菜全部端上了宴席。

别看卫立煌官居国民党战区副司令、贵为陆军上将，山珍海味早已吃遍，但自从入晋以来，就一直同日寇苦战，好久没有吃过一顿好饭了。更何况这段时间被困于晋西，物资奇缺，已到有什么吃什么的地步。没想到在这里见到如此好的饭菜，卫立煌真是欣喜异常，向毛泽东连连表示谢意。

饭后，卫立煌参观了抗日军政大学，并向抗大师生作了即席讲话。为欢迎卫立煌的到来，当晚，延安各界举行盛大欢迎晚会，到会的各界代表达数百人之多。

当毛泽东陪同卫立煌入场时，到会人员起立鼓掌数分钟之久。欢迎晚会由李富春主持。

首先，毛泽东致欢迎词："热烈欢迎卫副司令长官光临指导。卫将军是坚持华北抗战的领导者，此次过延，希卫将军对边区工作多加指示。"

深受会场热烈气氛感染的卫立煌当即作了一番热情洋溢的讲话："此次奉命赴西安，系指挥黄河南北两岸部队，继续坚持抗战，直到最后胜利。这次抗战中已把我国的弱点缺点完全暴露出来了。第一是不团结现象，因而受到了局部失利，但由于抗战继续坚持，我们的弱点逐渐消灭了。第二没有组织，没有坚强的领导。今后要把全国人民组织起来，筑成一道万里长城，来打击日本强盗的进攻。”

毛泽东在抗大做报告

最后，卫立煌对陕甘宁边区极为赞扬，认为边区各地的人民组织实为全国的模范，应该把边区好的例子更加发扬起来。

晚会上，延安鲁艺的师生表演了精彩的文艺节目。毛泽东和卫立煌并排而坐，谈笑风生，十分融洽。

次日天刚放亮，卫立煌一行离开延安，乘车向西安疾驰而去。滕代远、萧劲光、金城等人受毛泽东的委托，亲自将卫立煌送到三十里外，才依依不舍地告别。

一路上，卫立煌与郭寄峤等人在谈话中对此次延安之行表示非常满意。对于毛泽东所提八路军缺少弹药的问题，卫立煌认为自己既已答应帮助解决，就应该履行承诺。更何况他认为八路军抗战有功，本来就没多少弹药，还要打日本人，“巧妇难为无米之炊”，理应补给。

19日，也就是卫立煌到达西安的第二天，他亲自来到位于北大街的第14集团总司令部驻西安办事处，写了一个手谕：“即发十八集团军步枪子弹一百万发，手榴弹二十五万枚。”

卫立煌把这个手谕交给自己的老部下、第14兵站分监杲海澜少将执行。杲海澜看到数量如此巨大，感到执行起来有困难，面露难色。

卫立煌严肃地说：“我是前敌总司令，第二战区的军队都受我指挥，凡是打日本的我都一样看待。十八集团军仗打得很好，我们就要充分供给。”

抗战时期的卫立煌

接着又问："牛肉罐头还有多少？"

杲海澜据实以告，"还有几百箱吧！"

卫立煌当即下令："发给十八集团军180箱。"

在当时，牛肉罐头可是稀有食品，部队一般吃不上，整个第二战区才有几百箱，而卫立煌一次就批给八路军如此之多，可见他对八路军的友好。

没过多久，这批数目巨大的军用物资就从西安新城附近的后勤部仓库装上卡车，火速运往八路军总部。

卫立煌给毛泽东的这份厚礼的确不轻：除100万发七九口径汉阳造步枪子弹、25万枚手榴弹、180箱红烧牛肉加黄豆罐头外，还有3个师的夏装、50部电话机、1部10门的电话总机和1部20门的电话总机，以及部分医药用品。这些物资对于缺衣少药的八路军可谓是雪中送炭。

对此，中国共产党没有忘记，毛泽东也没有忘记。1960年，卫立煌在北京逝世。悼词中这样写道："在抗日战争初期……亲眼看到共产党和毛主席团结抗日政策的英明伟大，亲眼看到八路军对敌英勇斗争，得到了许多启示和教育，同八路军建立了良好的合作关系，从而有利于八路军开展对日的斗争。卫立煌同志对于抗日是有功的，他当时的爱国行动是值得称道的。"

延安之行的确对卫立煌产生了巨大影响。他多次对赵荣声说："要想战胜日本救中国，恐怕只有学延安的办法。"同时，卫立煌开始对于延安出版的书籍杂志看得多了，不只是看看标题，而且翻阅重点文章。

这年7月，卫立煌认真细读了毛泽东的名著《论持久战》。

在这篇光辉著作中，毛泽东高屋建瓴地指出：在这场战争中，中日双方存在着相互矛盾的四个基本点——敌强我弱，敌小我大，敌退步我进步，敌寡助我多助。而这些特点从根本上决定了中日战争必然是一场持久战，最后胜利属于中国。毛泽东更高明之处还在于他根据中日双方的基本特点、力量对比及发展趋势的深入分析，科学地预见到持久战将经历三个阶段，即战略防御阶段、战略相持阶段、战略反攻阶段。《论持久战》的分析和论断，几乎完全被后来的战争实践所证实。

毛泽东在延安撰写《论持久战》

卫立煌读后深受启发，逐渐接受了中国共产党"团结合作、一致对外"的抗日主张，对毛泽东钦佩之至，同时和朱德密切交往。

这年10月，武汉沦陷，标志着抗日战争由战略防御进入战略相持阶段。

此时，日军一面加紧对国民党诱降，一面把重点转向解放区战场；而蒋介石虽说已放弃了"攘外必先安内"的反动政策，但消极抗日同时又企图妥协谋和，实行既联共又反共的两面政策。这样，日本侵略者与国民党当局在反共这个交叉点上便找到了共同语言。大批国民党军将领率部投敌，一时间，降将如毛，降官如潮，大搞"曲线救国"，其实质就是反共。

1939年1月，国民党五届五中全会公然制定了"溶共、限共、防共、反共"的反动方针。紧接着又秘密颁布了《共产党问题处置办法》等多项旨在限制和迫害共产党的政策措施，致使反共乌云四处翻滚，军事摩擦屡有发生。仅1939年，陕甘宁边区的反共"摩擦"就达150余起。这期间，国民党顽固派在山东博山太河镇、河北深县、河南确山竹沟镇、湖南平江和湖北新集等地，发动武装袭击，制造了一系列流血惨案。

"风起于青萍之末"。国民党制造的一系列流血惨案和武装"摩擦"，预示着更大规模的反共逆流即将掀起。

11月，国民党六中全会进一步确定了将政治限共为主转为以军事限共为主的方针，抗战以来第一次反共高潮随之而起。

从12月起至1940年春，国民党顽固派在晋西、晋东南、冀南、冀鲁豫以及陕甘宁边区向八路军和由共产党领导的山西新军发起了猖狂进攻。

在忍无可忍的情况下，八路军本着“人不犯我，我不犯人；人若犯我，我必犯人”的原则，被迫进行了自卫斗争，狠狠地教训了国民党顽固派。

3月，国共双方军队在太行山区摩擦日渐紧张。朱怀冰指挥第79军进攻八路军，遭到坚决反击，眼见就要全军覆没，便给时任冀察战区总司令的卫立煌发了封十万火急的求救电。卫立煌不予理睬，没有派出一兵一卒增援，结果朱怀冰所部3个师1万多人被八路军歼灭。

15日，毛泽东致电卫立煌，指出：“目前抗日局面必须维持，国共合作必须巩固，此为国人所期望，亦先生与弟之素志，延安面叙之意，固始终如一也。唯地方摩擦事件日益加多，如不加以调整，实于抗战不利，除电八路军诸同志注意外，请先生亦作合理之处置，俾一切争论问题得以和平解决”。

卫立煌一直反对与八路军闹摩擦，立即同意，并电约朱德和胡宗南到洛阳进行和解商谈。谁知，会谈刚刚开始，卫立煌就接到蒋介石的电报，

八路军某部为反击国民党顽军举行战前干部动员大会

说“这件事你不要管”。卫立煌十分为难，感到对不起中共和八路军，就设宴盛情招待朱德。

席间，朱德告诉卫立煌，他和毛主席都知道卫的处境不好，要其在必要时骂骂八路军。卫当即回答：宁肯保持沉默，也决不骂八路军。

总的来说，在抗日战争期间，卫立煌与共产党、八路军的关系还是比较融洽的。正因如此，蒋介石对卫立煌放心不下，怕他被共党“赤化”，便在发动全面内战不久，让卫立煌夫妇出国考察。卫立煌也不愿卷入内战的旋涡，就于1946年11月偕夫人由上海启程，出游欧美。

1947年10月，正在法国巴黎的卫立煌突然接到蒋介石从国内发来的电报，令其火速回国担任东北“剿总”总司令。

原来，内战全面爆发后，蒋介石根本就没把毛泽东和小米加步枪的“土八路”放在眼里，派其爱将参谋总长陈诚到东北，出任行辕主任。陈诚志大才疏，自恃手中有数十万美式装备的大军，便可扫平东北，狂妄叫嚷：“三个月内消灭共产党！”

然而，事实是无情的。陈诚屡战屡败，被林彪率领的东北民主联军压缩在沈阳、长春、锦州及其附近的十几个城市里动弹不得。眼见东北战局江河日下，焦头烂额的陈诚无计可施，干脆来个装病辞职。

无奈之下，蒋介石只得环顾自己的嫡系将领，要找一位能拼会打的勇将接替陈诚，力挽东北之狂澜。这时，蒋介石想到了正在国外考察的卫立煌。

虽说卫立煌从内心里反对蒋介石搞独裁、打内战，而且对国民党军队能否取得内战的胜利深表怀疑。早在内战刚刚打响时，他就对部下说：“国民党军队表面上好看，其实不经打。我在山西知道共产党的军队意志坚决，吃苦耐劳，上下一心。”

接到蒋介石的电报后，卫立煌不知该怎么办才好。出于对中共中央和毛泽东主席极大的信赖，他起草了一封代电，表示：为了尽快地结束内战，我决心站到人民一方，和有关方面进行军事的、政治的及其他的一切合作……顾及个人的环境，希望绝对保守秘密。

这封代电通过夫人韩权华的姨侄女婿、留法学生领袖、著名科学家汪

白崇禧与杜聿明陪同蒋介石检阅在东北的国民党军

德昭，几经辗转才转递给中共中央。

是年底，刚刚回国的卫立煌马不停蹄地飞抵沈阳，就任“东北剿总司令”。大大出乎卫立煌的意料，陈诚留给他的是一副烂摊子。国民党军在东北地区的总兵力虽有4个兵团14个军44个师（旅），加上地方保安团队共约55万人，但被分割、压缩在沈阳、长春、锦州三个互不相连的地区内。由于北宁铁路若干段及营口为人民解放军所控制，长春、沈阳通向山海关内的陆上交通已被切断，补给全靠空运，物资供应匮乏。

到1948年秋，在东北战场上，国共双方力量对比发生了根本性变化，人民解放军已由战略防御转入战略进攻，并取得战场主动权。

9月8日，中共中央政治局扩大会议在西柏坡正式召开。会议提出了建设500万人民解放军，在大约5年的时间内（从1946年7月算起）歼敌正规军共500个旅（师）左右，从根本上打倒国民党反动统治的战略目标，吹响了国共大决战的前进号角。

国共大决战是在东北战场率先打响的。9月12日夜，东北野战军第2兵团第11纵队和冀察热辽军区3个独立师，以迅雷不及掩耳之势奔袭兴城、山海关至昌黎一线，辽沈战役的第一仗——锦州外围战打响了。

11月12日，辽沈战役结束，东北野战军和东北军区部队经52天激战，在关内各战场人民解放军有力配合下，歼灭和争取起义、投诚国民党军东北“剿总”和所属4个兵团部、11个军部、36个师及地方保安团队共47.2万余人。

东北野战军某部在炮火掩护下攻击锦州城垣

26日，气急败坏地蒋介石下令：“东北剿匪总司令卫立煌迟疑不决，坐失战机，致失重镇，着即撤职查办。”

12月，从沈阳逃回南京的卫立煌被蒋介石软禁起来。但此时，战局的发展已是蒋介石所不能左右的了。辽沈战役解放了东北全境；淮海战役解放了华东大部，胜利在即；华北地区除北平、天津几座孤城外均已解放。国民党桂系首领李宗仁、白崇禧等人乘机“逼宫”，以停战和谈为借口，逼蒋介石下台。

1949年1月21日，内外交困的蒋介石发布“引退”文告，回奉化溪口“归隐”去了。卫立煌得以逃出南京，隐居香港。

2月，卫立煌致信朱德：“弟自沈阳南旋，行动不克自由，谅早洞悉。唯念老母现在八十有五，弱弟奄涛，率同子侄数十人，在肥侍养。兹值解放大军到达，望电知军政领袖，加意维护，免受惊恐。”

对于卫立煌这位在抗日期间与共产党合作较好的老朋友，毛泽东并未忘记，于4月5日致电邓小平等人，转去卫立煌致朱德的信，并指示道：“望转合肥县政府对卫立煌家属予以保护为盼。”

10月1日，中华人民共和国在北京宣告成立。

在香港“隐居”的卫立煌非常兴奋，广播听了又听，报纸看了又看，

毛泽东在开国大典上

彻夜难眠。他想起了11年前到延安与毛泽东主席的会面，想起了与朱德总司令的数次长谈，想起当年自己为民族大业与共产党携手合作共御外侮，到如今才有一个真正独立自主、不受外人凌辱、人民真正当家做主的新国家出现，怎能不欣喜若狂呢？

卫立煌不顾国民党特务的监视，冒着生命危险，从香港给毛泽东发出了一封热情洋溢的贺电。电文如下：

北京毛主席：

先生英明领导，人民革命卒获辉煌胜利；从此全中华人民得到伟大领袖，新中国富强有望，举世欢腾鼓舞，竭诚拥护。煌向往衷心尤为雀跃万丈。敬电驰贺。朱副主席、周总理请代申贺忱。

煌十月江电

电文措辞可谓情真意切，表现了卫立煌对新中国的向往，对毛泽东的钦佩。

收到卫立煌的电报后，毛泽东很快复电，表示感谢：“西江电诵悉，极为感谢。谨此奉复。”

在香港，卫立煌对新中国的建设非常关心。从军数十年来，从广东到东北，他都留下过足迹，对于许多地方的风土人情、地理环境十分熟悉。如今这些地方蓬勃建设起来，他常常拿着报纸或是开着收音机，神魂飞越，如同回到了这些地方。

为防止卫立煌投共，在台湾的蒋介石下了很大功夫，先是派卫立煌的同乡、以擅论闻名的国民党大员吴忠信到香港力劝卫立煌去台湾，被严词拒绝。不久，卫立煌的旧部郭寄峤、赵家骧等奉蒋介石之命，劝说他到台湾或到任何外国均可，台湾当局均可协助成行。卫立煌环顾左右而言他，使郭寄峤等无可奈何，只好怏怏而回。到后来，蒋介石派吴忠信再来相劝时，卫立煌干脆来个闭门不见。

叶公超与杜勒斯在台北签署共同防御条约

1954年12月，台湾国民党政府“外交部长”叶公超和美国国务卿杜勒斯，在华盛顿签署了《台美共同防御条约》。

这个条约是一个彻头彻尾的侵略中国领土、破坏中国主权、干涉中国内政的强盗条约，是一个违背联合国宗旨、违反联合国宪章、破坏亚洲与世界和平的战争条约。条约的签订，使台湾当局完全处于美国的保护，实际上是控制之下，使美国对台湾的军援和经援“合法化”。

卫立煌在报上看到后，非常气愤，认为台湾政权竟公然借重外力维持小朝廷，已堕落到不知民族羞耻的地步。

不久，香港各大报刊均刊载了《中华人民共和国各民主党派各人民团体为解放台湾联合宣言》。卫立煌细读全文，极为赞赏，连连称赞道：“这个宣言显示出民族气节，具有炎黄子孙之风。”还向朋友表示也要发表讲话，并说："我的话完全是出自一个中国人的内心话，爱国的中国人就应当这么说，解放台湾，完成统一大业有什么不好！"

很快，此事传到了北京。毛泽东、周恩来非常赞同卫立煌发表文章的义举，并认为"卫立煌的爱国心思很好，现在是回来的时候了"。周恩来亲自指示中共设在香港的地下组织去做卫立煌夫妇的工作。

1950年卫立煌夫妇和儿子、儿媳

早在抗战时期，卫立煌就与周恩来相识。周恩来的音容笑貌、坦诚热情都给他留下了深刻的印象，多年来仍是历历在目。此刻见周恩来派人请他回祖国大陆，激昂地说："我愿意用我的余年报效国家，我要革命，别的什么也不想。"

1955年3月15日，卫立煌夫妇回归祖国大陆。在广州，他们受到了中共华南局书记陶铸和华南局统战部部长林李明的热烈欢迎。

16日，卫立煌怀着无比喜悦兴奋的心情，致电毛泽东主席、周恩来总理和朱德副主席，报告他已经回来，同时将预先准备好的《告台湾袍泽朋友书》交给新华社发表。这是卫立煌一生中最重要的一个文件。全文如下：

台湾袍泽们、朋友们：

祖国近五年来，在共产党和毛主席领导下，凡百设施，突飞猛进，为有史以来所未有。对外在国际上国家声望日高，对内使各民族融洽共处，形成空前未有之大团结，以西藏数十年之离异，现又重回祖国。祖国经济建设一日千里，达到由无而有，自少而多，如钢、铁、煤、油等重工业之大量开发与建设，治淮、荆江分洪以及各地水利之兴修，康藏、青藏两公路及成渝铁路之筑成，宝成、陇海铁路之增筑，包兰、成昆铁路之测建，中蒙国境铁道之完成，以及自造飞机、火车头、轮船等等。尤其在人事方面，不论过去如何，凡对国家有所贡献者，均能奖励扶植，一视同仁（如程颂云、翁文灏、张治中、傅作义、陈明仁、郑洞国等等）。以视蒋介石时期，在外交上俯仰随人，厚颜谄媚；在政治上视国为家，排除异己；经济方面则将国家经济命脉置于四大家族之手；人事上嫉贤忌能，非亲莫用。真乃泾渭分明，善恶立判。凡此铁的事实，无论为爱为憎，都是不能加以否认的。

1960年美国总统艾森豪威尔来台访问，蒋介石一身笔挺军服，前往松山机场迎接

现在蒋介石不惜出卖国家及民族，勾引美国力量，妄想反攻大陆。各位均在军政方面曾身当其冲的，所知当然深切。试想以他当年具有海、陆、空军四百万之声势与美国数十亿之军经援助，尚且逃不了溃败垮台，目前以他几十万老弱残兵，而图反攻，岂不是痴人说梦，白昼见鬼吗？

台湾是中国领土，乃是历史上和外交上文献所具载，任何人不能歪曲事实，加以否认。美国欲以武力强据台湾，乃其别具帝国主义者侵略野心，无论他如何颠倒是非，混淆视听，也不能掩盖天下人的耳目。台湾之于中国，正如夏威夷之于美国，如有其他国家舰队霸占夏威夷领海，他们美国人民又将作何感想？何况解放台湾，是讨伐中国的罪人蒋介石，纯是内政问题，是世界上主持正义者所同情的。今蒋介石乃与美国订立美蒋防御公约，图借外力负隅拒抗，真是出卖主权，引狼入室，这种行为不但为六亿同胞唾弃，更为具有天良，心存爱国者所切齿！各位已看到了韩战时祖国坚强军力迫使美国停战之事实，台湾最后必定解放，无论按哪一方面说，都是必然之理，既成之势。

各位朋友、各位袍泽：我现举两项个人亲身经历之事，使各位更知蒋介石如何卑劣。抗战时期，我负第一战区责任，在黄河北岸，背水奋战，拒敌五年。因为我主张国共共同抗战，故凡八路军（解放军前身）担任之任务和补给，都主张公平办理。乃竟召蒋疑忌，认为我偏袒八路军，破坏他攘外必先安内之阴谋，将我调离第一战区，并暗行监视。东北之战，完全由蒋三到沈阳亲自主持策定，虽经各将领一致陈述意见，认为不可，但蒋一意孤行，终至全军覆没。事后因受立法院及国人指责，乃竟向部下施卸责任，诿为系我失职，派宪兵特务将我监视于南京私邸，并由宪兵司令张镇告我：未见蒋以前，最好不要接见其他客人。后经吴礼卿先生问张镇何以总统并不知道卫长官家中会派有宪兵，不许见客。张镇闻言，惶恐不知所答。以上二事，不过就我亲自经历中较大者而言。我同蒋介石共事30余年，他都肯做出这种丧心病狂，倒行逆施，背信弃义，陷害部属的事来，诸位还不及早警惕吗！

解放战争时期，蒋介石与傅作义、卫立煌在一起

我自辛亥年投笔从戎以来，即决心献身革命，希望有所助益于改革腐旧社会，建设现代国家。只因蒋介石窃据领导地位，利欲迷人，背叛革命，只图千方百计巩固私人权势，置国计民生于不顾。以致数十年光阴虚耗，未能如愿以偿，既恨且愧。自从我在香港住了五年以来，闭门阅读各种书报杂志，站在客观的立场观察实际，寻求革命真理。回想过去蒋介石几十年来的所作所为，比起共产党毛主席领导下五年来的建

树，使我更为明白是非功罪，何去何从。所以我觉得这几十年误随了祸国殃民的蒋介石，实在愧对国家愧对国人。现在祖国正在进行解放台湾，予我们大家一个效忠革命，为人民尽力的机会，以赎前愆。遥念在台数十年共患难的袍泽们、朋友们还在蒋介石的魔掌之下，不忍坐视诸位随蒋沉沦毁灭。故特掬诚相告，深望诸位及早醒悟，对于有功于解放台湾者，在有形无形中，各自乘机量力而为，则台湾解放之日，祖国及国人必不有负于诸位。肺腑之言，敬希谅察！责任艰巨，诸维珍重！

卫立煌

一九五五年三月十五日

毛泽东亲切接见卫立煌

毛泽东接到电报后不胜喜悦，立即回电：

卫俊如先生：

三月十六日电报收到。先生返国，甚表欢迎，盼早日来京，藉图良晤。如有兴趣，可于沿途看看情况，于本月底或下月初到京，也是好的。

毛泽东

三月十七日

同时，毛泽东指示中央办公厅主任杨尚昆："由华南分局派适当干部好好护送来京。如他愿意在广州、长沙、武汉、郑州等处（或走上海天津）看看建设情况，应先电告各处好好引导招待，并表示热情欢迎态度。"

4月5日，卫立煌回到了北京。

25日午后，正值北京春光明媚、百花盛开之际，卫立煌接到一个巨大的喜讯：毛主席要接见他。

下午5时，卫立煌在中南海见到了17年未见面的毛泽东，两双手紧紧地握在了一起。

毛泽东详细询问了卫立煌的近况和在海外的生活情况，并向他介绍了新中国成立以来国家的变化和远景。当晚，毛泽东宴请卫立煌，并在一起观看了电影。

党和政府给了卫立煌很高的荣誉：担任政协全国委员会常务委员、国防委员会副主席、中国国民党革命委员会中央常委等职。

卫立煌投身祖国建设的热情更加高涨了。他在给海外朋友的信中写道："弟目睹新中国朝气蓬勃，秩序井然，在工业、农业各方面的建设无不突飞猛进。短短五年期间，将破烂不堪、陈腐垂亡之中国，一变而为富强兴盛之国家，成就之惊人，若非目睹，实难想象……首都建设宏伟，发展迅速，尤令人激动兴奋。市郊工厂林立，学府毗连，景象之新，已非旧游者所能相识……"

毛泽东在最高国务会议上作《论十大关系》的讲话

1956年3月25日，卫立煌夫妇应邀到怀仁堂观看话剧《在康布尔草原上》。休息时，卫立煌同中央统战部副部长徐冰一起到休息室喝茶。没想到，毛泽东正坐在休息室里。见卫立煌进来，毛泽东从沙发上站起来，热情地打招呼，并从茶几上拿起烟，递给卫立煌。刘少奇也走过来同卫立煌亲切握手交谈。

一个月后，毛泽东在中共中央政治局扩大会议上发表题为《论十大关系》的重要讲话。在这篇讲话中，毛泽东以苏联的经验为鉴戒，总结了我国的经验，论述了社会主义革命和社会主义建设中的十大关系，提出了适合我国情况的多快好省地建设社会主义总路线的基本思想。

《论十大关系》的第七个问题，讲的是党和非党的关系。在这一节中，毛泽东阐述了共产党和各民主党派长期共存，互相监督的理论，指出："在我们国内，在抗日反蒋斗争中形成的以民族资产阶级及其知识分子为主的许多民主党派，现在还继续存在。在这一点上，我们和苏联不同。我们有意识地保留下民主党派，让他们有发表意见的机会，对他们采取又团结又斗争的方针。一切善意地向我们提意见的民主人士，我们都要团结。像卫立煌、翁文灏这样的有爱国心的国民党军政人员，我们应当继续调动他们的积极性。"

毛泽东在讲到社会上有热爱共产党和谩骂共产党两类不同的人时，把卫立煌作为一个正面例子提出来，这是对卫立煌追求真理，由一名"剿共"将领逐步改变其原来的立场，投入人民怀抱表示的热情欢迎。

毛泽东宴请卫立煌

9月，《人民画报》刊登了毛泽东同卫立煌在宴会上的大幅照片，同时还刊登了卫立煌写的《回到祖国大陆之后》的文章。

1957年4月16日，周恩来在北京为来访的苏联最高苏维埃主席团主席伏罗希洛夫举行盛大酒会，卫立煌应邀出席酒会。

席间，周恩来向伏罗希洛夫介绍了卫立煌。

当年，卫立煌统率中国远征军在打通滇缅公路的战役中痛击日军，扬名中外。伏罗希洛夫对这段历史也有所了解，便热情地握住卫立煌的手说："只要我们团结一致，我们就是无敌的。"

周恩来笑着说："国共两党过去已经合作了两次。"

毛泽东紧接着说："我们还准备进行第三次合作！"

第二天，《人民日报》刊出这条消息，标题为"毛主席说，我们还准备第三次国共合作"。

1960年1月17日，卫立煌因心肌梗死在北京逝世。20日，周恩来在中山公园中山堂主持追悼大会，毛泽东、刘少奇、朱德等党和国家领导人送了花圈。卫立煌的骨灰盒安放在八宝山烈士公墓，紧挨着林伯渠、陈赓等人的灵位。

毛泽东眼中的马占山

——始终如一抗战到底

马占山

马占山，字秀芳。1885年生于奉天怀德（今吉林公主岭市）。国民党陆军中将。

1903年，马占山因不满当地劣绅地主的欺侮，离家跑到黑虎山落草。因精明强干、为人豪爽、重义气，兼有一身善于骑射的好功夫，被推举为绿林头目。1904年日俄战争在中国东北爆发，马占山看到家乡人民遭受帝国主义蹂躏的苦难，决心不再在绿林中混迹下去，寻找为民族建功立业之路。1905年接受清朝官府收编，出任怀德县游击队哨官，从此开始了行伍生活。1911年任四营中哨哨长。

“中华民国”成立后，马占山所部改编为中央骑兵第2旅，任连长，因作战勇猛递升至团长。1925年起历任奉军第17师骑兵第5旅旅长、骑兵第17师师长、骑兵第2军军长。1928年奉军缩编，改任黑龙江陆军步兵第3旅旅长。次年任黑龙江省骑兵总指挥。1930年调任黑河警备司令兼第3旅旅长。

1931年，九一八事变后，马占山被张学良委任代理黑龙江省政府主席兼代东北边防军驻（黑龙）江副司令长官，不顾蒋介石的不抵抗政策和辽宁、吉林两省相继陷落的孤立困境，于11月4日率部奋起进行江桥抗战，打退日伪军多次进攻，鼓舞了全国人民的爱国热情。终因力尽援绝，撤至海伦。17日被国民政府任命为黑龙江省政府主席。1932年2月一度屈服于日本关东军的压力，任伪黑龙江省省长和伪“满洲国”军政部总长。4月1日从齐齐哈尔出逃，7日抵达黑河，通电反正，重新举起抗日大旗，并致电国联调查团揭露日本制造伪“满洲国”内幕。5月，联合省内旧部和民团、乡勇在海伦组织黑龙江省民众抗日救国义勇军，被推为总司令，率部在黑龙江省南部、吉林省北部铁路沿线和山林地区打击日伪军，后因孤立无援、寡不敌众，于12月退入苏联境内。

1933年6月，马占山返回上海。见热河失守、长城抗战失利、华北危急，便跑到庐山面见蒋介石要求回东北继续抗日，但未获蒋应允，被任命为军事委员会委员，闲居天津。期间与东北爱国人士杜重远、阎宝航、栗又文等交往甚密，并在共产党员孙达生等人的影响下，表示联络张学良停止内战，一致抗日。1936年1月被授为陆军中将，12月到西安，支持张学良、杨虎城逼蒋抗日爱国行动，参与了西安事变。

抗日战争全面爆发后，马占山被蒋介石任命为东北挺进军总司令，率部转战晋、绥、陕等省，期间曾在延安住了一段时间，受到毛泽东的接见，对中国共产党提倡的抗日民族统一战线有了进一步了解。1945年6月任第十二战区副司令长官。

抗日战争胜利后，蒋介石为抢占东北抗日胜利果实，设立东北行营和保安司令部，委任马占山为委员。1945年9月初，奉蒋介石之命率部配合傅作义部进犯绥东和察西等解放区。在遭到重创后，以到北平（今北京）治病为由请假。1946年10月，出任东北保安副司令长官，但一直在北平养病。直到1947年4月，在蒋介石的多次催促下才来到沈阳就职。1948年8月任东北“剿总”副总司令，称病寓居北平。平津战役期间，蒋介石曾派飞机接马占山去南京。马占山认为国民党政府必败，拒绝南逃，并接受北平中共地下党的要求，邀请邓宝珊来平，一起劝说傅作义和平起义。1950年11月29日在北京病逝。

1939年5月中旬，时任东北挺进军总司令的马占山赴重庆请示蒋介石关于部队的补充和今后作战部署等事宜。8月下旬，在由重庆返回时，他考虑到挺进军的作战和辎重运输曾多次得到延安方面的帮助（当时马占山部驻守陕西府谷县哈拉寨镇），便决定途经延安会见毛泽东。

当马占山一行走到距延安五十里的稻草铺时，忽见路旁有山鸡，便操起猎枪射击。不料，猎枪筒突然爆炸，将马占山的拇指、中指和食指全部炸断。昏昏沉沉的马占山被部下送进了延安医院。

经过医护人员的精心治疗，马占山康复出院了。中共中央和陕甘宁边区政府设宴欢迎马占山。

宴会后，毛泽东陪同马占山出席延安各界在中央大礼堂举行的欢迎晚会，并发表了热情洋溢的讲话：今天开会欢迎始终如一抗战到底的马占山将军。中国古代社会即是欢迎有始有终的人，一直到今天都是这样，半途而废的人不被人所欢迎。抗日是一件大事，要始终如一，抗战到底。现在有些投降派，半途而废，他们是虎头蛇尾。我们要和马将军一道，和全国抗战的人一道，抗战到底。

毛泽东之所以如此盛赞马占山，是源于八年前发生在白山黑水间那场震惊全国的江桥抗战。

抗战时期的马占山

早在19世纪末叶，日本由资本主义发展成帝国主义国家后，即走上对外侵略扩张的道路。通过发动甲午战争、参加八国联军侵华和旨在争夺中国东北地区的日俄战争，相继侵占中国领土台湾和澎湖列岛以及取得在中国驻军、开矿、办厂等特权。

第一次世界大战期间，日本又借口对德国宣战，出兵山东，占领青岛及胶济线，并提出企图灭亡中国的“二十一条”，急欲变中国为其殖民地。此后，日本在政治上日益军国主义化，在经济上加速国民经济军事化，逐步成为第二次世界大战的东方策源地。

20世纪30年代初空前严重的资本主义经济危机，给日本以沉重打击，进一步加剧了其国内的阶级矛盾。日本政府为转嫁危机，缓和国内矛盾，摆脱困境，加速了以武力侵略中国的步伐。

继“东方会议”“大连会议”策定《对华政策纲领》之后，1931年6月，日本陆军中央部制定了《解决满洲问题方策大纲》，将侵略的矛头直指垂涎已久的东三省。他们一面积极备战，一面大施淫威，逼迫张学良解决“满蒙悬案”，妄图使东北成为日本的殖民地。但张学良态度坚决，日本帝国主义决定“要用武力严惩张学良”，遂在东北地区频频挑起事端，先后制造了“万宝山事件”和“中村事件”，蓄意为发动侵略战争找借口。

张学良连连向蒋介石请示机宜。正忙于指挥对中央苏区第三次“围剿”的蒋介石于8月16日电令张学良：“无论日本军队此后在东北如何挑衅，我方应不予抵抗，力避冲突，吾兄万勿逞一时之愤，置民族国家于不顾。”这就是著名的“铣电”。

张学良非常痛恨日本在东北的侵略行径，加上杀父之仇（1928年“皇姑屯事件”中，其父张作霖为日本关东军所害），与日本帝国主义是不共戴天的。但他一直认为日本军力强大，中日一旦开战，仅以东北一隅是绝难取胜的，要抗日必须尽全国之力；同时他又幻想事事忍耐、不挑衅可以使日本侵略者找不到借口，打不还手可以避免事态扩大，取得西方列强的同情和干预，并把平息中日战争的希望寄托在国际联盟身上。于是对蒋介石的不抵抗政策深信不疑，并忠实地执行了这一方针，要求东北各军政长官严格遵守。

日本在中国掠夺大量资源运往本土

8月下旬，日本驻朝鲜的两个师团移防到

图们江沿岸举行大规模水陆演习；9月上旬，日军在沈阳城北举行军事演习，公然进行武力挑衅；关东军司令部也由大连迁至沈阳。

眼见东北战事一触即发，正在北平养病的张学良于9月初致电张作相、荣臻等东北军高级将领："奉密电令，我国遵守非战公约，不准衅自我开。特令遵照。"

9月18日晚10时许，关东军独立守备队岛本中队的河本末守中尉以巡查铁路线为名，带领数名士兵向柳条湖走去。他们一面从旁边观察北大营的兵营，一面选定离兵营约800米往南去的地点，河本亲自把炸药装置在铁轨下，并点燃导火索。随着"轰"的一声巨响，预先埋伏好的日军在坦克掩护下向北大营发起突然进攻。震惊世界的"九一八"事变就此爆发了。

日军炮轰奉天北大营

"九一八"事变是日本帝国主义精心策划，早有预谋的。早在1930年末，关东军便着手选择并确定沈阳柳条湖为事变地点。1931年6月，板垣征四郎、石原莞尔拟好"柳条沟铁路爆发计划"，即用炸药将位于北大营附近的柳条湖南满铁路炸毁，并以此为借口，向东北军发动进攻。计划要求关东军在一夜之内占领奉天城，并乘机大举进攻占领东北全境。

虽说日军早有预谋，但在事变发生时，关东军在东北的部队仅有1个师团和旅顺重炮大队，另有铁路守备队6个大队，全部兵力加起来也只有1万余人。参加进攻沈阳的日军仅是1个联队（相当于团）和2个铁路完备大队（相当于营）。而驻守北大营和沈阳附近东山嘴的东北军有2个旅共计6个团，另外城内还驻有3个警察总队，兵力占绝对优势。因此日军在开始进攻时，仍小心翼翼，用不装引信的炮弹进行试探。见东北军毫无反应后，这才放心大胆地展开攻击。

当时驻守北大营的是东北军第7旅。当晚事发时，旅长王以哲擅离职守回城里家中过夜。日军发起进攻后，参谋长赵镇藩一面用电话通知王以哲，一面又请示东北军总参谋长荣臻。

正在北平协和医院养病的张学良偕同夫人于凤至和赵四小姐，当晚前往前门外中和剧院观看梅兰芳表演的京剧《宇宙锋》。戏演到精彩处时，随从副官匆匆来报，荣臻从沈阳打来长途急电。张学良立即返回医院，接到荣臻的电话报告："驻南满站的日本联队，突于本晚十时一刻，袭击我北大营，诬称我方炸毁其柳河铁路路轨，现已向省城进攻。我方已遵照蒋主席'铣电'的指示，不予抵抗。"

张学良听后顿感震惊，当即命令荣臻随时报告日军动向。但不久，与沈阳的联系就中断了。张学良感到事态严重，连夜在协和医院召集在京的东北军高级将领开会。

会上，张学良首先向大家通报了日军进攻北大营的情况，表示"日本人图谋东北由来已久，这次挑衅的举动，来势很大，可能要兴起大的战争。我们军人的天职，守土有责，本应和他们一拼，不过日军不仅是一个联队，它全国的兵力可源源而来，绝非我一人及我东北一隅之力所能应付，现在我们既已听命于中央，所有军事外交均系全国整个的问题，我们只应速报中央，听候指示。我们是主张抗战的，但须全国抗战；如能全国抗战，东北军在第一线作战，是义不容辞的……总期这次的事件，勿使事态扩大，以免兵连祸接，波及全国。"

张学良随即将荣臻的报告内容电告南京国民政府，并请示如何处置。军事委员会办公厅主任熊斌转达蒋介石的指示：不能打，并告知张学良，外交部已电告国联，听候国联处理。

就在张学良忙于请示南京国民政府的同时，驻北大营的东北军第7旅官兵们正面临着一场血与火、生与死的考验。

荣臻向张学良请示后，立即向赵镇藩下令："不准抵抗，不准动，把枪放到库房里，挺着死，大家成仁，为国牺牲。"然而，在日军屠刀面前，不愿引颈就戮的第7旅广大爱国官兵是万难接受不抵抗命令的。

早在事变发生前，王以哲曾专门召集全旅上校以上军官和情报人员开会，研究对付意外事件的应变之策。经反复研究，会议决定采取“衅不自我开，作有限度的退让”的对策，即：如果日军进攻，在南北东之间待日军进到营垣七八百米的距离时，在西面待日军越过铁路时，即开枪迎击；在万不得已的情况下，全军退到东山嘴子附近集结，候命行动。

此时，日军已从西、南、北三面接近营垣，情况万分危急。如不果断采取措施，第7旅将遭全军覆没之灾。生死关头，赵镇藩和第620团团长王铁汉等人毅然下令对入侵日军予以还击。北大营保卫战打响了。

战斗中，第7旅广大爱国官兵同仇敌忾，以劣质装备，英勇抗击武器精良、突然袭击的日本侵略军。战斗进行得异常残酷激烈，一直持续到次日凌晨3点多。

日军发动九一八事变，向沈阳城内射击

第7旅虽顽强抵抗，但终因仓促应战，加之王以哲和另外两个团长事变当夜均不在营中，部队指挥混乱，无法组织起有力的反击，伤亡不断增加。

赵镇藩见败局已定，为避免全军覆没，只好下令突围。按事先订好的计划，第7旅一部由北大营向南、北两面拼死出击，以掩护非主力部队从东面向东山嘴子一带撤退。

经过一番殊死搏杀，第7旅终以伤亡290余人的代价，杀出日军重围，至清晨5时许，安全撤退到东山嘴子一带。稍事休整后，即沿沈海线向东边镇守使于芷山部驻地——山城镇退却。日军仅以24人的伤亡就占领了北大营，只有警察和少量卫队守卫的沈阳城也随即沦陷。

20日上午，张学良召集在京的学者、名流、政客和东北军高级将领等27人，商议应变大计。经反复研究，决定仍是听命于中央，依靠国联对付日本。

北大营残垣断壁

会后，张学良向全国及南京政府发表通电，大意是：据东北军参谋长荣臻将军报告，日本军队9月18日晚10时开始向我驻扎在北大营的东北军第7旅官兵开火。我军为了避免事态扩大，坚持不抵抗政策，没有进行还击。而日军不但缴了我方士兵的械，还纵火焚烧了北大营，这些情况我们已经向各有关当局作了报告……日军公然不顾事实真相，颠倒黑白，诬称中国人炸掉了南满铁路，并声称他们进攻中国兵营是出于自卫，事实并非如此，甚至在日军火烧北大营时，我军都没有进行抵抗。

不久，张学良接到蒋介石密电：日军行动，可作为地方事件，望力避冲突，以免事态扩大。一切对日交涉，听候中央处理。

然而，日军并未因此停下侵略东北的步伐。19日凌晨3时55分，日军向长春发起突然袭击。守军得到的命令仍然是“急速撤走，不准抵抗”。面对日本侵略军的嚣张气焰，不愿做亡国奴的东北军爱国官兵群情激昂，奋起反击。无奈由于仓促应战，局面十分被动，加之重武器库很快被日军占领，东北军手里只有轻武器，许多官兵甚至是赤手空拳。激战数小时后，东北军伤亡惨重，一部被缴械，一部撤往榆树等地，长春陷落。

从19日起，日军相继攻占营口、牛庄、安东、抚顺、凤城、海城、本溪、盖县等城镇。在不到5天的时间里，偌大的辽宁省除辽西一地外，全部被日军占领。驻洮南的东北军洮辽镇守使张海鹏、驻山城镇的东边镇守使兼辽宁省防军第1旅旅长于芷山等一大批东北军高级将领，在日本帝国主义的诱降政策和南京国民政府的不抵抗政策驱使下，纷纷率部投降，甘心沦为汉奸。东北边防军驻吉林副司令长官熙洽也打着“奉命不抵抗”“避免事态扩大”的幌子，暗中勾结日寇，率部投降，将吉林的大好河山出卖给日本侵略者，成为中华民族的千古罪人。

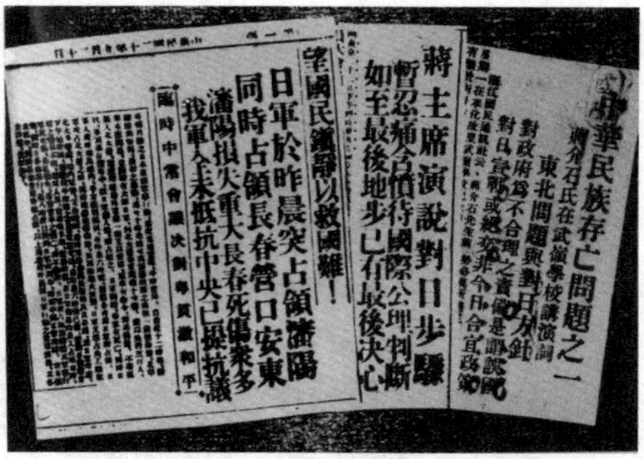

九一八事变后，报纸上发表的有关蒋介石不抵抗日本侵略者的消息

就这样，日军在几乎没有遇到抵抗的情况下，只用不到一周时间便占领了辽宁省和吉林省的大部，下一个目标就是黑龙江省。

当时东北军在黑龙江省驻有省防军步兵3个旅、骑兵2个旅和炮兵团、工兵营、保安队等，共计约3万人。

为了弥补兵力不足，日军将投降的东北军组成伪军，以张海鹏所部3个团3000余人为先锋，于10月16日沿洮昂铁路向黑龙江省泰来地区发动进攻。骄横狂妄的日伪军原以为可长驱直入，一举荡平黑龙江。但大大出乎他们的意料，在嫩江桥附近遭到了东北军步兵第3旅马占山部的迎头痛击。

对于日寇的侵略行径，马占山早已义愤填膺，而且他的老上司、对他有多年提携之恩的吴俊升在三年前（指1928年6月4日“皇姑屯事件”）被日本人炸死了。当时他就发誓要“公仇私恨，必报复之”。面对伪军的大举入侵，马占山指挥所部奋起抗击。双方激战一夜，伪军死伤过半，张海鹏只得收拾残部仓皇南逃。为阻止日伪军进犯，守军将嫩江铁路桥的第1、第2、第5号桥炸毁。

19日，张学良委任黑河警备司令兼东北军步兵第3旅旅长马占山代理黑龙江省主席兼军事总指挥。次日，马占山在省城齐齐哈尔新建成的大礼堂举行就职典礼。会后，他分别向南京国民党政府、各院部会，北平张副司令、锦州东北边防军司令长官公署和各省、市及黑龙江省各县发出通电：“占山遵电令于本月20日驰抵省垣，就职视事。当兹边围垂危，千钧

黑龙江守军骑兵部队奔赴江桥前线

一发，牺牲所惜，陨越堪虞，惟望远锡箴视……”表示保卫国土的抗战决心。

为鼓舞斗志、激励将士，马占山亲自致电前线官兵，勉励他们奋勇杀敌，保家卫国。同时发布悬赏购买民族败类张海鹏首级的公告：“张贼叛变，罪止张贼一身，其部下如不反抗国军，决不横加诛连。尔军民人等，如能将张贼活擒来辕献俘，或携其首级来献者，在职军人立即加升二级，并奖大洋一万元，百姓赏大洋二万元”。

恼羞成怒的日军决定亲自出马，进攻黑龙江。27日，日本齐齐哈尔特务机关长林义秀以关东军司令官代理名义向马占山提出所谓的最后通牒：要求黑龙江省政府在11月3日前修竣嫩江桥，否则，日方将以实力掩护自行修复。同时，关东军以第2师团第15旅团第16联队主力为主组建嫩江支队，任命滨本喜三郎大佐为支队长，陈兵江桥，准备进攻并伺机夺取齐齐哈尔。

马占山大义凛然，断然拒绝了这一无理要求，指出：“南满铁路对于洮昂路仅有借款关系，债权者不能代债务者修理工程，且洮昂路并非江省政府所属，不能代为承认由满铁兴修，可由江省政府代为通知洮昂路自行修理可也。”

日寇哪肯善罢甘休，随即又提出：“嫩江桥不得为战术上使用；至11月3日止，南北两军各由桥梁撤退十公里以外地点，至修竣为止；不承认上述要求或妨碍修理者，认为对日军有敌意，即行使武力。”

面对日本侵略者的嚣张气焰和武力威胁，马占山召开军事会议商讨对策。会上，有人表示日军来势凶猛，不可抗御，主张撤出阵地。马占山拍案而起，声色俱厉地说："吾奉令为一省主席，守土有责，不能为降将军。且吾出身绿林，位重未阁，亦何惜一死！"

会后，马占山发表抗日宣言，增调本省驻军约16000余人，部署在嫩江桥及以北地区，准备迎敌。江桥位于三间房、泰来之间，是南北交通要冲，洮昂铁路跨越嫩江的必经之路。日军进犯齐齐哈尔，必须要首先占领江桥。

11月4日，4000多名日伪军在飞机、铁甲车和野战的支援下，向驻守江桥的东北军发起猛攻。守军在马占山的指挥下，奋起抵抗，首挫敌锋。震惊中外的江桥抗战就此爆发了。

江桥抗战自11月4日开始，至19日结束，历时16天。这是东北军自九一八事变后，第一次针锋相对的大规模的抗击日本侵略军的阵地战，也是对抗蒋介石"不抵抗主义"的第一次大反击。

在江桥激战中牺牲的黑龙江守军骑兵士兵

5日，日伪军分三路再次向江桥阵地猛扑过来。守军抱定"人在阵地在"的决心，视死如归，以正面抗击、翼侧迂回的战法，重创敌军，再次将敌击退。据日方统计，此日血战，日伪军共死伤官兵1400余人。

6日拂晓，日军增调的2个大队到达江桥。当日，日伪军携野炮20余门、重炮8门、飞机8架、铁甲车4列，对嫩江北岸的大兴车站发起进攻。守军顽强抵抗，再次予敌以重创。

江桥抗战以来，这一天的战斗最为激烈。马占山也亲赴前线，冒着枪林弹雨指挥战斗。守军自早至晚，苦战一天，重创日军，滨本步兵联队几乎被全歼，高波骑兵联队也伤亡殆尽。战后，日军哀叹是自到东北以来空前损失的一次。

马占山清醒地认识到形势已愈发不利。连日激战，敌机和重炮狂轰滥炸，工事全部遭到破坏，已无屏障可守；部队孤军奋战，伤亡甚重，一时得不到补充；而日军大批增援部队正向江桥集结，敌我力量对比悬殊。为保存实力，马占山果断下令放弃大兴车站，连夜向北撤到距江桥50华里的三间房一带，在汤池、三间房、昂昂溪等地设置三道防线，筑壕坚守，抗击日伪军。

在东北军的英勇抗击下，狂妄骄横的日寇屡遭重创，不得不从长春、吉林调集长谷旅团2个联队，天野旅团步、炮兵各1个联队，投入江桥前线。与此同时，东北军苏炳文、程志远一部也由扎兰屯、满洲里开到，加入江桥抗战。

7日，马占山电请国民政府火速予以增援，称："占山守土有责，一息尚存，决不使失尺寸之地，沦于异族。唯有本我初衷，誓与周旋，始终坚持，绝不屈让。海内明达，其谅鉴焉。"这番气壮山河的豪言壮语再次向世人展示了中华民族不甘屈服、抵御外侮的精神。

是日晨7时，大战重新开始。东北军发起反攻，重新夺回江桥阵地，共毙伤日军600余人、伪军1000余人。双方在江桥再次形成对峙局面。至此，江桥抗战第一阶段宣告结束。

江桥抗战使全国人民及海外华侨备受鼓舞，纷纷捐款捐物声援马占山。东北青年学生组织援马义勇军，准备开赴前线，抗击倭寇。

北平救国会致电称赞马占山："此次暴日侵我黑省，举国同愤，将军保土卫民，孤军血战，忠勇义烈，钦佩莫名，尚祈整饬军旅，继续奋斗，收复失地，还我河山！"

著名的教育家陶行知赋诗一首《敬赠马占山主席》："神武将军天上来，浩然正气系兴衰；手抛日球归常规，十二金牌召不回。"

《京津泰晤士报》发表社论称：马占山是"在充满灾难的中国里，中国高级官吏堪称仅有的一人……"

就连肇东一带的蒙古王公也召集兵马，表示愿意听从马占山的指挥，共抗日寇；一再鼓吹"不抵抗主义"的南京国民政府此时在全国人民一致抗日的呼声下，不得不传令嘉奖马占山部；连日来一直背负着“失地卖国”骂名的张学良精神为之大振，致电嘉奖马占山：自代理黑龙江省主席和军事总指挥以来，“亲临阵地，威声传播，中外交推”，并任命他为东北边防军驻江副司令，所有驻黑省军队一律归其节制指挥，在江桥“死守到底”。

眼见在江桥损兵折将却没捞得半点好处，日军便改变策略，玩弄其惯用的软硬兼施的伎俩，由军事进攻为主、政治诱降为辅，改为政治诱降为主、军事进攻为辅的方针。

8日，关东军司令官本庄繁向马占山提出警告：“马主席如欲避免日军进入齐齐哈尔，应速披沥诚意。”

黑龙江守军骑兵部队反击时遭日机轰炸

当晚，林义秀将所谓诚意条件用短札形式交给了黑龙江省外交主任王春。信中称：“考察目前之时局，避免战祸，维持地方秩序的唯一方法，为马主席于此时下野；同时黑省政府与张海鹏之间实行和平授受政权，除此之外，别无良策。”

12日，本庄繁向马占山发出所谓的“最后通牒”，提出三点要求：一是马占山立即下野；二是东北军从齐齐哈尔撤退；三是出于保障洮昂线安全之考虑，日军将向龙江东站移动。并限定马占山必须于12日夜12时以前做出答复，否则一切后果自负。

当夜，马占山正式答复日方，称：“一、下野本无不可，但须有中国中央政府命令，派人前来，方能交代，如张海鹏一类者，虽有中央命令，亦不交与政权；二、关于退兵一事，在我国领土，我国有权，非日本所得干涉；三、昂昂溪站为中国与苏俄合营之铁路站，贵军要求进兵，殊与芳泽代表在国联声明‘日本无领土野心’一语，自相矛盾。且余奉命保守疆土，在未奉到命令让渡与日本前，碍难办到。同时在法律事实两方面，亦非贵国所应要求。”马占山义正词严地驳斥了日军的无理要求，再次维护了中华民族的尊严。

见威逼马占山屈服失败后，气急败坏的日寇调集重兵准备发动新一轮进攻。这时，围困江桥的日军计有步兵第4、第29、第30、第10联队，骑兵第2、第28联队，以及2个野炮兵联队。

12日，也就是本庄繁向马占山发出“最后通牒”的当天，日军发动了大规模的进攻。双方激战一天，日军占领了前后宫地、张花园。

13日下午，日军集中步、骑兵3000余人，在飞机、铁甲车和重炮的配合下，向汤池、乌诺头、新立屯发起猛攻。马占山亲临前线指挥，守军奋勇杀敌。激战一直持续到黄昏，日军进攻多次均无功而返。

14日，日军卷土重来，向汤池蘑菇溪间阵地猛扑过来。守卫阵地的东北军与来犯之敌鏖战达15个小时之久，打退了敌人的多次冲锋。

日伪军向三间房守军阵地发动强攻。图中的日军铁道装甲车队正在向守军阵地开炮射击

16日，不甘心失败的日军重新集结兵力，在10架飞机、8门重炮和数辆坦克的掩护下，直扑三间房阵地。激战一天，日军再次铩羽而归。

17日，日军第2师团主力等增援部队陆续到达大兴前线，共集结步兵11个大队、野炮3个大队、重炮1个大队、骑兵2个中队、工兵1个中队，飞行2个中队12架飞机约6000人及伪军一部。

18日，日军在第2师团长多门二郎统一指挥下，以第15旅团、混成第39旅团第78联队等部为右翼队，第3旅团等部为左翼队，在炮兵和航空兵支援下，分由孤店、汤池向三间房主阵地发动全面进攻。

凌晨3时，日军先以重炮对三间房阵地狂轰滥炸。8时许，日军发起总攻击。三间房阵地上，弹如雨下，火光冲天。

马占山亲率所部拼死抵抗，“双方激战甚烈，血肉相搏，我军伤亡之极大”。但东北军广大爱国官兵同仇敌忾，枵腹血战，拼死肉搏，击退了日军一次又一次疯狂的进攻。

血战至黄昏时分，守军终因连日鏖战，只剩下4000余人，弹尽粮绝，渐不能敌，三间房、大兴防线相继失守，省城齐齐哈尔已无险可守。

马占山在伤亡惨重、求援无望的情况下，为避免全军覆没，被迫于当夜下令撤出阵地，向海伦方向转移。撤退前，他接到大汉奸张景惠的诱降电话：“无论如何，兵士先退，君可不退，留在省城，与日军从长计议。”马占山断然拒绝，表示：“占山自信系一好男儿，绝不降日本；阁下如降日本，则人各有志，不必相强。”

19日晨，日军占领齐齐哈尔。

江桥抗战是东北爱国官兵自发奋起抗击日本侵略者的伟大壮举，虽然最终失败了，但他们在内缺弹药、外无援军、装备低劣的困境中，坚守江桥十余日，使日军集中数万精兵对此弹丸之地却久攻不下，并屡遭重创，损兵折将数千人，沉重地打击了日本侵略者的嚣张气焰，向全世界展现了中华民族不畏牺牲、抵御外侮的精神。同时也极大地鼓舞了全国人民，振奋了民族精神，使越来越多的中华儿女投身到抗日救国的洪流中。

战后，著名的《国际协报》曾评论道：“马占山及黑省一般将领，将来纵因不能敌，终归失败，其丰功伟绩，在中国历史上，亦终有不能磨灭湮灭者也。”

马占山将军驻榆时手书“还我河山”，以表誓保国土的决心

1932年10月出版的《九一八周年痛史》一书中对江桥抗战作了高度评价：“沙塞孤军，苦战半月，开我国反日民族战争之先声，振全国抗日救国之精神，所关甚大，虽败犹荣。”

江桥抗战使马占山一战成名，成为著名的抗日将领，并得到了中国共产党和毛泽东主席的充分肯定。

新中国成立后，马占山寓居北京，因身体多病一直深居简出，但毛泽东并未忘记这位抗日英雄。

1950年6月的一天，马占山突然接到毛泽东托人打来的电话，邀请他出席人民政协全国委员会一届二次会议。遗憾的是，此时马占山已重病缠身，无法参加会议。

11月，病入膏肓的马占山自知将不久于人世，便立下遗嘱：“我亲眼看见我中国在毛主席和中国共产党之领导下，全国人民获得解放，新民主主义已顺利实现，人人安居乐业。我生平中之新型国家，已建设起来。我虽与世长离，但可安慰于九泉之下。我嘱尔等务须遵照我的遗嘱，在人民政府的英明领导下，诚心诚意去为新中国的建设努力奋斗到底，实事求是做事为人，不可稍懈。”

毛泽东眼中的邓宝珊

——为德之大，更不敢忘

邓宝珊

邓宝珊，名瑜，字宝珊。生于1894年，甘肃秦州（今天水）人。国民党陆军中将。

1909年，邓宝珊赴新疆伊犁新军当兵。次年加入同盟会。1912年1月参加伊犁起义，被官府追捕，潜回故里。1914年到陕西，结识胡景翼、孙岳等革命党人，在华山聚义反袁（世凯）。1916年投身护国运动，在陕南镇守使陈树藩所部胡景翼团任连长。1918年响应孙中山护法，参与发动三原起义，在陕西靖国军第4路任右翼前敌总指挥。1921年任陕西陆军暂编第1师团长。1924年代表胡景翼，与冯玉祥、孙岳联络发动北京政变，后任国民军第2军第7师师长。1925年12月任直隶军务帮办，领衔发表李大钊起草的反北洋政府通电。1926年直奉联军进攻国民军，所部战败，退回陕西。9月，任国民军联军援陕前敌副总指挥，旋参与策划指挥解西安之围。12月，任国民军联军驻陕副总司令，在西安设总司令部，与共产党人刘伯坚、刘志丹等亲密合作，聘请邓希贤（小平）任中山军事学校政治处处长。

1927年大革命失败后，邓宝珊继续同共产党人保持友谊，曾资助发动顺泸起义失败后途经西安的刘伯承。6月，因不满冯玉祥与蒋介石通电合作，离职避居上海。1930年，在蒋冯阎战争中接任第8方面军总司令，讨蒋失败后蛰居上海。1932年任西安“绥靖”公署驻甘行署主任。次年冬，改任新编第1军军长。1936年1月被授为陆军中将。西安事变后，邓宝珊应杨虎城之邀，前往西安相商善后之策。根据中共中央一致抗日政策的精神，努力做各派之间的团结工作。

1937年“七七”事变后，邓宝珊任第21军团军团长，旋改任晋陕绥边区总司令，驻守榆林。期间，他多次到延安与中国共产党领导人毛泽东等晤谈，赞同抗日民族统一战线，与陕甘宁边区、八路军协防抗日。1945年6月，任第十二战区副司令长官。

1948年1月，邓宝珊任华北“剿总”副总司令。1949年1月，全权代表傅作义同人民解放军平津前线司令部达成和平解放北平（今北京）协议，9月，受毛泽东、周恩来委托，和傅作义一道促成绥远起义。

中华人民共和国成立后，邓宝珊先后任西北军政委员会委员，甘肃省人民政府主席、省长，国防委员会委员，全国人民代表大会代表，中国人民政治协商会议常务委员会委员，中国国民党革命委员会中央副主席等职。1955年获一级解放勋章。1968年11月27日在北京病逝。

提起邓宝珊可谓大大有名。他少年从戎，加入同盟会，参加了辛亥革命时期著名的新疆伊犁起义，以后的护国、护法诸役均身临战斗，崭露头角，成为西北名将。

邓宝珊将军纪念馆

邓宝珊重义守信，见解高明，好读书，喜书画，被誉为善于排难解忧的“儒将”，与中国共产党长期保持友好合作。

早在1924年，邓宝珊与冯玉祥等西北将领发动北京政变后，中国共产党创始人之一的李大钊所领导的中共北方组织就在其所部开展活动。邓宝珊由此与李大钊结识，开始了与中国共产党人的接触。

次年，邓宝珊驻兵陕州，为提高部队素质，开办军官传习所，请共产党人担任所长，聘苏联红军将领当顾问。期间，李大钊还派邓宝珊的同乡、共产党员葛霁云到邓部担任秘书长。

1927年1月，国民联军驻陕总司令部成立，这是一个具有国共合作性质的战时临时军政府。邓宝珊任副总司令，许多共产党员担任了领导职务。其中由“总部”创办的中山军事学校和中山学院均以共产党人为骨干，邓小平担任中山军事学校政治部主任，陕西中共组织的创始人之一李子洲任中山学院副院长。邓宝珊对当时在陕西工作的共产党人，始终给予积极的支持与合作。

同年4月，蒋介石发动“四一二”反革命政变，轰轰烈烈的大革命就此失败。当时，许多曾亲共、联共的国民党高级将领纷纷加入到反共阵营中，向共产党人举起了屠刀。

国民党反动派发动“四一二”反革命政变，大肆屠杀共产党员和革命群众

有道是“患难时刻见真情”。邓宝珊恪守“对朋友，就不能反目”的信条，同许多共产党人保持友谊，对遭受迫害的共产党人和进步人士，无论相识与否，都尽力帮助。

这年初夏的一天，一位面目清秀、戴眼镜的年轻人突然找到邓宝珊在西安的官邸。此人就是号称“战神”的刘伯承。

原来，刘伯承在四川举行顺泸起义失败后，当辗转来到西安时，一行人只剩下两块钱的路费。刘伯承决定找一向对共产党人友好的邓宝珊帮忙。

果然，邓宝珊虽与刘伯承不认识，仍慷慨解囊，叫葛霁云送去600银元，又开具通行证明。就这样，刘伯承等人顺利经武汉到达南昌，参加了震惊中外的“南昌起义”。新中国成立后，刘伯承曾专门对这件事向邓宝珊表示感谢。

1934年，邓宝珊任陆军新编第1军军长，驻守甘肃。期间，他搭救过中共陕西省委军事负责人汪锋，会晤、帮助过谢子长以及新中国成立后任兰州军区副司令员的杨嘉瑞，并为共产党人的兵变开脱，使共产党人免遭杀害。

1935年夏，红25军徐海东部由川陕甘边境向陕北进军。

1935年红25军主要领导在陕西合影（前排左3为徐海东）

邓宝珊迫于蒋介石的严令，率部在静宁、隆德等地大筑碉堡、设置封锁线，摆出一副与红军拼命的架势。可当红军绕道而过时，邓宝珊按兵不动，不发一枪一弹。

此时，日本帝国主义侵华野心日益膨胀。民族危难关头，邓宝珊积极拥护共产党提出的“团结一致，共同抗日”的政治主张。西安事变发生后，邓宝珊十分赞同张学良、杨虎城提出的“八项主张”，亲赴西安，与共产党一起为和平解决立下了汗马功劳。

抗战期间，邓宝珊出任晋陕绥边区总司令，驻守榆林。

位于陕西东北的榆林自古便是军事重镇。它东连晋西北，西经陕西西北部的三边到宁夏，南与陕甘宁边区接壤，北毗绥远伊克昭盟，直通包头、归绥，是晋陕绥边区广阔地域间的一个中心枢纽城市，同时也是阻止日军西进的重要屏障，而且还是南京国民政府在陕北仅存的一个据点。

邓宝珊前往榆林时，派秘书汤昭武、副官石佩玖等人前往陕甘宁边区拜会了毛泽东、朱德等人。

毛泽东坦诚地说：“邓先生是我们的好朋友，将来我们之间的关系，相处好是没问题的。请你转告邓先生，有什么需要之处，我们一定尽力帮助。”

抗日战争时期，邓宝珊在陕西榆林桃林山庄窑洞里批阅军情函电

驻守榆林期间，邓宝珊安抚地方部队，协调各方关系，积极拥护共产党的抗日统一战线主张，多次拒绝蒋介石攻击八路军的命令，有力支持了八路军的抗战。邓宝珊还在共产党所属的陕北绥德设立办事处，派开明绅士刘绍庭担任联络工作，来往于延安和榆林之间，传递信息。萧劲光、高岗等也到榆林回访过邓宝珊，双方达成和平相处的口头协定，建立了抗日合作的友

好关系，实现了双方交通、邮政的互通。此外，邓宝珊还置蒋介石封锁陕甘宁边区的命令于不顾，保证边区物资畅通，并时常帮助延安采购紧俏物资。

榆林与延安形成了团结抗日的局面，树立起了国共合作抗日的典范。在这一过程中，邓宝珊功劳卓著，与共产党关系日渐加深，联系也愈加密切。共产党把邓宝珊视为国民党高级将领中的优秀分子之一，毛泽东更是大加赞扬，称他为“我们的好朋友”。

1938年5月，邓宝珊路经延安，毛泽东热情相迎。这是他们的第一次见面。

两人一见如故，谈得很是融洽，不知不觉间一个上午已经过去。午饭到了，毛泽东宴请邓宝珊及随行人员，由中央交际处在机关合作社食堂摆了几桌酒席，李富春、萧劲光、周小舟等人出席作陪。

席间，毛泽东谈笑风生，举杯祝酒：“延安生活还较困难，我们今天略备水酒，欢迎邓将军及其一行，略表心意。”

中共中央领导人在延安居住的窑洞

当毛泽东讲到共产党与西北军的合作时，说：“西北军的将领许多是爱国的，有与我党合作和民主革命的传统。现在国共重新合作了，抗日民族统一战线已经建立起来，只要我们共同坚持下去，并巩固发展下去，一定能够打败日本侵略者。邓先生在榆林，我们一定能合作得很好。”

邓宝珊对此表示很有信心：“这是孙中山先生的遗愿，也是全国民众的共同要求。毛主席和周恩来先生在‘双十二事变’中坚持和平解决的方针，促成了两党重新和好，以国家民族利益为重，是深得人心的。从此孙总理生前的愿望，有实现的希望了。”

毛泽东一再挽留邓宝珊多住几天，到延安各处去参观、指导。邓宝珊被毛泽东的真挚情谊所感动，欣然决定改变计划，多住几天再走。

不知不觉中，邓宝珊在延安整整住了一周。期间，邓宝珊回访了毛泽东，参观了抗大、陕北公学等，出席了专门为欢迎他举办的文艺晚会和群众大会。延安各界领导人分别到邓宝珊住所与他会面晤谈。

当时，邓宝珊的年仅16岁的二女儿邓幼梅正在延安的陕北公学学习。起初，邓幼梅怕父亲责备，不愿去见。在同学们的再三劝说下，她决定去见父亲，并做好了辩论的准备。

谁知，邓宝珊非但没有责怪，反而在询问了小幼梅的学习、生活情况后，鼓励她要努力上进。后来，邓幼梅加入了中国共产党，为党做了不少工作。

这次延安之行，邓宝珊初识毛泽东，毛泽东的真知灼见，以及对抗日形势和中国革命前途的分析令邓宝珊折服。而延安的勃勃生机，人们的抗日热情，也给邓宝珊留下了深刻印象，这对他以后政治生涯的转变起了相当大的作用。

此后，邓宝珊经常利用去西安、重庆开会之机，到抗日根据地做客，拜会当地的中共领导人。中共视邓宝珊为贵宾，礼遇有加，安排他参观、看戏。毛泽东与邓宝珊的信件来往频繁，时常互赠礼品。毛泽东送给邓宝珊书刊、延安自制的皮衣，邓宝珊则送给毛泽东炮台牌、三五牌香烟，两人友谊日深。

对于邓宝珊的友好之举，以及对延安的有力支持，共产党人非常感激，把他作为最值得信赖的抗日友军，积极支持他入陕甘宁边区采购粮食、到关中征兵扩军。中共中央关于抗日的策略，以及重大决策的文件、信息也会经常送达邓宝珊处。

1938年12月5日，毛泽东派八路军留守兵团绥德警备区司令员陈奇涵前往榆林，向邓宝珊报告防务，并附上一封亲笔信：

近日敌侵西北之消息又有传闻，谅尊处早已得悉。不论迟早，敌攻西北之计划是要来的，因之准备不可或疏。高明如兄，谅有同情。特嘱陈奇涵同志趋谒麾下报告防务，并将敝党六中全会之报告、决议、宣言等文件带呈左右，借供参考。倘有指示，概祈告之奇涵。

毛泽东在延安枣园窑洞工作

这封信充分体现了中共中央、毛泽东对邓宝珊的信任和友好的态度。

同样，邓宝珊以团结抗日为重，对部下与八路军发生的摩擦从大局出发，妥善处理。

1939年夏，邓宝珊所部新11旅与八路军发生摩擦。新11旅驻守三边一带，同八路军留守部队的防区相邻，平时尚能友好相处。但由新11旅的成分比较复杂，国民党反动派对其进行拉拢、分化、挑拨、煽动，企图制造事端。

当时新11旅第1团有个营长率部强占八路军驻定边县城的营房，双方发生武装冲突。结果，该部被八路军包围缴械。

事件发生后，一些别有用心的人故意大肆渲染，挑拨离间道："共产党、八路军不讲信义，不给邓先生面子，希望邓先生采取强硬态度，不然共产党还会得寸进尺。"

邓宝珊对此不置可否，因为他信任毛泽东。

没过多久，南汉宸受毛泽东委派到榆林向邓宝珊说明情况，同时八路军也把缴获的人枪送还新11旅。双方言归于好，事件就此平息。

1940年3月5日，毛泽东同王稼祥致电王震，指示："靠近榆林的米脂及佳县暂时不要边区化，应维持现状。榆林一带是邓宝珊、高双成等许多中间势力的集中地，我们的政策是极谨慎地争取这些中间势力。"

是月下旬，毛泽东托刘绍庭给邓宝珊带去亲笔信。信中，毛泽东向邓宝珊的友好行为表示谢意，同时表达了进一步巩固双方友好关系的诚意。

就在这年冬，蒋介石再次发动反共高潮，指使何应钦、白崇禧发出“皓电”，诬蔑坚持敌后抗战的八路军和新四军，并强令缩编。

与此同时，胡宗南奉蒋介石之命，一面调集大军包围陕甘宁边区，一面对邓宝珊采取软硬兼施，企图增兵榆林，从北面包围、进攻陕甘宁边区。

为避免国民党军对延安造成南北夹击的态势，毛泽东通过刘绍庭致信邓宝珊，转达了自己对时局的看法，希望他能认清国民党顽固派破坏团结抗日、准备投降日寇的阴谋，坚持反对分裂、团结抗战。

抗日战争时期的邓宝珊

邓宝珊果然不负毛泽东所望，对国民党的分裂行为采取抵制行动。他复电胡宗南进行坚决抵制，称“榆林粮秣困难，维持现有部队尚感不足，如再添一师，势难维持，弟意不调”。

1941年初，震惊中外的“皖南事变”发生。毛泽东又通过刘绍庭致邓宝珊书信一封，转达了中共对时局的看法和对邓宝珊寄予的希望。

中共中央在力促邓宝珊坚持民主建国、团结抗日的立场的同时，也非常顾及邓宝珊在国民党中的艰难处境。

1942年，山西新军成立5周年纪念，邓宝珊发电祝贺，对共产党的赞扬和友好态度跃然纸上。新华社晋西北分社将贺电发表，引起延安极大的不安。

为保护邓宝珊，毛泽东立即致电批评晋绥分局这样的做法是“和我党目前政策不合适的”“足以影响友军之地位”。他又就此事专门致电晋绥分局书记林枫：

新华社晋西北分社十八日将邓宝珊对新军5周年纪念贺电播来延安，

除令延安总社不要发表外，请你对晋西北分社及《晋西日报》加以指导。此类电报只能口传，不能发表，以免影响邓宝珊之地位，此外，整个通讯社及报社的新闻政策及社论、方针，分局必须经常注意，加以掌握，使我们的宣传完全符合于党的政策。

1943年5月，共产国际宣布解散，蒋介石乘机掀起第三次反共高潮。邓宝珊电邀南汉宸到榆林，共商对策。

6月，国民党政府电召邓宝珊去重庆开会，蒋介石知道邓宝珊与中共往来密切，因此在电文中特别指示他不要经过延安，而是绕道宁夏去重庆。

榆林城墙遗址

邓宝珊对此十分气愤："不指定路线便罢了，指定了，我偏要走延安这条路线。"

6月8日，邓宝珊率副参谋长于浚都、《大公报》驻榆林特派记者杨令德及卫士10多人由榆林骑马启程，取道延安赴重庆。

绥德地委书记习仲勋闻讯后特地派杨虎城的儿子杨拯民到米脂迎接邓宝珊一行。

10日，邓宝珊一行到达绥德。中共绥德地委和警备司令部开了欢迎大会，习仲勋亲自主持，徐向前和邓宝珊在会上讲了话。

17日，邓宝珊一行到达延安。延安组织群众、干部特别到郊外列队迎接，邓宝珊非常感激延安方面的盛情款待。

当天，毛泽东在杨家岭新建的中共中央礼堂设宴为邓宝珊接风洗尘。中共领导人朱德、贺龙、林伯渠，民主人士李鼎铭以及邓宝珊的老朋友南汉宸、续范亭等都出席了欢迎宴会，给予邓宝珊规格极高的礼遇。

邓宝珊大步走进新建的礼堂，毛泽东等人迎了过来。这是两人的第二次见面。

不待毛泽东发话，邓宝珊抢先道："毛先生发胖了！"

"这是由于我们军民搞大生产，丰衣足食所致。"毛泽东颇为自豪地回答，"邓先生的身体也好多了吗！"

邓宝珊毫不掩饰："这是我戒了大烟的结果。"

对话引得众人阵阵笑声。宴会就在欢乐的气氛中开始了。

宴会后，举行了盛大的欢迎晚会。叶剑英致欢迎词，晚会上演出了《大生产大合唱》《兄妹开荒》等文艺节目。

20日，毛泽东又在交际处宴请邓宝珊。

此时的延安已稍有暑意。宴会前大家围坐院内乘凉漫谈。毛泽东平易近人而又思维活跃，谈吐风趣而又寓意极深，引得满座笑声不断，使人们有如沐春风之感。

陕甘宁边区军民开展大生产运动

当谈到胡宗南以重兵包围边区时，毛泽东幽默地说："不过是挑两筐鸡蛋叫卖而已，我们给他丢两块石头，就全部砸烂了。"

邓宝珊思索了一下，笑着说："其中可能有些石子。"

听到此，毛泽东会意地哈哈大笑。

邓宝珊又问："毛先生贵庚几何?"

毛泽东回答："鄙人生于清光绪十九年癸巳，公历1893年12月26日。"

邓宝珊很是认真地说："先生比我长一岁。中国有毛先生这样一位领导，乃民族之福。打败日本帝国主义之后，我们一定要为毛先生祝寿。"

在随后的几天里，邓宝珊多次同毛泽东单独会谈，特别对国内、国际形势，两人交换了看法。

毛泽东在谈话中特别强调："世界反法西斯战争已临近光明的前途，连蒋介石也感到了这个变化。但蒋的反应和对策是加紧反共，而不是积极地与共产党通力合作，以促使抗日战争胜利的极早到来，这是不好的。希垂邓先生与我们合作，要求蒋放弃独裁，实行民主。"

邓宝珊表示："为民主建国尽最大努力。"

在延安停留二十多天后，邓宝珊一行恋恋不舍地与毛泽东告别，动身前往重庆。

9月6日，国民党五届十一中全会在重庆召开。会上反共顽固分子大肆诬蔑共产党"破坏抗战、危害国家"，为掀起第三次反共高潮做舆论准备。邓宝珊就是在这种情况下来到重庆的。

重庆烦闷的夏季，伴随着国民党的反共喧嚣，使邓宝珊忍无可忍。期间，蒋介石几次找他谈话，让他列席国民党十一中全会。

当邓宝珊最后一次面见蒋介石时，直陈内战是打不得的，并说："我想把领袖拥护成华盛顿，不愿把领袖拥护成拿破仑。"

蒋介石十分震怒，稍停片刻，问邓宝珊："听说你有个女儿是共产党？"

邓宝珊平静地回答："是的，思想不同，有什么办法呢？"

蒋介石表面上假装一笑，不置可否。事后大骂邓宝珊有"投共"嫌疑，密令胡宗南对邓宝珊严密监视。

9月底，邓宝珊乘飞机由重庆飞抵西安。

当时，胡宗南正偷偷从其他战场上调集兵力，准备进攻陕甘宁边区。蒋介石、胡宗南从政治、军事和经济上对邓宝珊施加压力，以迫使他反共。

11月下旬，邓宝珊一行由西安经老家三原再度来到延安。这是邓宝珊的第三次延安之行，也是他最后一次来延安。

时值国民党的第三次反共高潮被打退不久，整个解放区反蒋情绪十分强烈。对邓宝珊的处境，中共中央也是掌握一些情况的，毛泽东特地叮嘱交际处要热情接待，指出："邓先生是国民党里的联共、抗日派，我们对他的方针不变。他如有困难，我们应按对国民党军队区别对待的原则，给予政治上、物质上的帮助。"

对此，有些同志表示不理解。为说明团结邓宝珊这样的国民党朋友的必要性，毛泽东专门列举了当年"左"倾机会主义者不积极与福建人民政府合作的惨痛教训。

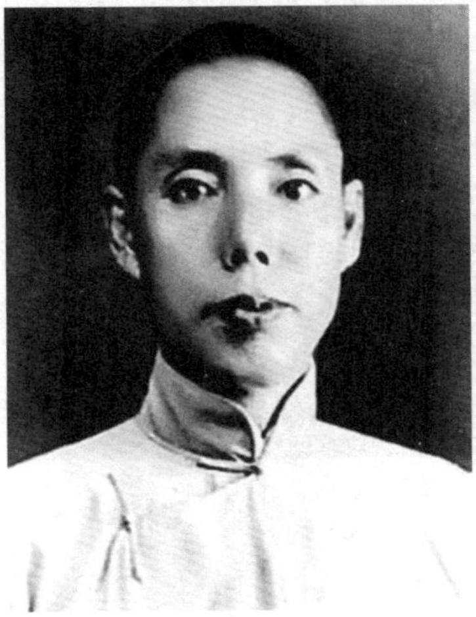
续范亭

根据毛泽东的指示，工作人员把正在延安养病的续范亭接到交际处，以便他做邓宝珊的思想工作。当年邓宝珊任新1军军长时，续范亭曾在该军任参谋长，两人私交甚深。

毛泽东向续范亭提出对邓宝珊应继续坚持大力争取的方针，并说："对于国民党里的进步派、顽固派，我们绝不能等量齐观，一定要区别对待。对进步派一定要真心诚意地帮助。"

一天，毛泽东派人到交际处接邓宝珊、续范亭到自己住处谈话，朱德、周恩来在座。毛泽东说：国民党可能采取三个方向，第一个是直接投降和内战方向，这条路是走不通的；第二个是一面假装抗日，一面积极反共，这条路最终也是行不通的；第三个是根本放弃法西斯独裁和内战政策，这才是一条生路，我们大家必须为此而努力奋斗。三民主义必须通过三大政策来实现。现在日本的困难越来越大，抗战胜利在望，只需国共两党继续努力了。

最后，毛泽东再次强调要走一条和平民主建国的道路："国共两党发生的许多历史事件，邓先生你我是过来人。历史的经验证明，内战的路走不通。蒋介石只有从根本上放弃独裁和内战政策这才是国民党的出路，我们大家必须为此奋斗。"

邓宝珊在延安期间，中共中央给予了热情款待，安排参观边区军民大生产成果展览会，出席劳动英雄大会和文艺晚会。

当邓宝珊参观延安的大生产展览时，更是兴致勃勃，称赞毛泽东“自己动手、丰衣足食”的政策英明。

忽然，一个20余斤重的大南瓜映入了邓宝珊的眼帘，他连连称赞：“只有边区才会长出如此大的南瓜。”

毛泽东不仅在思想上力促邓宝珊思想转变，同时也在生活上关心邓宝珊。

毛泽东在大生产运动中亲自开荒种地

邓宝珊因长期劳顿，体质下降，在延安偶感风寒。毛泽东对他的病况非常关心，除亲自慰问外，还请精通中医的边区政府副主席李鼎铭诊脉。

考虑到马上就要进入酷寒的时节，而邓宝珊衣着不备，毛泽东还委托交际处长金城把十张上等的狐狸皮，作为大衣料赠送给他，并专门给金城写了一封信：“狐皮十件，送邓总司令做衣料，请转交为盼！”

邓宝珊在毛泽东和延安有关工作人员的关心照料下，病很快就好了。

中共中央及毛泽东对邓宝珊的接待可谓周到，怕他寂寞，除了请来他的老友续范亭、南汉宸陪同外，还不时为他专门组织文艺演出。这中间还有一个小插曲。

一天晚上，交际处专门为邓宝珊一行安排了一台文艺演出，周恩来、林伯渠陪同观看。

当时边区还处在反对国民党第三次反共高潮的余波中，内部的审干运动尚未结束，所以在文艺舞台上表演的节目，大多是反映这两个运动的。

抗战剧团演的《血泪仇》反映的是河南人民在水、旱、蝗、汤（恩伯）的灾害下，被迫逃往抗日根据地求生，得到抗日根据地政府和人民热情帮助的情况；延安部队艺术学校演的《保卫边区大活报》是表现边区军民反对胡宗南进犯、坚决保卫边区的；鲁迅艺术学院演的《赵富贵自新》是反映边区军民取得对国民党特务斗争的胜利，争取那些受国民党特务欺骗拉拢的“失足者”，向政府主动坦白取得宽大处理的。这些戏很多内容是公开批判蒋介石的。

晋察冀军区抗敌话剧团演出话剧《血泪仇》

演出中，邓宝珊坐在下面显得很尴尬。对每一个节目，他都不鼓掌，但又不得不随着群众的鼓掌声表示赞许。

当杨令德看到剧中蒋介石被打倒，从桌子上栽下来的场面时，说：“这样的节目对我们压力太大了。”

事后，周恩来和林伯渠批评了有关人员，说：“你们为什么弄这些节目给他们看？明天另外搞一台戏，再请他们一次。”

第二天晚上，有关部门又组织了一台由延安平剧院演出的老戏，有《棒打薄情郎》《打渔杀家》等。《棒打薄情郎》演到金玉奴被其刚刚高中状元的丈夫莫稽推下水后，就结束了。后面金玉奴被救起，最后又与莫稽团圆的一节统统删去了。

邓宝珊看后非常高兴，称赞道：“这出戏改得好，阶级调和改成了阶级斗争！”

延安之行于12月中旬结束，给邓宝珊留下了难忘的印象，毛泽东也成了他至诚的朋友。

此后，邓宝珊与毛泽东经常有函电往来，单是毛泽东给邓宝珊的亲笔信就有十几封。邓宝珊的案头经常放着毛泽东著作单行本和延安出版的《解放》《八路军军政杂志》等刊物。他读过毛泽东的《抗日游击战争的战略问题》《论持久战》和关于辩证唯物主义讲义等油印本，常和部下谈论这些著作中阐明的观点，认为毛泽东精通辩证法，对问题看得远，想得深。邓宝珊曾十分感慨地说："毛泽东学问渊博，读书很多，住的窑洞的书架上是马、恩、列、斯著作，也有《三国演义》《红楼梦》等古典文学作品，还有陕北各县的县志。"

《八路军军政杂志》

为进一步加强和邓宝珊的联系，共同将抗战进行到底，1944年12月22日，毛泽东致信邓宝珊，高度评价了他支撑北线，保护陕甘宁边区的功劳。

去年时局转换，先生尽了大力，我们不会忘记。八年抗战，先生支撑北线，保护边区，为德之大，更不敢忘。去秋晤叙，又一年了，时局走得很快，整个国际形势都改变了。许多要说的话，均托绍庭兄专诚面达。总之只有人民的联合力量，才能战胜外寇，复兴中国，舍此再无他路。如果要对八年抗战作一简单总结，这几句话，鄙意以为似较适当，未知先生以为然否？

1945年8月，伟大的抗日战争取得胜利，中国革命进入了一个新阶段。以中国共产党为代表的人民大众，和以国民党为代表的地主买办资产阶级的阶级矛盾日益尖锐，很快上升为中国社会的主要矛盾。在神州大地，两种命运、两条道路展开了殊死搏斗。

在这场决定中国前途与命运的大搏斗中，每一个人都无一例外地面临着选择。邓宝珊内心深处充满矛盾和斗争，一方面对共产党的大公无私、艰苦奋斗、廉洁奉公和与人民群众血肉相连，十分钦佩，把共产党看作建设中国的新生力量；另一方面对国民党内部普遍存在的贪污腐化、腐败无能，对蒋介石的独裁专制、消灭异己、为个人和嫡系谋私利极为不满，但又寄希望蒋介石迷途知返，为人民利益着想，实现国共合作，和平建国。于是邓宝珊多次抵制蒋介石的内战政策，同时拒绝了中国共产党要他反蒋起义的要求。

1946年2月，国民党六届二中全会在重庆召开。这次会议“是一个要消灭共产党和中国民主势力，把中国引向黑暗的大会”。

会上，国民党政府国防部参谋总长陈诚狂妄地宣称：“凭我数百万装备精良的国军，一定能在三个月打垮共军，六个月消灭共产党。”

西北野战军在榆林地区作战

蒋介石的嫡系将领们个个摩拳擦掌，跃跃欲试。会场上一片火药味。

见邓宝珊坐在一旁一言不发，蒋介石就问："你和共产党打交道多年，对他们颇有了解，你的意见如何？"

邓宝珊直言相告："打不得。第一是经过八年抗战，人民苦难深重，好不容易胜利了，需要有一个休养生息的机会，打的话，人心厌战；第二是经过八年抗战，民穷财竭，国力空虚，打的话，经济上会崩溃。"

众将面面相觑。

阴险狡诈的蒋介石假惺惺地说："有道理。"

但蒋介石并不会因此停下反共的步伐，反而变本加厉，积极调兵遣将，疯狂地向解放区发动大规模的进攻。邓宝珊不愿卷入内战的旋涡，便回到陕西三原家中，闭门不出。

这年6月，蓄谋已久的蒋介石以围攻中原解放区为起点，终于发动了全面内战。

榆林战役战场遗址——凌霄塔

7月底，在胡宗南的再三催促下，邓宝珊返回榆林。等待他的是蒋介石一纸命令：扩建榆林机场。原来，蒋介石正加紧往榆林空运他的嫡系部队，准备大举进犯陕北解放军。

为争取这位多年友好相处的朋友，不致兵戎相见，中共中央立即派刘绍庭去榆林，携带朱德、续范亭的亲笔信，劝阻邓宝珊不要上蒋介石的当，充当内战的炮灰，并希望他选择适当时机归向人民。

邓宝珊毕竟是一名老资格的国民党员，当时还缺乏摒弃国民党集团转向共产党的勇气，没有做出立即行动的抉择。在蒋介石的严令催促下，邓宝珊还是将机场扩建。事后，他对人说："如果内战再起，中共若仍用游击战与国军对抗，则无异于以人肉碰钢铁，无论如何是拼不过的。”

毛泽东得知后，不无忧虑地说：“看来北边的朋友交不成了。”

果不其然，胡宗南不久就把整编第36师第28旅空运至榆林，监督邓宝珊执行反共路线。

同年10月，邓宝珊的老部下、新编第11旅旅长曹又参和陕北保安指挥部副总指挥胡景铎分别在三边、横山率部起义。邓宝珊感叹道：“这些年轻人呀，不懂事嘛。这次内战据毛泽东自已估计要打五年至七年，就打五年吧，我们等到三年半再去也不迟嘛！”

1947年3月，国民党军在全面进攻失败后，重点进攻山东解放区和陕北解放区。当时西北野战军不足3万人，面对国民党军34个旅25万余人的大兴进犯，采取诱敌深入、各个击破的作战方针，连续取得青化砭、羊马河、蟠龙战役的胜利，稳定了西北战局。

7月底，邓宝珊突然接到情报：彭德怀率陕北共军主力8个旅，分三路向榆林进逼。

起初，邓宝珊并不相信，“共产党对榆林还用得着这样大兵力，他们要进攻榆林，总应该先派人打个招呼，来一个先礼后兵吧。”

出乎他的意料之外，接二连三的情报证实西北野战军由绥德地区北上进攻榆林，邓宝珊的心情沉重下来，马上进行战斗部署。

8月6日，西北野战军发起榆林外围作战，击溃守军1个团，并攻占榆林机场。7日包围榆林城，10日开始攻城。12日，整编第36师师长钟松率该师主力取捷径驰援榆林。当晚西北野战军主动撤围榆林。

原来，彭德怀这一次使用的是“围城打援”战术，不打榆林，胡宗南的部队就分散不开，分散了才好各个歼灭。

胡宗南果然中计，误以为共军将东渡黄河“逃窜”，于是令刚刚到达榆林的钟松率部经归德堡南下，配合由绥德北上的整编29师等部，企图南北夹击西北野战军。

邓宝珊要比胡宗南更了解共军，对手下人说：“钟松到榆林，连我备下的饭都不吃，就急急忙忙地配合29军，想夹击共军，要把他们赶过黄河，我看是钻彭德怀的口袋去了！”

果不出邓宝珊所料，20日，钟松的两个旅在沙家店全军覆没。

此役，邓宝珊损失了一个团的子弟兵，非常痛心。同时又很不理解解放军发动榆林围城战的战略意义，认为自己尽力避免卷入内战的旋涡，何以解放军还要进攻自己的驻地？

1949年2月，邓宝珊在西柏坡见到毛泽东时，提及此事，称：“我与贵军一向和睦相处，贵军不该打榆林。”

毛泽东安慰道：“从当时西北的整个战局看，还是应该打的。”

尽管邓宝珊在解放战争初期没能及时地站到人民阵线一边来。但是他还是决心：只要有机会，一定为人民革命事业尽一番力。

1948年初，邓宝珊回到三原家中，静观时局变化。这一年是中国的战争年，是中国两种命运的决战之年。对蒋介石来说，却是他那生涯起伏的一生中最“触霉头”的一年。

早在年初，蒋介石还曾信誓旦旦地宣称：我可以很负责地告诉大家，在最近六个月以内，国军有绝对把握消灭黄河以南“匪”军所有的兵力，绝不让他们有整师或整旅的存在。可半年过后，情况又是怎样呢？

在东北，东北人民解放军在冬季攻势后，直取四平城，迫使国民党军东北“剿总”司令卫立煌部55万人龟缩在长春、沈阳、锦州地区，陷入孤立无援的困境；在西北，彭德怀率部取得宜川大捷，瓦子街一役全歼刘戡部4个旅，并乘胜收复了延安，志大才疏的胡宗南40万军队陷于西北，动弹不得；在华北，人民解放军相继发动察南绥东、晋中、冀热察等战役，一时杀得阎锡山、傅作义集团60余万大军人仰马翻；

宜川战役中被俘的国民党军

在华东，粟裕的胃口更是大得出奇，豫东一战，竟吃掉了国民党军一个兵团9万余人，生俘兵团司令区寿年，要不是黄百韬拼死突围、邱清泉及时相援的话，恐怕这两个兵团也早已成为粟裕的盘中餐了，直吓得刘峙集团60万大军收缩在徐（州）蚌（埠）一线，不敢轻举妄动；在中原，就连一向声称“不怕共产党凶，只怕共产党生根”的“小诸葛”白崇禧也无法阻挡住刘邓大军在大别山站稳脚跟……

“匪”越“剿”越多，兵越战越少，仗越打越背，蒋介石也无计可施，在日记中哀叹道：“最近军事与经济形势，皆濒险恶之境，……盖人心之动摇怨恨，从未有如今日之甚者。”

与此形成鲜明对比的是，中国人民解放事业正以不可阻挡之势迎来了收获季节。毛泽东曾作了一个生动的比喻：“解放战争好像爬山，现在我们已经过了山的坳子，最吃力的爬坡阶段已经过去了。”

同年底，随着辽沈战役的胜利结束，中共中央和毛泽东决定把国民党军主力歼灭在长江以北，随即发动了淮海战役。紧接着命令东北野战军隐蔽入关，于12月初发起平津战役。

东北野战军大举入关，准备发起平津战役

邓宝珊感到时机已经成熟，起义只是迟早的问题，因此开始在西北方面暗中联络，争取一些地方势力。

平津战役打响后，傅作义自恃手中的几十万大军，可以在华北创个独立局面。但战局急速发展，至12月20日，东北、华北野战军在西起张家口、东迄塘沽的千里战线上，将傅作义集团分割包围在张家口、新保安、北平、天津、塘沽，使其陷入东逃无路、西窜无门、欲战无力、欲守不能的困境。

困守城中的傅作义也开始考虑自己的归宿问题。鉴于各方面的原因，傅作义认为：时局不可收拾，指望蒋介石已无可能，自己也无力保住平、津，北平又是几朝古都，古物众多，如战事一开，必城毁物无，自己定会成为历史的罪人。从内心讲，他希望走和平起义的道路。但令他担忧的是，身为战犯，起义后共产党会怎样处置他，另外就是他的部下是否会服从，还有就是谁来替他与共产党进行和谈？

华北军区某部在平津战役中向新保安之敌发起冲击

就在傅作义举棋不定时，12月22日、24日，人民解放军相继解放了新保安、张家口，全歼傅作义嫡系主力第35军等部。傅作义赖以支撑下去的实力基本被消灭，真正到了山穷水尽的境地，一时间惊恐万分。

危急时刻，傅作义想起了老朋友邓宝珊。邓宝珊资历深，地位高，有政治头脑，又与共产党有过很长一段时间的友好合作，唯有他能够不辱使命。于是，傅作义派专机将邓宝珊接到北平。

12月28日，邓宝珊乘坐的“追云号”专机降落在天坛临时机场，对前来迎接的傅作义说：“宜生兄，我是和你共患难来了。”

是夜，两人促膝长谈，分析时局，一致认为：蒋介石大势已去，和平解决华北问题是人心所向。邓宝珊表示愿为北平的和平解放尽力。针对傅作义的种种顾虑，邓宝珊开导说：“只要你决心和平解决，其他一切具体问题，包括你个人前途问题，都由我去谈判解决。”

几天后，邓宝珊与中共北平地下党组织崔月犁等人秘密接头。一见面，他就说：“我是了解共产党的政策的，我有个孩子在延安学习过，我见过毛主席，陕北电台的广播我经常听。”会谈中，邓宝珊表示将全力劝傅作义走和平起义的道路。

1949年1月中旬，傅作义终于下定决心，以邓宝珊作为全权代表，在华北“剿总”政工处处长周北峰的陪同下，前往解放军平津前线司令部谈判。

北平和平解放后，人民解放军炮兵部队通过前门大街

21日，双方达成了《关于和平解决北平问题的协议》。次日，傅作义正式向报界宣布协议内容，北平城内的国民党守军20万余人开始向城外移动。至31日，傅作义所部主力全部出城接受改编。古都北平终于回到人民的手中。

北平和平解放的意义，不仅在于保护了人民生命和文化古迹，避免了国共两军流血牺牲，还在于为全国的国民党军队创立了一种和平解放的方式，为后来的绥远、新疆、湖南、云南、西康等省的和平解放带了一个好头。

邓宝珊在北平和平解放中做出了巨大的贡献。当时北平《新民晚报》曾发表文章，标题是：《北平和谈的一把钥匙——邓宝珊将军》。

2月22日，经中共中央安排，邓宝珊偕同傅作义前往西柏坡，受到了毛泽东、周恩来等人的亲切接见。

周恩来意味深长地说：“邓先生，我们是长期合作的好朋友呀，现在，你该回‘娘家’了。你与傅宜生在最后时刻，终于决定接受我们提出的条件，使北平得到和平解放，这是做了一件大好事。这不仅避免了双方军队不必要的流血牺牲和人民生命财产的损失，同时也保护了北平这座历史悠久的文化古城。从你个人来讲，你出身于劳动人民，在抗日战争和抗战以前几个历史时期，你曾站在人民的一边，后来走了一段弯路，离开了人民。如今你又回到了人民这个'娘家'，我们更为此而感到高兴！"

邓宝珊深受感动，说："我这次为北平的和平解放做了点事，也算尽了我一点微薄之力，就算我回'娘家'的见面礼吧。"

毛泽东高度评价了邓宝珊与傅作义为人民解放事业所做出的贡献，并专门讲到绥远问题，希望二人能为和平解放绥远再立新功。

北平和平解放给绥远的国民党军极大震动。华北"剿总"驻归绥指挥所主任兼绥远省政府主席董其武决心仿效傅作义、邓宝珊走和平之路。

1949年2月，邓宝珊（左4）、傅作义（左5）在西柏坡受到毛泽东、周恩来（左3）的亲切接见

对此，8月6日，毛泽东致电彭德怀，指出兼取政治方式解决西北问题，"我们认为，西北地区甚广，民族甚复杂，我党有威信的回民干部又甚少，欲求彻底而又健全又迅速的解决，必须采用政治方式，以为战斗方式的辅助。现在我军占优势，兼用政治方式利多害少。其办法即为利用靠拢我们的国民党人和我们的人一道组织军政委员会，以为临时过渡机构。

这样的国民党人就是张治中、傅作义、邓宝珊”。

遵照毛泽东的指示，傅作义、邓宝珊奔走绥远，力劝董其武接受了和平解决绥远问题的方法。9月19日，绥远国民党军宣布和平起义，投向新中国怀抱。

邓宝珊在包头处理绥远起义时，还同国民党西北长官公署副长官马鸿宾进行了会晤。在邓宝珊的大力规劝下，马鸿宾于9月23日在银川举行起义。

新中国成立后，中央人民政府任命邓宝珊为甘肃人民政府主席。

赴任前，毛泽东专门约邓宝珊谈话，“多年来，蒋介石对你提着防着，不让你去甘肃，因为你是甘肃人，怕你在甘肃掌握了实权。我们共产党人让你去甘肃，因为你在那里人熟，有威信。西北的工作由彭德怀、习仲勋同志负责，你以后跟他们在工作上关系很密切，他们都是很好的同志，容易相处，你没有去之前，是不是先给他们发个电报，有个联系，更好一些，你看怎样？”

解放战争时期，彭德怀和习仲勋（右1）在研究作战方案

邓宝珊说：“主席考虑得很周到，我一定照办。”

“那好，你把稿拟好送给我看一看，我替你发。”

第二天，邓宝珊就把起草的给彭德怀、习仲勋的电稿交给毛泽东。邓宝珊在电文中向彭、习二人问候，并表示如果可以，希望先到一些地方参观学习，再去甘肃。

又过了两天，毛泽东转来了彭德怀、习仲勋的复电：对邓先生表示祝贺和欢迎，并同意邓先生的要求。电文词意恳切，使邓宝珊很受感动。邓宝珊本来因为两次榆林战役时曾和彭德怀、习仲勋在战场上交过手，因而对去甘肃工作多少有些担心，这时候也就完全释然了。

1950年1月3日，邓宝珊飞往兰州就任。

重归故里，邓宝珊激情满怀地投身家乡建设和民族团结工作，深得人民拥护。他工作作风朴实、平易近人，经常深入基层了解情况，在甘肃兴修水利、种树防沙，被人民称为好省长。

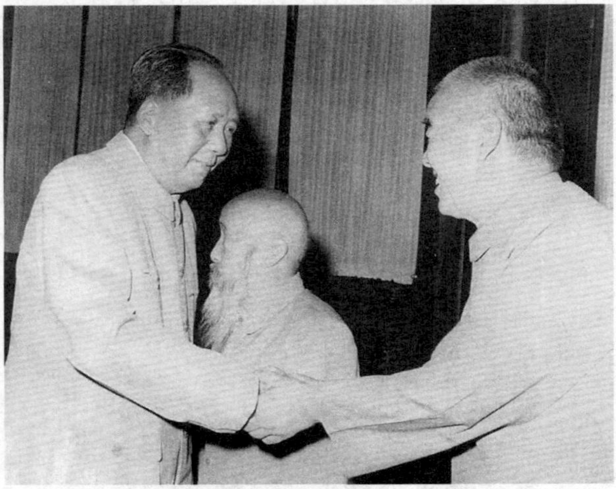
毛泽东亲切接见邓宝珊

邓宝珊虽然长期在西北工作，但一直同毛泽东保持着深厚的友谊。每次到北京开会，毛泽东总要在中南海约见他，以老朋友相待。除了政治上的信任，毛泽东对邓宝珊的生活也很是关心。

1956年，邓宝珊到北京出席人大会议。

一天会后，毛泽东邀请邓宝珊同车前往中南海丰泽园家中吃饭。因为邓宝珊是北方人，毛泽东特意为他准备了面食，并亲自为邓宝珊端饭。

席间，毛泽东还问到他二女儿邓幼梅的情况。抗日战争期间，邓幼梅因患肺病从延安回到榆林休养，不久便去世了。

周恩来说："我听说幼梅同志临死时曾向你提过一个请求，说你在任何情况下都不能反对毛主席呀！她这临死的一句话你实践了……"

邓宝珊听后感慨万分，潸然泪下。

当时正值苏共二十大全面否定斯大林不久，邓宝珊就问毛泽东对这个问题的看法。

毛泽东说："斯大林功大于过，应该三七开，全面否定是错误的。"

"文化大革命"开始后，邓宝珊受到冲击，周恩来总理立即派飞机把他接到北京。1968年11月27日，"中国共产党的忠实朋友"邓宝珊因病在北京去世。

毛泽东眼中的白崇禧

——中国一个最狡猾的军阀

人称“小诸葛”的白崇禧

白崇禧，字健生。生于1893年，广西临桂（今桂林）人。回族。国民党陆军一级上将。

5岁时白崇禧即入私塾读书，14岁时以全省第六名的成绩考入广西陆军小学，与李宗仁、黄绍竑同学。3个月后因患恶性疟疾被迫退学。1909年考入广西省立初级师范。

辛亥革命爆发后，白崇禧参加广西北伐学生敢死队进军湖北，自此开始了他的军旅生涯。1916年毕业于保定陆军军官学校。1917～1922年任桂军连长、营长、统领。1923年被孙中山任命为广西讨贼军参谋长。1924年任定桂讨贼军前敌总指挥兼参谋长，提出先攻陆荣廷后击沈鸿英之策得手，于1925年结束旧桂系军阀对广西的统治，成为新桂系首领之一。1926年3月两广统一，桂军改编为国民革命军第7军，任参谋长。

北伐战争开始后，白崇禧任国民革命军总司令部参谋次长代理参谋长。在攻取南昌之际，奉命指挥2个师、1个旅，于滁槎附近追歼孙传芳3个军1.5万余人。1927年1月任东路军前敌总指挥，率部以佯动手段占领杭州。3月兼任上海警备司令，积极参与策划和发动“四一二”反革命政变。8月击败占领南京城郊龙潭车站的孙传芳军，歼孙部6万余人，名声大震，赢得“小诸葛”之称。时任南京国民政府行政院长的谭祖庵给白崇禧写了一副对联：指挥能事回天地，学语小儿知姓名。

1928年初，白崇禧击败由湖北退集湖南的唐生智部，将其收编为4个军。5月任第四集团军前敌总指挥，率部参加第二期北伐，扩张了桂系势力。蒋桂战争中失败后逃往越南。1930年在蒋冯阎中原大战中参加反蒋军第1方面军，出兵湖南被击败。1932年4月任广西绥靖公署副主任兼民团司令，提出并实行寓兵于团、寓将于学、寓征于募的“三寓”政策，得李宗仁支持，巩固了广西势力地盘。

白崇禧（左）与李宗仁在一起

抗日战争全面爆发后，白崇禧到南京出任国民政府军事委员会副总参谋长，参与制订对日作战计划。太原失守后，鉴于武器装备敌强我弱，以正规战与敌硬拼难以持久，他提出以游击战配合正规战，积小胜为大胜，以空间换时间的作战指导思想，为蒋介石所采纳，由军事委员会通令全军作为对日作战的最高战略方针。1938年3月，白崇禧协助李宗仁指挥徐州会战，取得了台儿庄大捷。7月代理第五战区司令长官，参与指挥武汉保卫战。12月任桂林行营主任，负责指挥第三、第四、第九战区对日军作战。1939年底至翌年初指挥桂南会战，在昆仑关战役中，取得了抗战以来首次攻坚战的胜利。此后主持编写《游击战纲要》一书，提出“游击战为长期抗战，消耗敌人兵力，争取主动地位，富有弹性之战法”。

抗日战争胜利后，白崇禧编著了《现代陆军军事教育之趋势》，提出“为将之道，要能带兵，要能练兵，要能用兵。开诚布公，信赏惩罚，此带兵之道；技艺纯熟，指臂相使，此练兵之道；运用之妙，存乎一心，此为用兵之道”，认为军事训练内容由战场需要而决定，应融讲堂、操场、战场三者于一体。

1946年5月，白崇禧出任国防部部长，积极执行蒋介石反人民的内战政策。1948年5月任战略顾问委员会主任委员兼华中“剿总”总司令。在国民党大势已去情况下，1949年初仍主张与共产党划江而治。4月任华中军政长官，指挥20余万兵力企图阻止人民解放军解放华中南，所部在解放军发动的衡宝战役、广西战役中被歼。9月任战略顾问委员会副主任。12月由海南岛去台湾。1966年12月2日在台湾去世。

参赞军机、工于心计的白崇禧，因指挥作战常常以谋略制胜，在国民党将领中人称“小诸葛”。

白崇禧一生积极反共，双手沾满了共产党人和革命群众的鲜血。

1927年，蒋介石在上海发动“四一二”反革命政变。政变第二天，当上海十万工人游行示威时，时任上海警备司令的白崇禧丧心病狂，竟下令用机关枪向手无寸铁的示威群众扫射，当场打死100多人，伤者无数。时天降大雨，宝山路上血流成河。

1934年11月底，中央红军长征突破国民党军第四道封锁线时，白崇禧指挥桂军和何键指挥的湘军在湘江两岸与红军血战四天三夜，致使红军遭受重大损失，由长征出发时的8.6万余人锐减为3万余人。

湘江战役遗址—界首渡口

抗日战争时期，白崇禧出任国民党军事委员会副总参谋长，提出了以游击战配合正规战，积小胜为大胜，以空间换时间的作战指导思想，与毛泽东的持久战思想有异曲同工之妙。

全面内战爆发后，出任国防部部长的白崇禧积极执行蒋介石反人民的内战政策，指挥进攻解放区，与人民解放军在战场上兵戎相见。

1948年秋，中国人民解放战争进入战略决战阶段。至年底，国民党军精锐已损失殆尽，蒋家王朝的丧钟已经敲响。人民解放军势如破竹，辽沈战役解放了东北全境，淮海战役激战正酣，解放了华东大部，平津战役胜利在即，华北地区已基本解放，北平、天津几座孤城均处于解放军的重重包围之中。

李宗仁出任代总统

1949年1月21日，内外交困的蒋介石正式宣布“引退”，由副总统李宗仁为代“总统”。当时，李宗仁、白崇禧等人的最大愿望就是企图与共产党两分天下，划江而治。

2月27日，李宗仁发表文告，表示愿意以毛泽东主席在1月14日时局声明中提出的八项条件为基础进行和谈，并派刘仲容前往北平与中共接洽，商议和谈的事项。

刘仲容，湖南益阳人，生于1903年。早年在苏联莫斯科中山大学学习，回国后长期任李宗仁、白崇禧的高级参议。抗日战争期间，积极参加爱国民主运动，曾多次前往延安，与毛泽东、周恩来等中共领导人畅谈建立抗日民主统一战线问题，参与发起中国民主政团同盟。由于刘仲容与共产党联系密切，以至于蒋介石、白崇禧甚至连李宗仁的夫人郭德洁都视他为共产党员。

刘仲容临行前夕，白崇禧面授机宜：“李宗仁代总统后，国共双方都表示愿意和平解决争端，和平气氛有了，希望早日举行和平谈判；今后可以有一个‘划江而治’的政治局面，希望中共军队不要渡过长江。国民党军队的主力虽然部分被歼灭，但还有强大的空军、海军和数十万陆军，如果中共硬要渡江，是会吃亏的。而且，既然双方表示愿意和谈。如果中共过了江，打乱了摊子，那就不好谈了。”

“见到毛泽东的时候，一定要把这层意思讲清楚，陈明利害。”说到这里，白崇禧再三强调。

随后，白崇禧拿出了他写给毛泽东和周恩来的亲笔信，交给刘仲容，并说：“你跟我们十几年，你是我们办外交的能手，相信你这次一定不辱使命，会为我们打算的。”

中共中央与毛泽东对李宗仁的和谈要求十分重视。3月21日，毛泽东亲自起草了致中原局的电报：

南京政府代表团启程飞赴北平

“李宗仁、白崇禧的代表刘仲容十六日到汉口，与白崇禧大约需有几天商量，约定二十、二十一、二十二日到驻马店，请你们迅即命令卢声涛科长速往驻马店迎接。刘仲容到时，立即派妥人陪同乘车经徐州、济南、天津至北平市政府叶剑英市长处，愈快愈好……”

3月下旬，刘仲容到达北平。当晚，在双清别墅里，毛泽东接见了刘仲容。

两位湖南老乡谈笑风生，亲热地问候寒暄了一番。话题很快转到和谈上。毛泽东首先询问到南京政府的动向。

“依我看，南京政府有三种人，一种是认识到国民党失败的命运已定，只好求和罢战，这是主和派；一种是主张‘谋和备战’者，他们认为美国一定会出面干涉，和是为了赢得时间，准备再打，这是顽固派；还有一种人，既不敢得罪蒋介石，又不相信共产党，动摇徘徊，非常苦闷，这可以说是苦闷派吧。”刘仲容如实地回答。

毛泽东轻轻点头表示赞许，笑着又问：“李宗仁、白崇禧的态度怎样？”

刘仲容继续说：“从历史上看，蒋桂多次兵戎相见，宿怨甚深。现在两家又翻了脸，彼此怀恨。李宗仁、白崇禧知道蒋介石是不甘罢休的，他们既要防范蒋介石的‘暗箭’，又怕共产党把桂系军队吃掉。在这种情况下，只好被迫主张和谈，以谋取‘划江而治’的局面。因此，白崇禧极力希望解放军不要渡江。他估计解放军能够抽出参加渡江作战的不过60万人。认为依据着长江天险以海陆空军固守，解放军想渡江是不那么容易的。”

准备渡过长江的解放军一部

“白崇禧要我们不过江，这是办不到的。”毛泽东的回答斩钉截铁。

毛泽东吸了口烟，然后接着说：“我们能用于渡江作战的解放军不是60万而是100万，另外还有100万民兵。我们的民兵可不像国民党的民团，我们的民兵是有战斗力的。等我们过了江，江南的广大人民都拥护我们，到那时共产党的力量就更强大了，这是白崇禧没有估计到的吧。”

谈话从晚上8时一直到第二天凌晨3时才结束。

4月3日晚，毛泽东再次接见了刘仲容。会谈中，毛泽东要刘仲容返回南京，继续对李宗仁、白崇禧做工作，争取他们在此重要历史时刻，能认清形势，向人民靠拢。

毛泽东说：“白崇禧是喜欢带兵的，他的桂系部队只不过十来万人，将来和谈成功，一旦成立中央人民政府，建立国防军时，我们可以请他继续带兵，请他指挥30万军队，人尽其才，对国家也有好处嘛。”

“白崇禧要我们的军队不过江，这办不到。我们大军过江以后，如果他感到孤立，也可以退到长沙再看情况；又不行，他还可以退到广西嘛。我们来一个君子协定，只要他不出击，我们三年不进广西，好不好？”

说到这里，毛泽东问刘仲容：“你看，我们是不是煞费苦心呢？之所以这样做，不是我们没有力量打败他们，而是让人民少受点损失。”

刘仲容十分真诚地说：“这样安排，对他们是仁至义尽了。”

坐在一旁的周恩来补充道：“此次去南京，总的原则是：他们同意我们过江，什么都好谈，要抵抗，那是不行的。对他们讲清楚，不要以为我们过了江会孤立，广大人民是站在我们这边的，群众是拥护我们的。”

在刘仲容到达北平之后，4月1日，以张治中为首的南京政府和谈代表团也到达北平。代表团成员还有黄绍竑、邵力子、章士钊、李蒸和刘斐。中国共产党则派出了以周恩来为首的和谈代表团，成员有林祖涵、林彪、叶剑英、李维汉和聂荣臻。因为刘仲容这次来北平是秘密的，所以同南京的和平代表团并无接触。

4月5日午后，南京方面派出中国航空公司飞机飞抵北平。当天下午1时许，刘仲容搭乘这架飞机，在暮色苍茫中到达南京。

一下飞机，刘仲容就马不停蹄地赶到傅厚岗，面见李宗仁，向他一五一十地报告了此次北平之行的经过，并如实地转达了毛泽东和周恩来的谈话。

接着，刘仲容把一张报纸递给李宗仁。那是4月5日出版的《人民日报》。

1949年4月1日，南京政府代表团乘“空中行宫”号专机到达北平时的情景

“这是我特意从北平带来的。这篇文章很重要，它表达了共产党的方针政策，指明了方向。”刘仲容指着头版一篇名为《南京政府向何处去？》的社论解释道。

李宗仁认真地看完了文章，一言不发，重重地叹了口气，随即叫秘书给何应钦打电话，请他马上过来听一听刘仲容在北平同中共接洽的情况。

“这好吗？”刘仲容满腹疑惑。

“敬之（何应钦的字）是行政院长，应该让他也听听嘛。”

不一会儿，何应钦出现在门口。一进门，人还未坐下，就问刘仲容：“这次你带回什么消息呀？在那边你见到文白、邵老了吧？”

“没有见面，我是德公（李宗仁）派出去了解情况的。我刚到，正向德公汇报。”刘仲容说。

白崇禧（右起）、蒋介石与何应钦在一起

“据你看，共产党有没有诚意？你见到毛先生没有？”何应钦接着追问。

刘仲容如实回答：“见到了，毛先生说，国共两家打了这些年的仗，该歇歇手了，谈总比打好，这并不是共产党没有力量，而是为了早日结束内战，使地方和人民少受损失。毛先生还说，解放军一定要过江，谁也不能阻挡。他欢迎你和德公到北平直接商谈，协商解决一切问题。”

“我们的代表团不正在那边同他们谈吗？”何应钦一副不以为然的表情。

因摸不清何应钦的心思，刘仲容只好含糊其辞，“双方最高当局直接会谈，可能更直截了当些吧。”

9日，白崇禧从武汉匆匆赶到南京后，立即把刘仲容找来问话。

刘仲容又把北平之行的前后经过向白崇禧详细叙述了一遍，说：“当初受您交付的使命，向中共方面提出了关于政治可以过江、军事不要过江的建议。但中共方面态度坚决，坚持政治要过江，军事也要过江，而且很快就要过江。”

“他们一定要过江，那就非打下去不可了，这还谈什么？”白崇禧气呼呼地说。

刘仲容便又把毛泽东的话讲给白崇禧，特别提到如果和谈成功，成立人民政府，毛泽东将请他指挥国防军。

“个人出处，现在不是我考虑的时候，目前要紧的是共产党如果有和平诚意，就立即停止军事行动，不要过江，能让步的我们尽量让步，不能让步的绝对不能让。过江问题为一切问题的前提。中共如在目前‘战斗过江’，和谈的决裂，就不可避免。”

白崇禧对刘仲容的讲话显得十分不耐烦，问道：“德公和敬之有什么看法？”

刘仲容马上答道：“他们两位都没有表示，就是要同你商量一下。”

白崇禧（前左）视察部队

“还有什么好商量的？你马上就回北平通话，把我所说的意思转告他们。就这样办。”

见白崇禧有些气急败坏，刘仲容极力劝阻：“就当前的形势看，我们位处下风，共产党是战胜者，进行和谈本来就不易，现在好容易开始谈判，和平还有一线希望，千万要把握这宝贵的时机，不要错过啊！”

但白崇禧仍一意孤行，过分迷信他的军事实力，并幻想美国插手援助，甚至发动第三次世界大战，因此对刘仲容的规劝置若罔闻，根本就听不进去。

4月12日，刘仲容飞抵北平，立即驱车直驶香山双清别墅，向毛泽东汇报南京之行的情况。

“李宗仁、白崇禧的态度有转变没有？”毛泽东边说边点燃了一支香烟。

“白崇禧还是顽固地坚持反对解放军渡江，我看是没有什么希望了。”刘仲容的回答有点无可奈何。

“李宗仁呢？”毛泽东吸了口烟，紧跟着问。

“还有争取的可能性。主席，我没能很好地完成您交给我的任务……”刘仲容内疚地说。

毛泽东打断了刘仲容的话，“那不关你的事。中共中央已经决定，解放军就要渡江。希望德邻先生在解放军渡江时，不要离开南京，如果认为南京不安全，可以飞到北平来，共产党会以贵宾款待他，那时和谈仍可以继续进行。”

13日晚，国共和谈代表团在中南海勤政殿举行第一次正式会议。周恩来作《国内和平协定草案》的说明，并重申了中共对这个草案所持原则。张治中表示愿意就中共所提草案再加研究，并将提出修正案。

1949年4月，国共双方和谈代表团在北平举行会谈。图为中共首席代表周恩来在会上发言

15日晚，国共和谈代表团在中南海举行第二次正式会议。

会上，周恩来指出：经过第一次正式会议后，我和文白（张治中的字）先生就协定草案全部内容要点再度具体交换了意见。中共代表团尽可能地吸收了南京政府代表团的许多意见，凡是于推进和平事业有利、于中国人民解放有利的意见，我们尽量采纳。并宣布4月20日为签字的最后期限。

经研究，南京政府代表团表示接受《国内和平协定》（最后修正案），并决定派黄绍竑和屈武携带文件于次日返回南京请示。

16日，李宗仁召集桂系核心人物开会研究，作了悲愤激昂的讲话。他对黄绍竑说：“你回北平告诉张文白，叫他向中共代表团力争取消逮捕战犯这一条，我愿意以国民政府代总统的身份去北平负荆请罪。内战罪责，由我一人承担，但不要再追究国民政府所属的军政人员过去的罪过。其他条款我们都愿承认，并认真执行……”

但在“解放军过江”这一关键问题上，李宗仁仍是举棋不定。

然而，手握重兵的白崇禧早已下定“要中共坚持渡江便不能接纳和议”的决心，同黄绍竑围绕签字与否，激烈交锋，结果双方各执己见，争得面红耳赤，不欢而散。

20日，李宗仁、何应钦正式复电北平国民党和谈代表张治中等人，声明不同意签字。

21日，毛泽东主席和朱德总司令发出了《向全国进军的命令》。中国人民解放军百万雄师强渡长江，以秋风扫落叶之势迅速摧毁国民党军号称“固若金汤”的千里江防。

23日清晨，在人民解放军的隆隆炮声中，李宗仁仓皇逃离南京，乘专机飞往桂林。不久，白崇禧也来到桂林，声色俱厉地表示要与中共血战到底。

5月7日，李宗仁南飞广州，决心“为防止中国赤化，作最后五分钟的努力”。

6月13日，中华北路广州市政府的迎宾馆，时为李宗仁官邸。李宗仁与白崇禧派人把刚由北平飞到香港的原桂系首领刘斐请到广州来面谈。三人从早上一直谈到深夜。

此时，刘斐已决心与国民党政权彻底决裂，便力劝李宗仁、白崇禧二人不要再执迷不悟，赶快走和平起义的道路!

刘斐对白崇禧说：“为今之计，只有德公下野，因为他已失去代表讲和的资格，而由你率领湘、桂两省军政人员和部队举行局部起义。这样，不仅你们在政治上有出路，而且还可救全多年追随你们的部下，使他们也好有个安顿；否则，你们失败了往国外一跑，他们往哪儿跑呢？”

这本是一个两全其美的良策，但忠言逆耳，白崇禧根本听不进去，脱口而出："汉曹不两立，我除同他们拼到底而外，没有第二条路可走。失败就失败，算了！投降起义我不干！"

白崇禧所倚仗的是手里三四十万能战之兵，自以为凭他的足智多谋和"神机妙算"，完全可以与解放军周旋下去，或许能打出个新局面。

然而，大厦将倾，败局已定，谁也挽救不了国民党败走大陆的命运。

在5月初武汉解放前夕，白崇禧集团由武汉、九江一线撤至湖南、江西省西部，其中以第3、第10兵团共7个军约15万人部署于岳阳、长沙和萍乡、宜春、上高地区，企图迟滞解放军南进。

李宗仁在桂林的官邸旧址

第四野战军司令员林彪、第二政治委员邓子恢指挥集结于鄂东南、赣西北和赣江中游东岸地区的所属第12、第15兵团和第二野战军第4兵团共10个军约43万人发起湘赣战役，决心歼灭白崇禧集团一部。

7月8日，第15兵团一部奔袭奉新、高安，计划包围突出于该地区的白崇禧集团第176师，诱歼援敌。但该师已先期撤退，第15兵团即向西追击；同时，第12兵团经通城，第4兵团渡赣江取捷径直插醴陵、萍乡，对白崇禧集团实施两翼迂回。

10日，第四野战军发现白崇禧集团一部停留于上高、宜丰地区，即令第15兵团停止追击，令第4、第12兵团加速向其两翼迂回。

白崇禧人称“小诸葛”，自然不是浪得虚名。他很快就发觉解放军以重兵向其侧后迂回，于13日下令全线向攸县、茶陵地区撤退。

16日，毛泽东致电林彪、邓子恢、萧克等人，指出：“判断白崇禧准备和我作战之地点，不外湘南、广西、云南三地，而以广西的可能性为最大。”“和白部作战方法，无论在茶陵、在衡州以南什么地方，在全州、桂林等地或在他处，均不要采取近距离包围迂回方法，而应采远距离包围迂回方法，方能掌握主动，即完全不理白部的临时部署，而远远地超过他，占领他的后方，迫其最后不得不和我作战。因为白匪本钱小，极机灵，非万不得已不会和我作战。因此，你们应准备把白匪的十万人引至广西桂林、南宁、柳州等处而歼灭之，甚至还要准备追至昆明歼灭之。”

人民解放军某部追击溃退的国民党军

次日，毛泽东再次致电林彪、邓子恢、萧克并告刘伯承、张际春、李达、陈毅、饶漱石、粟裕，对歼灭白崇禧部的作战方针提出补充意见：

（一）基于白匪本钱小，极机灵，非至万不得已绝不会和我决战之判断；基于四野之总任务在于经营华中及华南六省，二野之任务在于经营西南四个省，以及进军之粮食、道路等项情况，我们认为你们各部应作如下之处置。（二）陈赓四个军即在安福地区停止待命，不再西进，待十五兵团到达袁州后，由十五兵团之一个军为先头军向赣州开进。这个军即确定其任务为占领赣州及经营赣南十余县。陈赓三个军、十五兵团两个军统由陈赓率领，经赣州、南雄、始兴南进，准备以三个月时间占领广州，然后十五兵团两个军协同华南分局所部武装力量及曾生纵队，负责经营广东全省。陈赓率四兵团三个军担任深入广西寻歼桂系之南路军，由广州往肇庆向广西南部前进，协同由郴州、永州入桂之北路军，寻歼桂系于广西境内。然后，陈赓率自己的三个军入云南。在此项部署下，陈赓四兵团以外之另一个军即由安福地区入湖南，受十二兵团指挥，暂时担任湖南境内之作战，尔后交还刘、邓指挥，由湖南出贵州。曾生两个小师应即提早结束整训，遵陈赓道路或仍走粤汉路东去广州。（三）四野主力除留置河南的一个军，留置湖北的重炮部队，留轩赣北的一个军，留置河南的一个军，留置湘西、湘北、湘中的三个军以外，以五个军组成深入广西寻歼白匪的北路军，利用湘桂铁路南进，协同陈赓歼灭桂系于广西境内。（四）上述这种部署，是不为白匪的临时伪装布阵（例如过去在赣北，现在在茶陵，将来在郴州、全州等处）所欺骗，采取完全主动的部署，使白匪完全处于被动地位。

8月4日，华中“剿总”副总司令、湖南省政府主席程潜和国民党军第1兵团司令官陈明仁在长沙起义。第四野战军主力和第二野战军一部随即挺进至赣南和湘东北部地区。

人民解放军某部渡江追击逃敌

白崇禧见大事不妙，立即调整部署，将主力5个兵团11个军31个师共20万余人退据以衡阳、宝庆（今邵阳）为中心的湘南地区，企图与华南军政长官余汉谋集团组织“湘粤联合防线”，并在川湘鄂边区“绥靖”公署主任宋希濂集团的呼应下，阻止人民解放军南进，战况不利时再退向广西、海南岛或贵州、云南，或干脆逃往国外。

正所谓“机关算尽太聪明，反误了卿卿性命。”林彪、邓子恢遵照毛泽东关于对白崇禧集团取大迂回动作，插至敌后，先完成包围，然后再回打的方针和部署，统一指挥第四野战军第 12、第13、第15兵团和第二野战军第4兵团，分成中、西、东三路进军华南，同时发起衡宝战役和广东战役。

9月13日起，西路军第13兵团主力沿常德至芷江公路南进，至10月5日解放沅陵、泸溪、溆浦、辰溪、怀化、芷江、黔阳、会同等地，从右翼突破国民党军“湘粤联合防线”，切断了白崇禧集团主力退往云、贵的道路。

程潜(左)与陈明仁在起义后合影

10月2日，中路军以主力分路向青树坪、永丰、白果市等地展开正面攻击，守军第71军后撤。第12兵团遂派部队向敌后穿插，防其主力南逃。

白崇禧发觉解放军主力南下，急从乐昌、耒阳、郴县等地调第46、第48、第97军等部北上加强衡宝防线，企图会同原在该线的第7军及第1兵团迟滞人民解放军南进。

林彪等人判断，白崇禧集中主力似有在衡宝一线反击的企图，遂于5日令已进至衡宝线以北的中路军主力在现地停止待命；令西路军停止南进，由黔阳、芷江折向宝庆、祁阳之间地区；令第46、第18军西进耒阳、

第13兵团某部抢渡湘江，挺进衡阳

常宁；令预备队第16、第17军向衡阳以北渣江地区机动。准备在衡宝地区迎战白崇禧集团主力反击。

5日晚，中路军主力停止于衡宝线以北待命；而第45军第135师在急行军中未接到停止前进的命令，已楔入宝庆东南灵官殿地区白崇禧集团防御纵深，对其侧后造成严重威胁。

6日，白崇禧集中5个师的优势兵力向135师发起猛烈进攻，准备一口吃掉孤军深入的135师。

身陷重围的135师是一支具有光荣传统、能征惯战的部队，其前身可追溯到土地革命战争时期的“瑞金团”，即中华苏维埃共和国中央工农政府警卫团。当年在长征途中，该部曾活动于黔北川南，迷惑和调动国民党“追剿”大军，为主力红军四渡赤水立下汗马功劳。时任135师师长的丁盛，人称“丁大胆”，在战将如云的四野部队里以作战勇猛著称。

战斗就这样阴差阳错地打响了。敌军发起一次次疯狂的冲锋，均被135师顽强击退。激战竟日，双方伤亡惨重，但135师如磐石般牢牢坚守住了阵地。

仗打到这个份儿上，大大出乎双方主帅的意料。白崇禧没有料到丁盛的135师如此难啃，像插在喉咙里的一根坚硬的鱼刺，想吞又吞不下去，想吐又吐不出来。而林彪同样也没有想到135师能以一师之力把白崇禧的主力死死拖住。于是立即命令东、西两路军火速逼近曲江（今韶关）、靖县，威胁广州、桂林。

白崇禧见解放军突破其“湘粤联合防线”左右两翼，并已楔入腹地，心知不妙，立即于6日午夜令所属主力向广西方向撤退，改守湘南新宁、零陵、新田、嘉禾一线。在衡宝地区仅留第14军第10、第62师等部于桃花

第135师领导在衡宝战役后庆功大会上（左起吴瑞山、丁盛、韦祖珍、韩生涛、任思忠）

坪、宝庆间警戒，掩护主力撤退。

7日晨，第四野战军发现白崇禧集团已全线收缩，即令第135师在灵官殿地区坚决进行阻击；令中路军疾速向武冈、白地市、水东江追击；西路军迅速占领武冈、洞口一线，堵击退却的白崇禧集团；第46、第18军和第5兵团主力向衡阳、零陵、宝庆地区疾进。

同日，毛泽东在给林彪、邓子恢、谭政、萧克、赵尔陆等人的电报中指出："白崇禧指挥机动，其军队很有战斗力，我各级干部切不可轻敌，作战方法以各个歼灭为适宜。"

此时，135师经过连日英勇抗击，打退了桂系起家部队、号称从没打过败仗的"钢军"——第7军的多次进攻，成功地遏阻了敌人南逃之路。8日晚，中路军主力赶到，至9日将第7军军部及其所属第171、第172师和第48军第138、第176师4个精锐师合围于祁阳以北白地市、黄土铺地区。10日，中路军集中第46、第41、第45、第49军从东、北、西三面展开向心攻击。激战至11日上午，除1个团逃跑外，白崇禧的4个精锐师全部被歼，

人民野战军某部向敌军发起冲击

其余的残兵败将也早已成惊弓之鸟，向广西一路狂逃。至16日，解放军共歼敌4.7万余人，解放了湘南和湘西大部地区。

衡宝战役是人民解放军进军中南中具有决定意义的一次战役。此役过后，白崇禧手里的精锐部队所剩无几，与解放军作战的本钱基本输光了。但不甘心失败的白崇禧在撤入广西后，经恢复番号和补充人员，其兵力有5个兵团12个军约15万人，连同10月下旬由广东逃到粤桂边界地区的余汉谋集团残部，共约20万人，企图以桂林为中心，沿湘桂铁路及其两侧组织防御，以“确保左右两江，增援黔省，屏障昆明，及支援雷、琼”。

为彻底歼灭白崇禧集团，林彪以9个军及粤桂边纵队等共40万余人的兵力，分三路向广西挺进。

11月6日，西路军从湘西南洞口、武冈出发，于10日攻占靖县、通道，国民党军第17兵团仓皇西逃。西路军展开追击，攻占黔东南榕江、从江等地，于15日楔入桂北。

北路军一部于10日袭占全县县城全州后，主力相继进至湘西南新宁、东安、江永等地。南路军第13军在广东战役后已进至廉江、茂名（今高州）地区，第14、第15军和第43军分别于10日和15日向廉江至信宜一线前进。

此时，进军西南的第二野战军主力已突破国民党军川黔防线，逼近贵阳。白崇禧在处境孤立、西逃无望的情况下，决定乘解放军西、北两路军尚未深入桂境之机，以其主力第3、第11兵团共5个军南下郁林（今玉林）、容县、岑溪，发动“南线攻势”，企图控制雷州半岛，打通逃往海南岛的道路。

11月24日，国民党军第3、第11兵团向廉江、茂名、信宜一线发起进攻，遭到解放军南路军的顽强阻击。同日，毛泽东指出：这是歼灭该敌的好机会，应迅速部署围歼。第四野战军随即发起粤桂边围歼战，南路军以一部兵力在廉江至信宜一线阻击国民党军，主力待机出击；北路军及西路军第39军南下郁林、荔浦、梧州及柳州，攻击国民党军侧后；西路军第38军继续挺进百色；第43军西进参战，加强南翼。

人民解放军某部疾行在广西山区，包抄南逃的白崇禧集团

27日，南路军发起反击，并乘胜追击。第43军接连攻占容县、北流、郁林，歼第11兵团大部。30日夜，第43军一部突入博白县城，全歼第3兵团部，活捉华中军政副长官兼第3兵团中将司令官张淦。同日，第4兵团主力占领陆川，即与第43军将国民党军第3兵团所属3个军合围于陆川、博白地区。经两天激战，将该敌大部歼灭。

此时，北路军和西路军第39军分别由湘桂边界地区和桂北南下，配合南路军作战，迫使国民党军第1、第10、第17兵团纷纷南逃。

为全歼白崇禧集团于广西境内，解放军在“决不让敌人跑掉”的口号下发起迅猛追击，相继解放桂林、南宁、白色。至12月4日，逃入广西的白崇禧集团主力17.3万余人被歼，第1、第17兵团残部向中越边境地区逃窜，白崇禧本人则仓皇逃往海南岛。往日里神采奕奕、颇为自负的“小诸葛”面容憔悴，两眼无神，声语低沉，完全一副斗败的公鸡的模样。

不久，已是光杆司令的白崇禧逃到了台湾，即被蒋介石委以“总统府”战略顾问委员会副主任的虚职，自此永远地失去兵权，在国民党军界中销声匿迹了。

毛泽东眼中的汤恩伯

——腐败不堪、一打就散

汤恩伯

汤恩伯，名克勤，字恩伯。生于1900年，浙江武义人。国民党陆军上将。

1920年，汤恩伯入援闽浙军讲武堂，毕业后任浙军第1师排长。1925年入日本陆军士官学校。1927年回国任陆军第1师学兵连连长。1928年任中央陆军军官学校军事教官，继任学生总队大队长，在校期间著《步兵中队（连）教练之研究》，博得蒋介石赏识，自此官运亨通。1930年升任教导第2师第1旅旅长。随即参加中原大战，任第4师副师长兼第18旅旅长。是年冬率部对赣东北革命根据地进行长达一年的“围剿”，升任第2师师长。1932年在对鄂豫皖革命根据地的第三次“围剿”中遭红军歼灭性打击，汤恩伯因此受到蒋介石撤职处分。不久调任第89师师长，在湖北黄陂一带对苏区进行“清剿”。1933年“福建事变”爆发后，任第10纵队指挥官的汤恩伯率第89、第4师参与镇压第十九路军。旋即率部进至泰宁、建宁地区，参加对中央苏区的第五次“围剿”。1935年升任第13军军长。

抗日战争全面爆发后，汤恩伯指挥所部在南口地区抗击日军进攻，予敌重创。1937年10月任第20军团军团长。翌年3月率部参加台儿庄会战。6月任第31集团军总司令，先后参加武汉保卫战、随枣会战。1942年任第一战区副司令长官兼鲁苏皖豫边区总司令，极力扩充实力，与陈诚、胡宗南分掌重兵，成为蒋介石政权的军事三巨头之一，自封为“中原王”。1944年春，日军发起贯通大陆交通线的作战。4月，在豫中会战中所部溃败，受撤职留任处分。9月调任黔桂边区总司令。1945年3月任陆军第3方面军司令官，率部参加桂柳追击战。

1945年12月，汤恩伯任徐州“绥靖”公署副主任。1946年5月任首都卫戍司令。6月任陆军副总司令。1947年春兼第1兵团司令，积极执行蒋介石的反共内战政策，率部参加对山东解放区的重点进攻。5月所部整编第74师被全歼。1948年8月任衢州“绥靖”公署主任。1949年1月任京沪杭警备总司令，奉蒋介石之命凭借长江天险固守宁沪杭地区。4～5月，所部主力在人民解放军发动的渡江战役、上海战役中被歼，残部溃退厦门。10月由金门去台湾，任战略顾问委员会战略顾问等职。1954年病逝，被追晋陆军上将。

解放军某部将红旗插上厦门岛

1944年11月8日，毛泽东在延安接见美国总统罗斯福的私人代表赫尔利。

当时世界反法西斯的战争形势发生了根本性变化。在欧洲，苏联收复了全部国土，并把战争推进到德国及其占领区内；盟军在法国诺曼底登陆，成功地开辟了第二战场。在亚洲，美军在太平洋发起“越岛进攻”，逼近日本本土；中国远征军进行滇西反攻作战；中国共产党领导的抗日根据地军民逐步掌握了战争的主动权，开始对日、伪军发起攻势作战，进行局部的反攻。

这一形势迫切要求中国内部加强团结，实现民主改革，巩固和扩大抗日力量，以夺取抗日战争的最后胜利。然而，国民党当局仍坚持一党专政及反民主、反人民的政策，企图削弱和消灭共产党领导的人民革命力量，蓄意准备发动第三次反共高潮，国共两党关系进一步恶化。美、英两国认为如果这时中国爆发内战，只会使日本得到好处，便向蒋介石施压，要其“政治解决”国共关系。

为保持抗日民族统一战线，彻底打败日本侵略者，中国共产党与国民党当局进行了针锋相对的斗争，提出建立民主联合政府的主张，并就两党关系同国民党代表进行谈判。美国政府也从其战后利益出发，表示愿意调解国共关系，帮助中国实现民主团结。

1945年8月，张治中、毛泽东、赫尔利、周恩来在延安机场（左起）

此次赫尔利到延安，便是来调处国共关系、推动国共谈判的。他带来了经蒋介石修改同意的名为《为着协定的基础》的文件，规定：“中国共产党的军队，将遵守与执行中央政府及军事委员会的命令”“在中国，将只有一个国民政府和一个军队，共产党军队的一切军官与一切士兵，当被中央政府改组”，等等。

这实际上是取消中国共产党领导的军队和解放区，中共是绝不会答应的。毛泽东一针见血地指出：我以为应当改组的是丧失战斗力、不听命令、腐败不堪、一打就散的军队，如汤恩伯、胡宗南的军队，而不是英勇善战的八路军新四军。

毛泽东之所以将汤恩伯的军队称为“丧失战斗力、不听命令、腐败不堪、一打就散的军队”，是源于半年前的豫中会战。时任第一战区副司令长官兼鲁苏皖豫边区总司令的汤恩伯被日军杀得丢盔弃甲，几十万大军望风而逃。

汤恩伯与蒋介石是浙江老乡，且同在日本留学，自1927年投靠蒋后，深得蒋的喜爱，仅两年时间便由学兵连连长擢升为少将旅长，可谓平步青云。

1938年武汉会战后，时任第31集团军总司令的汤恩伯率部进入河南，负责冀豫边作战任务。1940年，国民党设立鲁苏皖豫四省边区总部，汤恩伯兼任总司令。此后几年间，这位汤总司令既没有指挥所部向日军发射一炮一弹，也没有消灭日军一兵一卒，而是盘踞四省边区，极力扩充势力，拥兵自重。

汤恩伯打着蓄积兵力、准备对日大反攻的幌子，在河南全省及鲁、苏、皖边区横征暴敛，抓夫征粮要饷。很快，他就拥有了第19、第28、第45、第15和第31共5个集团军，并收编了四省边区的游杂部队。当时四省在日占区和蒋管区的地痞流氓、地主武装无不被汤恩伯网罗收编，最高峰时汤部号称有40万大军。

汤恩伯的私欲随之急剧膨胀，认为论地盘辖有鲁、苏、皖豫四省，论兵力手握40万重兵，上有蒋委员长的宠信，下有一帮亲信捧场，就自封为“中原王”。

1941年冬，蒋介石的另一位心腹爱将、“五虎上将”之一的蒋鼎文来到洛阳出任第一战区司令长官，成为汤恩伯的顶头上司。

蒋鼎文和汤恩伯是浙江老乡，年龄比汤大五岁，资历也比汤老得多，曾在孙中山大元帅大本营兵站总监部任上校参谋，北伐战争时期即贵为师长，1935年被授予陆军二级上将军衔。因此，蒋上将入主河南后，便以老资格的派头对汤恩伯以命令行事。汤非但不肯就范，反而分庭抗礼。于是，两位浙江人为称霸中原大唱对台戏。

1942年，河南大旱，数月无雨，加之遇上严重的蝗灾，以致赤地千里，饿殍遍地，成千上万的百姓背井离乡，沦为难民。

然而，比天灾更为严重的是兵祸。

由于汤恩伯部40万人马的军粮全部强征自地方，河南百姓迫其淫威，只能倾其所有，弄得十室九空。为阻挡日军战车前进，汤恩伯纵容部下大肆抓丁，从北起郑州、东至开封、南至周家口附近，夜以继日地挖掘深沟，沿途树木被砍伐一光，祠堂、庙宇甚至民房都被拆之一尽。对此，河南百姓恨之入骨，将其称作“汤灾”，与水灾、旱灾、蝗虫之灾并列为河南四灾。

1944年初，日军在太平洋战场上屡遭挫败，使南洋各地军队的海上交通线受到威胁。为保持本土与南洋的联系，日本大本营决定孤注一掷，打通纵贯中国大陆的交通线，使平汉、粤汉和湘桂铁路恢复通车，经由印度支那维持与南洋地区的联系，并摧毁沿线地区的中美空军基地，以保护本土和东海海上交通安全。

据此，日本大本营制订了代号为“一号计划”的“打通大陆交通作战”，计划于4月下旬向黄河两岸发动攻势，用1个半月的时间打通平汉铁路，6~9个月打通粤汉和湘桂铁路。为实现这一战略企图，日军在黄河至信阳、岳阳至越南的源山、衡阳至广州的2400公里的漫长战线上，调集了约50万人、1500门火炮和250架飞机。

4月18日零时，日军第37师团等部在河南中牟一带强渡黄河，突破了中国守军的防线，向郑州挺进，从而揭开了豫中会战的序幕。

当时，第一战区拥有8个集团军和1个兵团共17个军约40万人、156架飞机，并得到第八战区一部的支援，兵力远远超过日军，又多为蒋介石的嫡系部队，装备精良，

实施一号作战中的日军轻型坦克营

且河南地区有两年未有战事，部队得以充分休整训练，按理说完全可以抵挡住日军的进攻。

然而，身为第一战区最高统帅的蒋鼎文、汤恩伯两人却置大敌当前于不顾，反去忙于争夺对部队的指挥权。他们对于日军的行动既无充分估计，对于自己部队的行动又无周密计划，更无必要的措施，在战斗中又互不配合，因此在与日军接火不久后就来了个全线大溃退，相继丢了郑州、许昌、洛阳等重镇，纵容几十万大军争相往豫西山里撤。

败退下来的部队极其混乱，军纪败坏。别看他们打日本人不行，对老百姓却凶狠至极，烧杀抢掠，无恶不作，激起了更大的民愤。豫西"土皇帝"别廷芳遗留下来的地方武装刘杰卿及别廷芳的儿子趁机以"地方自治""守望联防"为名，纠合地方百姓，建立武装，袭击汤部。

已成惊弓之鸟的汤部听到枪声，以为日寇追至，竟至在一声吆喝之下，便缴械投降。第31集团军总司令王仲廉所率的总部直属部队，被地方武装包围在一个土寨中缴了械。王仲廉侥幸逃脱，部队完全失控，四处溃散。就连汤恩伯的卫队也被地方武装包围缴械，指挥部电台丢失。威风八面的"中原王"竟化装成伙夫，才得以逃命。

可悲可恨的是，这种混乱的局面又无形中给日军的进攻提供了便利条件，使其更加横行无忌，长驱直入。仅仅38天，汤恩伯一败涂地，损兵20万，失城38座，河南全省沦陷。河南人民深恶痛绝，纷纷向重庆政府请愿，控诉汤部在豫中会战中，"官比兵跑得快，兵比日本人跑得快！"

蒋介石气得两眼发赤，一怒之下将汤恩伯撤职。

1946年6月26日，蒋介石冒天下之大不韪，公然撕毁停战协定，调集重兵向中原解放区发动大规模进攻，接着又将战火烧至其他解放区，全面内战就此爆发。

大战初期，蒋介石自恃拥有装备精良的400多万大军，背后还有美国主子的撑腰，根本不把仅靠"小米加步枪"作战的120余万"土八路"放在眼里，狂妄叫嚣要在三个月内消灭共产党。

然而，事实是无情的。从1946年12月至1947年2月，短短三个月时间内，国民党军在山东战场连吃三个败仗，损兵折将13万之多。蒋介石气得暴跳如雷，大骂王耀武失职、李仙洲无能，下令撤销徐州、郑州两个“绥靖”公署，组成“陆军总司令部徐州司令部”，由陆军总司令顾祝同坐镇徐州，统一指挥。汤恩伯复得蒋介石重用，出任第1兵团司令。

3月初，蒋介石在南京召开军事会议，决定改变原来的战略方针，由对解放区的全面进攻改为集中兵力对陕北、山东解放区实行重点进攻。

蒋介石认为“目前山东是匪我两军的主战场”，“匪军的主力集中在山东，同时山东地当冲要，交通便利，有海口运输。我们如能消灭山东战区的主力，则其他战场就容易肃清了”。

豫西“土皇帝”别廷芳在河南省西峡县的民团司令部旧址

为一举扭转全国战局，蒋介石把最大的赌注都押在了山东战场上，抽调24个整编师（军）45.5万人，编成3个机动兵团，由南向北向鲁中山区推进。具体部署是：汤恩伯率第1兵团8个整编师共20个旅20万人，企图首先占领沂水、坦埠一线，尔后与王敬久的第2兵团和欧震的第3兵团通力向北、向东进攻，迫使华东野战军主力决战或北渡黄河。第二“绥靖”区5

山东战场上被解放军俘虏的国民党军

个军部署在胶济铁路和津浦铁路泰安以北地区，策应3个兵团作战；第三“绥靖”区2个整编师在峄县、枣庄，为二线部队。

这次，蒋介石真是下了血本，把国民党军“五大主力”在关内的3个主力整编第74师、整编第11师和第5军，全部投到山东战场。尤其是有“看着顺心、守着放心、用着称心”的整编第74师参加对山东的重点进攻，蒋介石心中感到格外踏实。

整编第74师，前身为第74军，是国民党“王牌军”中最耀眼的一颗战场“明星”，被认为是第一等主力中的第一个主力。它有一系列的美称：“御林军”“抗日铁军”“虎贲”师，并荣获国民党军中最高奖励——“飞虎旗”；它经历过一系列的恶仗、硬仗、险仗：淞沪会战、南京保卫战、武汉会战、长沙会战、南昌会战、上高会战等，战功卓著；它产生过一系列的名将：俞济时、王耀武、张灵甫，个个骁勇善战。

3月中旬，按照蒋介石的计划，顾祝同指挥汤恩伯、王敬久、欧震3个机动兵团，向山东解放区大举进攻。

国民党军吸取了以往作战被各个歼灭的教训，采用“密集靠拢、加强维系、稳扎稳打、逐步推进”的新战法，成纵深梯次部署，作弧形一线式推进。汤恩伯兵团由临沂向北，欧震兵团由泗水向东北，王敬久兵团由泰安向东，企图对华东野战军形成弧形包围态势。

面对重兵压境、强敌云集的严重形势，陈毅、粟裕沉着应战，指挥华野10个纵队在鲁南和沂蒙山区忽南忽北、忽东忽西不停地机动，在运动中吸引、调动、疲惫、迷惑敌人，以创造战机。陈毅把这种战法形象地比喻为“耍龙灯”：我军挥舞彩球，逗引敌军像长龙一样回旋翻转。粟裕要求华野全军必须树立大踏步进退的运动战思想和以歼灭敌人有生力量为主要目标的歼灭战思想。

至5月初，华野与国民党军“耍”了一个多月的“龙灯”，诱使汤恩伯、王敬久、欧震兵团25万大军进行了一次千余公里的“武装大游行”，但因其始终保持密集靠拢的队形且行动谨慎，几次交锋，均未达到作战意图。

1947年春，陈士榘、粟裕、刘先胜（左起）等到前沿视察

冤枉路走了不少，却没打上一个痛快的大歼灭战。华野不少指战员沉不住气了，牢骚怪话也多了起来：“机动机动，只走不打，老要龙灯”。

这时，国民党军继续向北推进，步步逼近，侵占了新泰、蒙阴等地，形势十分紧张。陈毅、粟裕准备以3个主力纵队南下，插到鲁南、苏北敌后地区，以调动敌人。

5月4日，中央军委指示华野：“敌军密集不好打，忍耐待机，处置甚妥。只要有耐心，总有歼敌机会。”

6日，中央军委又电示陈毅、粟裕：“目前形势，敌方要急，我方并不要急……待敌前进或发生别的变化，然后相机歼敌。第一不要性急，第二不要分兵，只要主力在手，总有歼敌机会。”

据此，陈毅、粟裕当即调整部署，将主力东移，后撤一步；并以准备南下华中的第2、第7纵队隐蔽集结于莒县地区，以进入鲁南的第6纵队隐

华东野战军某部在沂蒙山区行进

蔽在平邑附近地区，待机配合主力作战。

果然不出所料，蒋介石见迟迟不能“打掉陈、粟主力”，愈发焦躁不安。得知华野主力东移，错误地判断华野“攻势疲惫”，已无力决战，遂于5月10日下令顾祝同跟踪“进剿”，变“稳扎稳打”为“稳扎猛打”。

顾祝同令旗一挥，命3个兵团放胆向莒县、沂水、博山一线疾进。中央社得意忘形，大叫什么“共军北窜”“泰安以东地区无成股共军”。国民党的《中央日报》更是狂呼：“雄师北指，气吞沂蒙！”

“稳打”变为“猛打”，“逐步推进”变为“全线疾进”。这样一来，国民党军密集靠拢的态势发生了变化，有利于华野的战机终于出现了。

为抢头功，好在“老头子”面前露一手，汤恩伯不待王敬久兵团、欧震兵团统一行动，即以整编第74师为骨干，在整编第25师和整编第83师的配合下，自垛庄、桃墟地区进攻坦埠，企图乘隙占领沂水至蒙阴公路；另以第7军及整编第48、第65师在左右两侧担任掩护。

5月11日，整编第74师经孟良崮西麓，向坦埠以南华野第9纵队阵地发起进攻。

12日晨，陈毅、粟裕作出围歼整编第74师的部署：以第1、第4、第6、第8、第9纵队和特种兵纵队担任主攻；以第2、第3、第7、第10纵队担任阻援；另以地方武装牵制各路援敌和在临沂及临泰公路沿线敌之后方袭扰与破坏。

13日，围歼整编第74师的战斗打响了。

在漆黑的夜幕掩护下，担任迂回穿插任务的华野第1、第8纵队以一部兵力在整编第74师正面实施阻击，主力从其两翼寻隙向纵深楔进。第1纵队第3师攻占曹庄及其以北高地，逼近蒙阴，阻击整编第65师；纵队主力攻占黄斗顶山、尧山、天马山、界牌等要点，割断了整编第74师与整编第25师的联系，并歼整编第25师一部，该师大部缩回桃墟。第8纵队主力攻占桃花山、磊石山、鼻子山等要点，割断了整编第74师与整编第83师的联系；一部占领孟良崮东南的横山、老猫窝。同时，第4、第9纵队从正面发起攻击，占领黄鹿寨、佛山及马牧池、隋家店一线，扼制了整编第74师的进攻。第6纵队由鲁南向鲁中飞兵疾进，昼夜兼程，抢占沂蒙公路上的重镇垛庄。

华东野战军某部紧追退向孟良崮的敌人

14日深夜，第6纵队借着浓重的夜色掩护，以1个团袭击垛庄。次日拂晓，第6纵队犹如神兵天降，攻占垛庄，全歼守敌一个战斗辎重连。接着，第16师抢占了黄崖山，斩断了整编第74师与整编第25师的联系；第17师抢占了牛头山、大朝山，截断了整编第74师与整编第83师的联系。

至此，整编第74师的所有退路完全被切断，一个铁桶般的包围圈已然形成。它纵然有天大的能耐，也插翅难飞了。

孟良崮是沂蒙山区一个著名的平顶大山头，位于蒙阴东南60公里的芦山山区顶峰，海拔500余米。这里群山连绵，溪流纵横，四季风光绚丽多彩。令人称奇的是，山峰生得古怪，四周陡峭，形同圆柱，顶端平坦，可以种田，当地人称之为崮。崮崮相连，据说有72崮。

当13日晚前沿据点遭到华野攻击时，骄横跋扈、不可一世的张灵甫满不在乎地说："共军想一口吃掉我74师，他们没有这么大的胃口，恐怕想也未必敢想！"

14日上午，张灵甫得知华野已攻占天马山、马牧池、磊石山等要点，并正向垛庄、万泉山前进，这才感觉不妙：在他的前后左右共发现有5个

国民党五大主力之一的整编第74师中将师长张灵甫

华野主力纵队的番号，与25师、83师的联系都被共军截断，74师竟然成了一支孤军！

想到此，张灵甫心中不禁打了个寒战，急忙下令全师放弃北进，立即向孟良崮、垛庄方向撤退。

但为时已晚，等到张灵甫派出的部队赶到，垛庄已被华野第6纵队攻占。张灵甫不得不收兵退缩孟良崮、芦山地区。

整编第74师被围，蒋介石惊喜交加。惊的是，粟裕竟敢在“太岁头上动土”，围歼他的“王牌军”；喜的是，张灵甫的指挥能力无人能及，74师的武力勇猛超群，所处地形利于守不利于攻，必能坚守孟良崮，如左右邻加速增援，便可造成与华野主力决战的机会。

于是，蒋介石急令张灵甫固守待援，严令新泰的整编第11师、蒙阴的整编第65师、桃墟的整编第25师、青驼寺的整编第83师以及河阳、汤头的第7军、整编第48师等部迅速向整编第74师靠拢；并调第5军自莱芜南下，整编第20师自大汶口向蒙阴前进，企图内外夹击华野主力。

蒋介石扬言此乃“歼灭‘共匪’完成革命唯一良机”，并派参谋总长陈诚和副参谋总长白崇禧，匆忙赶到临沂督战指挥。

陈诚拼命给张灵甫打气，狂妄地说：“这个战役的结果，只有一个，那就是我们的辉煌胜利。消灭陈毅所部，我们就能保住东南半壁江山。委座对这个战役抱有很大的希望，我们已经下达最严格的命令，命令外线部队同你们密切呼应，你们也要密切配合，来一个内外夹击，中心开花，尽歼顽敌。”

汤恩伯也为张灵甫打气说：“贵师为全区之枢纽，只要贵军站稳，则可收极大之战果。”

此时，孟良崮地区出现了不同寻常的战场态势：华野以5个纵队包围着整编第74师，国民党军又以10个整编师（军）包围着华野。

参加孟良崮战役的华东野战军炮兵部队

这是一场主力对主力、王牌对王牌，攻对攻、硬碰硬的大决战。

15日下午1时，华野发起总攻。

孟良崮已成了双方争夺的最炽烈的战场。空中，国民党空军出动了100多架次飞机，对华野阵地进行猛烈的轰炸、扫射；地面，国共两军的数百门大、小火炮互相对射。炮声隆隆，惊天动地，弹如雨下，山崩石裂，浓烟滚滚，遮天蔽日。整个孟良崮地区，陷入了硝烟火海之中。

整编第74师利用洞穴、石岩、山沟等有利地形拼死顽抗，还不时成群结队地发动反冲锋，与解放军展开肉搏战，用机枪、冲锋枪、手枪、手榴弹对打、对攻，甚至刺刀见红，连枪托也沾上了脑浆。有时双方扭打到一起，牙齿、拳脚、石块都成了攻击对方的武器。

混战中，敌我双方阵地变得犬牙交错，我中有敌，敌中有我。每一块岩石、每一个山头、每一处阵地都要经过反复争夺，一再易手，战斗的激烈程度为解放战争以来所少见。

在炽盛猛烈的炮火掩护下，华野各纵队从四面八方多路突击，势如潮涌，逐波冲锋，不给敌人以任何喘息之机。整编第74师逐渐支持不住，陷入绝境。

张灵甫此时才慌了神，一面向蒋介石拼命呼救告急，一面倾全力开始突围。先向东南突围，企图与整编第83师会合，结果被华野第8纵队顶了回来。接着又向西突围，企图与整编第25师会合，又被华野第1、第6纵队狠狠地赶了回去。

华野指战员们越战越勇，扫清山麓，突破山腰，奔向山巅，一点点收紧包围圈，当晚就把整编第74师压缩于东西3公里、南北2公里的狭窄山区。

激战至16日拂晓，整编第74师阵地只剩下芦山、孟良崮主峰等几个山头。

眼看“御林军”要葬身沂蒙山区，蒋介石更是急得六神无主，再次向增援部队发出了最严厉的手令：“如有萎靡犹豫，巡逡不前或赴援不力，中途停顿者定必以贻误战局，严究论罪不贷！”

汤恩伯也向所属各部发出急电：“张灵甫师孤军奋战，处境艰危”，希望发扬“亲爱精诚之无上武德与光荣”“务须击破共军包围，救袍泽于危困，……岂有徘徊不前，见危不救者，绝非我同胞所忍为，亦恩伯所不忍言也”。

在蒋介石、汤恩伯的严令督促下，国民党各路增援部队疯狂地向孟良崮地区攻击前进。华野阻援部队与敌展开了空前惨烈的大血战，挡住了敌军一波又一波的冲击。

华野第10纵队在莱芜附近死死拖住了国民党五大主力之一的第5军；第3纵队不顾牺牲，在新泰附近拼死阻击国民党另一支王牌主力整编第11师的进攻；第1纵队第1师的1个团和第6纵队第16师在60公里宽的正面阵地上，抗击整编第25、第65师的猛攻，3个团几乎全部打光；第2、第7纵队顶住了第7军和整编第48师的轮番攻击；鲁南、滨海等军区部队则牵制住了整编第20、第64师。

16日上午，华野攻占雕窝、芦山，整编第74师主阵地全部丢失，覆没在即。而此时，整编第83、第25师与整编第74师相隔只有5公里左右路程，其余援敌距整编第74师也只有1日至2日行程，但硬是被华野阻援部队挡在了包围圈外，始终不能越雷池一步。

究其原因，除华野阻援部队英勇顽强外，还有一个很重要的原因，就是源自国民党军自身的“毒瘤”——派系林立、钩心斗角、互相倾轧。国民党各路援军貌似强大，气势汹汹，攻势如潮，但在是“舍己救人”还是“保全自己”的问题上，都无一例外、毫不犹豫地选择了后者。

最具讽刺意味的是，整编第83师与整编第74师相距最近，炮火已能打到孟良崮，但因该师师长李天霞曾与张灵甫为争夺74师师长之位结下私怨，结果兵力增援变成了“口头声援”——只派了1个突击连象征性地支援了一下，便按兵不动了。

决战的时刻终于来到了。

四面八方飞来的密集炮火，将孟良崮主峰完全笼罩在烈火浓烟之中，炮弹的弹片夹杂着山上的碎石和74师官兵的血肉四处飞溅。在嘹亮激昂的冲锋号声中，华野将士从四面八方如潮水般地涌向孟良崮主峰。

孟良崮战役中我军阻击阵地遗址

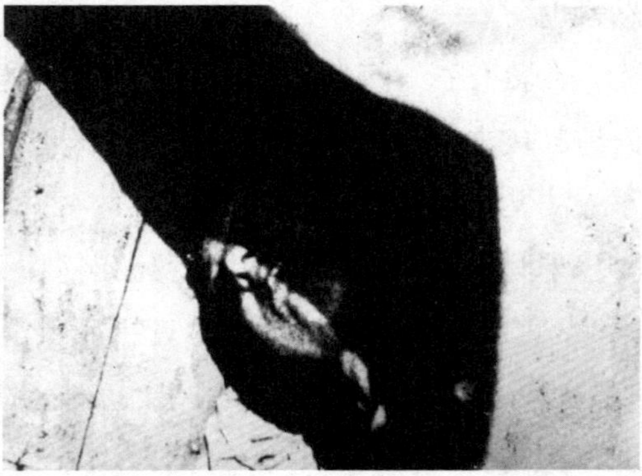

被击毙的整编第74师师长张灵甫

张灵甫早已没有了往日的骄横自负，躲在孟良崮主峰的一个山洞中，声嘶力竭地向李天霞、黄百韬呼救：“李师长、黄师长，赶快向我靠拢、赶快向我靠拢……看在党国的分上，拉兄弟一把!”

最先攻上孟良崮主峰的是华野第6纵队特务团。当他们接近崮顶北侧整编第74师指挥所时，张灵甫负隅顽抗，组织残兵败将进行了最后疯狂的反扑。

副团长何凤山命令战士们用轻机枪、冲锋枪朝山洞内猛扫了一阵，接着又投进了几颗手榴弹。

“轰！轰！”几声爆炸声响过后，洞内传出嘶哑的喊叫声：“共军兄弟们，你们不要打了，张师长已被打死了！”

何凤山等人冲入洞里，只见张灵甫倒在血泊中，呜呼哀哉了。

此役，华东野战军仅用了4天时间，以伤亡1.2万人的代价，全歼了拥有全副美式装备、号称“国军模范”“御林军”的国民党王牌主力——整编第74师。该师3万余人，上至师长、下到马夫，无一漏网。

许多年后，新中国的电影工作者将这段历史改编成一部脍炙人口的电影——《南征北战》，搬上了银幕。

捷报传来，全军振奋，欢声如雷。毛泽东也抑制不住内心的激动。平时极少沾酒的他竟然找炊事员要酒喝，炊事员大惑不解。毛泽东激动地说："知道74师吗？它被我们消灭啦！"

后来，毛泽东对粟裕说："你们那样果敢、迅猛地消灭了74师，在中国这块土地上，有两个人没想到，一个是蒋介石，另一个是——"

粟裕脱口而出："陈诚？"

毛泽东："不足挂齿。"

粟裕："何应钦？"

毛泽东："何足道哉。"

"那是谁呢？"

"第二个没想到的就是我毛泽东！"毛泽东的得意之情溢于言表。

整编第74师在孟良崮全军覆没的消息传到南京后，不啻晴天霹雳震动了整个国民党统治中心。蒋介石哀叹"以我绝对优势之革命武力，竟为劣势乌合之匪众所陷害"，是"剿匪以来最可痛心最可惋惜的一件大事"。

痛心疾首的蒋介石严厉追究责任。整编第83师师长李天霞因玩忽职守、救援不力而被撤职，送交军事法庭审判，从此在军界消失。整编第25师师长黄百韬差点被蒋介石枪毙，最后由陆军总司令顾祝同出面说情，才改为撤职留任的处分。负有直接责任的第1兵团司令汤恩伯也被撤职。

1948年底，中国人民解放战争进入了战略决战的最后阶段。

辽沈战役解放了东北全境；淮海战役解放了华东大部，胜利在即；华北地区除北平、天津几座孤城外均已解放；西北一部和长江中下游以北广大地区也已解放，各解放区连成一片。人民解放军总兵力发展到400万人，士气高昂，装备得到进一步改善，大兵团作战的经验更加丰富。

国民党军精锐被消灭殆尽，只剩下71个军227个师的正规军番号约115万人，加上特种兵、机关、学校和地方部队，总兵力204万人，其中能用于作战的部队只有146万人。这些部队多是新建或被歼后重建的，且分布在从新疆到台湾的广大地区，在战略上已无法组织有效防御。国民党在中国的败亡命运已无可挽回。

1949年元旦，新华社发表新年献词，提出“打过长江去，解放全中国”的响亮口号。蒋介石也发表元旦《文告》，发出了“和平果能实现，则个人的进退，绝不萦怀”的哀鸣，并声称为“以冀弭战消兵解人民倒悬于万一”而甘愿“引退”。

蒋介石祭奠阵亡将领

1月4日，毛泽东为新华社起草评论《评战犯求和》，明确将蒋介石列为战犯，拒绝以蒋为谈判对手。而国民党内要蒋介石下台的呼声日益高涨。更为严重的是，美国人已然看出蒋介石对他们已无多大价值，开始在国民党内物色新的代理人。

但蒋介石是不会轻言认输，更不甘心退出历史舞台。因为，他一生最大的兴趣就是追逐权力，对他来说最为痛苦的事莫过于失去权力。纵观其一生，他的性格确像一根高强度弹簧，千拉万扯也难改其顽韧的特性。

21日，内外交困的蒋介石黯然神伤地离开总统府，回老家奉化溪口——这个他在政治上失意时总要回去的避风港，“归隐”去了。

蒋介石走了，表面上像闲云野鹤，游山赏水，但他并非真的退而为山野之人，只不过是由前台转到了幕后。这和当年袁世凯削职回项城、段祺瑞下野回合肥一样，是职退权未退，退而不休。

在奉化溪口，当蒋介石逗留在雪窦寺中，或流连于四明山林木泉石之间时，仍操纵着一切。虽然名义上“下野”，但他仍以国民党中央总裁的身份在幕后实际掌控着党政军大权，甚至比在南京时公务更繁忙更紧张了。代总统李宗仁只不过是一具空壳，要不到钱，调不动兵，命令出不了南京城。

在溪口小镇，蒋介石架设了七部电台，昼夜不停地作情报联络，继续进行军政遥控指挥，而国民党党、政、军要员奔赴溪口请示总裁面谕的人也不绝于途。溪口小镇取代了六朝粉黛的故都南京而成为国民党新的政治中心，蒋介石也成为世界上最忙的“闲人”。

“下野”对蒋介石来说早已不是第一次，也无所谓了，因为每次“下野”都成为他积蓄力量、东山再起的契机。当年蒋介石曾两度“下野”，尔后卷土重来。有过这两次经验，蒋介石认为自己还会第三次“复出”。为此，在“下野”之前，他要抓紧时间进行部署，为和毛泽东争夺长江以南，为有朝一日东山再起做好准备。

1949年1月，蒋介石宣布第三次下野，离开南京总统府

按照蒋介石的设想，尽管东北、华北、华东已尽为共军所据，但他手中仍有最后一搏的本钱：70万美械装备的大军、占绝对优势的海空军力量和“固若金汤”的长江防线。这足够阻挡共军南下的步伐，维系半壁江山，重整军力，等待时机，卷土重来。

于是，蒋介石积极扩军备战，将京沪警备总司令部扩大为京沪杭警备总司令部，任命汤恩伯为总司令，会同华中“剿匪”总司令部总司令白崇禧指挥的部队组织长江防御。

别看汤恩伯指挥打仗确实不怎么样，可谓是志大才疏，却能在官场屡屡咸鱼翻身，起死回生。这其中自然有很多诀窍，但有一点至为重要，这就是他对于蒋介石无二的忠诚。就在不久前，他将恩师陈仪准备投共一事密报蒋介石。蒋介石也正是看重此点，才将镇守长江的重任交与他。

陈仪，字公侠，号退素，浙江绍兴人，国民党陆军二级上将。

1893年出生的陈仪，在国民党军政界资历甚深，是一位元老级的人物。早年东渡日本，先后在陆军测量学校、士官学校学习。期间加入光复会，结交了徐锡麟、秋瑾、蔡元培、蒋百里、蔡锷等革命党人，与鲁迅关系甚密。辛亥革命爆发后，任浙江都督府军政司长。1917年，再次东渡日本，入陆军大学深造，成为中国留日陆大第一期学生。

某部官兵举行誓师大会，“打过长江去，解放全中国”

陈仪担任过浙江省主席、福建省主席兼第25集团军总司令、台湾行政长官兼警备总司令等要职，曾独揽福建军政大权八年之久，是国民党军政界的一位重量级人物。

1945年，陈仪（中间者）在台湾接受日军投降

1925年，穷困潦倒的汤恩伯经人介绍认识了时任浙军第1师师长的陈仪。因是浙江同乡，加之汤恩伯生得魁伟强壮，谈吐不凡，陈仪很是欣赏，便慨然应允每月资助五十元，供汤赴日求学。汤恩伯感激涕零，立即跪拜于地说：“生我者父母，知我者乃陈老也，学生愿拜您为恩师，生死与共。”

正是由于陈仪的鼎力相助，汤恩伯才得以东渡日本，入陆军士官学校深造，从此开始了他的军旅生涯。在日期间，汤恩伯与同在日本留学的陈仪外甥女黄竞白相识并热恋。两年后，汤恩伯携黄竞白回国完婚，与恩师陈仪又有了亲戚关系。

当时，陈仪已依附蒋介石。汤恩伯便通过陈仪的大力推荐，与蒋介石相识，并逐渐得到蒋的器重，成为蒋的心腹爱将。陈仪对汤恩伯有知遇之恩，汤恩伯也视陈仪为亲生父亲。因此当1949年1月，时任浙江省主席的陈仪准备反蒋时，曾派外甥带着他的亲笔信面见汤恩伯，要其起义。

谁知，汤恩伯出卖了陈仪，派人把信送到奉化交给蒋介石。不久，陈仪被解职扣押。1950年6月18日被蒋介石以“勾结共党，阴谋叛乱”罪枪杀于台湾。

靠出卖恩师，汤恩伯再次获取了蒋介石的信任，被委以京沪杭警备总司令重任，统一指挥江苏、浙江、安徽三省和江西省东部的军事，据守长江防线。

到1949年4月，国民党军在湖北宜昌至上海间1800余公里的长江沿线上，共部署了115个师约70万人的兵力。其中，汤恩伯集团75个师约45万人，布防于江西湖口至上海间800余公里地段上；白崇禧集团40个师约25万人，布防于湖口至宜昌间近1000公里地段上。同时，以海军海防第2舰队和江防舰队一部计有军舰26艘、炮艇56艘分驻安庆、芜湖、镇江、上海等地的长江江面，江防舰队主力计舰艇40余艘分驻宜昌、汉口、九江等地江面，沿江巡弋；空军4个大队300余架飞机分置于武汉、南京、上海等地，支援陆军作战。此外，美、英等国也各有军舰停泊在上海吴淞口外海面，威胁或伺机阻挠人民解放军渡江。

长江是中国的第一大江，自西向东横贯大陆中部，历来被兵家视为天堑。下游江面宽达2～10余公里，水位在每年4～5月间开始上涨，特别是5月汛期，不仅水位猛涨，而且风大浪高，影响航渡。沿江广阔地域为水网稻田地，河流湖泊较多，不利大兵团行动。

汤恩伯对守住长江天险信心十足，认为：“共军一贯不打阵地战，他们长于奇袭，我们天上有飞机，江上有兵舰，岸上有要塞，炮火优于共军，对民船偷渡不足为虑。”他除以一部兵力控制若干江心洲及江北据点作为警戒阵地外，以主力18个军54个师沿南岸布防，重点置于南京以东地区，并在纵深控制一定的机动兵力，企图在人民解放军渡江时，凭借长江天险，依托既设工事，在海空军支援下，大量杀伤其于半渡之时或滩头阵地；如江防被突破，则分别撤往上海及浙赣铁路沿线，组织新的防御。

长江，在历史上多次大动乱的时期都成为民族分裂的界河。1949年仲春，蒋介石集团仍希望它能成为阻止人民解放军南进的天然屏障，但稳操胜券的中国共产党人却坚信：这一次，长江不会再成为民族分裂的界河了！

中央军委依据向长江以南进军的既定方针，命令人民解放军第二、第三野战军和中原、华东军区部队共约100万人，统归由第二野战军司令员刘伯承、政治委员邓小平和第三野战军司令员兼政治委员陈毅、副司令员粟裕、副政治委员谭震林组成的总前委指挥，准备在5月汛期到来之前，由安庆、芜湖、南京、江阴之线发起渡江作战，歼灭汤恩伯集团，夺取国民党政府的政治经济中心南京、上海以及江苏、安徽、浙江省广大地区，并随时准备对付帝国主义可能的武装干涉。同时决定，第四野战军以第12兵团部率第40、第43军约12万人组成先遣兵团，由平津地区南下，归第二野战军指挥，攻取信阳，威胁武汉，会同中原军区部队牵制白崇禧集团，策应第二、第三野战军渡江作战。

人民解放军百万大军突破长江天险

为实现党中央的战略决策，总前委依据国民党军的部署以及长江中下游地理特点，于3月31日制定了《京沪杭战役实施纲要》，决定组成东、中、西三个突击集团，采取宽正面、有重点的多路突击的战法，于4月15日在江苏靖江至安徽望江段实施渡江作战，首先歼灭沿江防御之敌，尔后向南发展，夺取南京、上海、杭州等城，占领江苏、安徽南部及浙江全省。

渡江战役前，第24军副军长皮定均向群众了解长江对岸登陆点的地形

4月22日，国共和谈破裂后，毛泽东主席、朱德总司令立即发布《向全国进军的命令》，号召人民解放军将士“奋勇前进，坚决、彻底、干净地歼灭中国境内一切敢于抵抗的反动派，解放全国人民，保卫中国领土主权的独立与完整”。人民解放军百万雄师随即发起渡江作战。

午夜时分，中突击集团第一梯队第24、第25、第27、第21军，在裕溪口至极阳镇100多公里的江面上，分乘数千只木船，乘夜幕扬帆起航。

时逢西北风，船借风力，千帆竞发，万桨击水，劈波斩浪，飞向南岸。先头船距南岸约300米时，国民党军才发觉，匆忙打炮拦截。

顿时，江面波汹浪叠，水柱冲天。早已严阵以待的人民解放军炮兵群立即以雷霆万钧之势齐轰对岸，敌军阵地随即陷入一片火海，火光映红了夜空。

第27军第一梯队在荻港至旧县之间登岸，一举突破国民党第88军防线。第79师第235团1营3连5班所乘木帆船，首先在夏家湖附近登上南岸，成为百万雄师中的“渡江第一船”。

按照过江信号规定，登岸部队立即点灯报信。这时，数十里长江南岸上，红灯闪烁，宛如璀璨群星。先遣渡江大队也按预定要求，在山头、高坡燃起一堆篝火，把胜利的捷报飞传大江南北。

登岸部队如猛虎下山，迅速突破鲁港（芜湖西南）至铜陵段国民党军江防阵地，连续打退守军的多次反击，巩固了滩头阵地，尔后向纵深发展攻势，至21日，占领铜陵、繁昌、顺安等地。

人民解放军以迅雷不及掩耳之势，一举突破国民党军的长江防线，汤恩伯如热锅上的蚂蚁，于21日慌忙赶到芜湖部署堵击，急令第99军前往增援。

但于事无补，第99军进抵宣城，第20、第88、第55军等部已放弃江防阵地，在一片混乱中仓皇撤逃。第99军旋即向南逃去。

解放军某部突击队在渡江战役中冲上江岸

为逃脱沿江一线部队被分割围歼的命运，以图在浙赣线和上海地区组织新的防御，汤恩伯秉承蒋介石旨意，于22日下午匆匆下令全线撤退：芜湖以西的部队向浙赣线退却，芜湖以东、常州以西的部队向杭州退却，常州以东的部队向上海退却。

23日清晨，在人民解放军的隆隆炮声中，李宗仁仓皇逃离南京，乘专机飞往桂林。树倒猢狲散。国民党留在南京的政府官员纷纷逃向广州、桂林等地。

当晚，第35军在中共南京地下市委的接应下开始渡江，进入南京市区。24日凌晨，第35军第104师第312团首先进占总统府，将红旗牢牢插在总统府的门楼上，标志着国民党蒋介石集团22年的反动统治被推翻。

至此，国民党苦心经营的长江防线，除上海附近地段外，已彻底崩溃。国民党反动派凭借长江天险负隅顽抗的企图彻底破灭。

总前委依据沿江国民党军全线南撤的情况，迅速调整进攻部署，令第三野战军除以第8兵团部率第34、第35军担任镇江、南京地区的警备任务，以第10兵团第29军东进占领苏州并向上海方向警戒外，主力在粟裕统一指挥下分别沿丹阳、金坛、溧阳及太湖西侧和南陵、宣城、广德之线向长兴、吴兴（今湖州）地区疾进，完成战役合围，歼灭由南京、镇江、芜湖地区南逃的国民党军，第7兵团并准备夺取杭州。同时解除第二野战军第4兵团沿江东进的任务，改为与第3、第5兵团并肩向浙赣铁路沿线挺进，追歼逃敌，控制浙赣铁路，切断汤恩伯集团与白崇禧集团的联系，保障第三野战军作战的翼侧安全，另以第10军担任安庆、芜湖地区的警备任务。

1949年4月23日，中国人民解放军解放南京，占领国民党总统府

各部队接到命令后，发扬连续作战的优良作风，不顾疲劳，顶风冒雨，日夜兼程，猛打猛追。

26日，第9兵团主力通过广德；第10兵团进抵天王寺、宜兴一线，并在溧阳以西、以南地区歼国民党军第4、第28、第51军各一部。

国民党军在人民解放军的多路追击下，早已成惊弓之鸟，不敢再沿宁杭公路南逃，改由宜兴以西山区直下郎溪、广德，企图由此突出重围，直趋杭州。

27日，第10兵团第29军进占苏州。第三野战军主力会师吴兴，将国民党军第4、第28、第45、第51、第66军5个军包围于郎溪、广德之间地区，经两天激战，将其8万余人全部歼灭。

5月3日，第7兵团第21、第23军解放杭州，随后向浙赣线奋勇前进，相继占领浙赣铁路沿线的贵溪、上饶、衢县、金华等地，并在追击作战中歼国民党军第68、第88、第106、第73军各一部。

第7兵团第21军攻入杭州后继续追击敌人

7日，第3兵团一部与第7兵团一部在诸暨会师，控制了浙赣线东乡以东地段，完全割断了汤恩伯集团与白崇禧集团之间的联系。

至此，渡江战役第二阶段任务胜利完成，歼灭了国民党军大批有生力量，使蒋介石、汤恩伯在浙赣线山区组织纵深防御的图谋彻底破灭。

中央军委和总前委依据战局的发展，决定攻取上海。

位于东海之滨的上海，濒临长江出海处，人口600万，是中国的最大城市和经济中心，号称“十里洋场”。它既是中国共产党的诞生地，也是蒋介石赖以起家、各种反动势力麇集的地方，还是帝国主义侵华的主要基地，战略地位极为重要。

人民解放军突破长江天险后，汤恩伯集团除一部逃往福建外，余部退据上海，连同原淞沪警备司令部所辖部队，共8个军25个师20余万人，另有海军各种舰艇30余艘、空军4个大队飞机130多架，企图依靠上海的丰富物资和长期筑成的永备工事继续顽抗，同时继续把储存在上海的黄金、白银和其他重要物资抢运到台湾。

30日，蒋介石气势汹汹地赶到上海，任命汤恩伯为京沪杭警备总司令，具体策划和部署淞沪决战。他之所以要亲自指挥淞沪战役，“保卫”

大上海，是有他的打算的。蒋介石年轻时就是在上海发迹的，得到了爱情、名气和权力。在如今灾难临头之际，他想到了一个更为疯狂的计划。淞沪战役一打响，美英等国便不再袖手旁观，坐视国民政府败北，所以他发誓要打好“第三次世界大战导火线”——淞沪决战。

根据蒋介石要死守上海的意图，汤恩伯确定的守备方针是：以海、陆、空军协同作战，实行固守防御；利用碉堡群工事，坚守市郊，屏障市区；巩固吴淞，确保海上退路；机动使用江湾、龙华机场，维护空中通道。具体部署为：以第21、第51、第52、第54、第75、第123军6个军共20个师，配属坦克、装甲车，守备黄浦江以西市区及外围太仓、昆山、嘉兴、金山等地；以第12、第37军共5个师，守备黄浦江以东地区。另以海军第1军区和驻上海空军协同防守。其防御重点置于浦西市郊吴淞、月浦、杨行、刘行、大场和浦东高行、高桥等地区，借以屏障吴淞和市区，保障其出海通路。

然而此时上海已成一座孤城，国民党军心动摇，官僚恐慌，就连蒋经国也哀叹道：“如大海中孤舟，四顾茫然”。

从1948年12月开始，蒋介石密令将大批黄金白银运往台湾。图中是盛金块的木桶

为给部下鼓气，蒋介石连续接见团以上军官，忙得“几无一刻休息”，并在汤恩伯的陪同下，亲自巡视上海街头，宣称：“共产党问题是国际问题，不是我们一国所能解决的，要解决必须依靠整个国际力量。但目前盟国美国要求我们给他一个准备时间，这个时间也不会太长，只希望我们在远东战场打一年。因此，我要求你们在上海打六个月，就算你们完成了任务，那时我们二线兵团建成了，就可以把你们换下去休

息。”

蒋总裁亲自坐镇指挥，汤恩伯更是豪情万丈，牛皮吹得嘟嘟响，扬言一定要把上海变成“第二个斯大林格勒”。他召集部属训话，称：“总裁指示我们要决心坚守上海六个月，上海是个国际都市，非常重要，只要我们能把上海保住半年，美国就会直接来援助我们，那时如果第三次世界大战打起来，就可整个解决国际共产党的问题，中国的问题也就可以一起解决了。”

人民解放军某部在上海战役中

为死守上海，汤恩伯不惜血本地在市区与郊县构成外围、主体、核心三道阵地。其中，钢筋水泥筑成的主碉堡阵地3800个，碉堡间战壕相连，壕沟内还可行驶吉普车，半永久性的掩体碉堡1万多座。中央社誉为“固若金汤”。阎锡山视察阵地后，颇有信心地认为至少可以守上一年。蒋经国则称之为“东方的斯大林格勒”，可与“马其诺防线”媲美。

4月底5月初，中央军委向总前委、华东局、第三野战军发出一系列指示，要求抓紧完成占领上海的准备工作，既要歼灭守军，又要完整地接管上海，以利尔后建设，并保护外国侨民。在军事部署上，要先占领吴淞、嘉兴，封锁吴淞口和乍浦海口，断敌海上退路，防止大批物资从海上运走。

据此，总前委决心以第三野战军所属第9、第10兵团8个军及特种兵纵队近30万人的兵力攻取上海；以第二野战军主力集结于浙赣铁路金华至东乡段休整，策应第三野战军夺取上海，准备对付美、英等国可能的武装干涉。

上海郊区地形平坦，村庄稠密，河流沟渠纵横。国民党守军以水泥地堡为核心，构筑大量集团工事，不便于大兵团机动和近迫作业。市内高大建筑物多而坚固，主要市区傍黄浦江西岸，市北吴淞位于黄浦江与长江的交汇点，是上海市区出海的交通咽喉。为求完整地接收中国最大城市上海，避免市区遭受战火破坏，陈毅、粟裕决定首先兵分两路，采取钳形攻势，从浦东、浦西两翼迂回吴淞口，断敌海上退路，尔后再围攻市区，分割歼灭守军。

上海战役中，人民解放军某部向国民党军固守的要点发起攻击

5月12日，第三野战军各部队分别向上海外围守军发起攻击。

第9兵团第20军、27军先后攻占了平湖、金山卫、奉贤县南桥镇、松江、青浦等地，进逼川沙，对上海形成了包围之势。至14日，在特种兵纵队重炮兵部队的协助下，封锁了高桥以东的海面，部分达到了封锁黄浦江的目的。汤恩伯见侧背受威胁，被迫由市区抽调第51军至白龙港、林家码头地区加强防御。

第10兵团在攻占昆山、太仓、嘉定、浏河等地后，向月浦、杨行、刘行守军发动猛攻。国民党军依托钢筋水泥碉堡群，在舰炮和飞机的支援下，实施连续反击。15日，汤恩伯又将第21军及第99师自市区调至月浦、杨行、刘行加强防御。

战至19日，第10兵团相继攻克月浦、国际无线电台，肃清了刘行地区的守军。第9兵团攻占川沙、周浦，在白龙港地区全歼第51军，将第12军压缩于高桥地区，并割断了其与浦东市区第37军的联系，与第10兵团形成了夹击吴淞口之势。

汤恩伯为保持吴淞口出海通路，将第75军东调，增防高桥，依托该地区濒江依海、三面环水、地形狭窄的有利条件，在海空军配合下频繁反击。

第三野战军遂增调第7兵团第23军、第8兵团第25军及特种兵纵队的炮兵第1、第3团各两个营和第2团、战车团，分别配属第9、第10兵团作战，总兵力达10个军30个师及特种兵纵队，近40万人，对上海发起全面攻击。

第三野战军一部进驻上海市

23日夜，第20、第21、第23、第26军分别从东、南、西三面攻击市区，第25、第28、第29、第33军继续强攻杨行、月浦地区，第30、第31军继续攻歼高桥地区守敌。

24日，第20军攻占浦东市区，守敌西窜；第27军攻占虹桥镇、龙华镇和龙华机场，挺进至苏州河以南市区边缘；第23军亦进至龙华地区；第26军沿绿杨桥、塘桥攻击前进；第29军攻占屏障吴淞、宝山、江湾机场的月浦南郊制高点。

汤恩伯见大势已去，一面将第75军第6师从高桥调回月浦地区增强防御，以保障吴淞的安全；一面指挥苏州河以北主力向吴淞收缩，准备从海上撤逃。他本人于24日率京沪杭警备总部人员从吴淞登上兵舰，向福建狼狈逃窜。

第三野战军指挥部命令各部队立即发起追击，大胆楔入守军纵深，截歼溃逃之敌。至27日，上海市区已全部解放，汤恩伯的几十万精锐部队被消灭殆尽。

上海失守后，蒋介石愈发看重福建及东南沿海的防务，不止一次地强调：“台湾是党国复兴基地，台湾是头颅，福建就是手足，无福建即无以确保台湾。”

为此，蒋介石调集国民党军第6、第22、 第 8、第12兵团在福州、厦门、漳州和闽粤交界地区设防，企图阻止人民解放军向闽中、闽南推进，以屏障台湾。同时，他还任命从上海逃出来的汤恩伯为福建省主席，坐镇指挥。

第三野战军第10兵团司令员叶飞正在指挥作战

有道是：不是冤家不聚头。毛泽东亲自点将，把进军福建的重任交给了刚刚攻下上海的第三野战军第10兵团司令员叶飞。

叶飞，福建南安人，生于菲律宾吕宋岛，是一员出名的虎将，素有“小叶挺”之称。此次解放军入闽作战，毛泽东知人善任，考虑到叶飞是福建人，又有长期在福建开展游击作战的经验，对福建情况比较熟悉，故选定了叶飞。

能够率大军亲自解放自己的家乡，叶飞格外兴奋。经过周密部署，7月2日，第10兵团冒着酷暑，大举南下入闽。

8月6日，福州战役打响。激战至23日，第10兵团歼敌4万余人，解放了福州市和周围县城9座及军港马尾。

福州既失，汤恩伯重新调整部署，固守以漳州、厦门、金门岛为重点的闽南沿海地区。闽南地区不仅是福建工、商、农渔密集的富庶之地，而且厦门、金门正扼海上要冲，对于台湾安危关系重大，蒋介石也亲自到厦门主持防御部署。

叶飞决定首先攻歼漳州地区及金门、厦门岛外围守军，扫清南下的海陆通道，尔后同时攻取金、厦两岛。9月10日，第10兵团主力由福州、福清南下泉州、安溪地区，发起漳厦金战役。至28日，形成了对厦门岛三面包围之势。

厦门岛是中国东南沿海的重要门户之一，面积128平方公里，东与金门岛隔海相望，西、南、北三面被大陆环绕，最近处与大陆仅相隔1海里，西南与小岛鼓浪屿邻近。该岛东南部多山，北半部为丘陵，地势开阔，战略地位非常重要。

1949年10月7日，蒋介石在厦门召开地方干部会议，希望当地军民能固守该岛。但会议开完数日后，中国人民解放军即解放厦门

厦门岛上的守军为国民党军第29、第74、第166、第181师和要塞守备总队。国民党军在岛上构筑了以钢筋混凝土永久工事为骨干，以野战工事和障碍相结合的多层次的坚固防御阵地。岛上有坦克、雷达、大口径火炮，并有海、空军火力支援，形成要塞式环形防御体系，企图以此守卫金门、台湾，并作为“反攻大陆”的跳板。

为了给退守厦门的国民党官兵打气，蒋介石率国民党军政要人多次抵厦门巡视。汤恩伯则吹嘘厦门岛的防御“固若金汤”。

10月15日，第10兵团第31军首先对鼓浪屿发起攻击。当晚，从北面攻打厦门的5个突击团，分乘数百只木船，在茫茫夜色中，顺风顺流，箭一般地驶向各自预定的登陆点，对北半部发起偷袭。激战至天亮，突击部队把五星红旗插上了厦门岛。

战至16日中午，第10兵团突击部队在10公里宽的正面上，全线突破厦门北半部国民党守军的一线防御，建立了稳固的登陆场。突击部队乘胜向纵深猛插，后续部队源源不断地从各突破口登陆。

逃到军舰上指挥的汤恩伯见势不妙，急忙收罗残部，并调集机动部队向北反扑。叶飞命令已上岛的部队，迅速抢占岛腰部的一线高地，抗击国民党军的反扑。经激烈较量，至16日黄昏，国民党军向北反扑的计划彻底失败，其反冲击部队纷纷南逃。

北半部失守，反扑又未奏效，国民党军动摇了固守厦门的决心，纷纷向岛南溃退，准备下海逃跑。叶飞立即命令登岛各部队大胆穿插分割，追歼逃敌。

驻守金门岛的国民党军

17日11时，厦门全岛解放。此役历时两昼夜，共歼灭国民党军2.7万余人。福建大陆基本上已被全部解放，解放军的下一个攻击矛头自然就是毗邻大陆，正扼厦门出海口的金门岛了。

厦门丢失后，蒋介石大骂汤恩伯无能："娘希匹！厦门工事何等坚固，也只守了两天两夜。"随即命他退守金门。

与厦门岛相比，金门当时只是一个并不知名的小岛。主岛大金门面积为124平方公里，小金门为15平方公里。大金门位于厦门以东10公里处，北距大陆也是10公里，全岛形如哑铃，东西宽约16公里，最窄处为岛中部蜂腰地带，仅3公里，南北长约13公里，金门县城位于岛西部。岛东半部为山地，山高岸陡，又多礁石，不易登陆；西半部则是相对较为平坦的丘陵地带，尤其是西北部海岸是泥沙质海滩，是登陆的理想地区。这个荒僻的小岛在新中国成立以后，被蒋介石看重，主要在于它的地理位置。

当时国民党军并未在金门岛上设防，甚至没有部署一兵一卒。随着福建战事的发展，蒋介石下决心固守金门。因为他明白解放军如渡海攻台，厦门港将是重要的船只集结地，控制了金门，就可以封锁福建主要港口厦门的出海口。蒋介石很清楚，在陆地上已经无法抵挡解放军横扫千里的攻势。可中共没有空军，海军的力量也相当薄弱，他倚恃自己并没有受到损失的海空军优势，可以着意经营福建沿海的几个岛屿作为台湾海峡的第一道防线，也作为将来“反攻大陆”的第一道跳板。到叶飞发起漳厦金战役时，驻防金门的国民党军为李良荣的第22兵团，加上刚从台湾调来的青年军第201师，兵力总数不过2万余人。

金门对于蒋介石来说，实在是太重要了！他意识到金门地区部队数量和战斗力均不足以担负起防御重任，同时考虑到汤恩伯自从长江防线及京沪杭守备，直至厦门防卫，迭遭败绩，深恐金门岛也会为其断送，便将他手里的最后一个主力兵团——胡琏的第12兵团从汕头调往金门岛。

古宁头战役中增援的国民党军队

胡琏果然没有让蒋总裁失望，率部拼死守住了金门。反观汤恩伯在战斗开始后，急电老蒋：请求撤守，稳定台湾，并想辞职不干。

蒋介石气不打一处来，严词电示汤恩伯：“金门不能有失，尔等必须就地督战，负责尽职，不能请辞易将，否则军法论处！”

金门虽然守住了，但蒋介石对汤恩伯彻底失去了信任，对陈诚说：“汤恩伯于危难中主退殊失我望，他是嫡系，是我学生，辜负我多年对他的宠信。”

说完，蒋介石叹了口气，授意陈诚将汤恩伯带回台湾。

陈诚问：“委他何职？”

蒋介石摇头不语。

陈诚明白了老头子的心思，便以东南行政长官身份飞抵金门，向汤恩伯传达了蒋介石的旨意。

汤恩伯回到台湾后不久即退出现役，只挂了一个战略顾问委员会战略顾问的虚职，自此淡出人们的视野，抑郁而终。

毛泽东眼中的杨虎城

——先生同意联合战线，盛情可感

杨虎城

杨虎城，原名忠祥，号虎臣，后改为虎城。1893年生于陕西蒲城。国民党陆军二级上将。

1908年，杨虎城在家乡组织以打富济贫为宗旨的中秋会。1911年武昌起义爆发后，率会众参加陕西民军与清军作战。1915年率众参加陕西护国军，在华县、华阴等地截击袁世凯军。次年所部被编为陕西陆军第3混成团第1营，任营长。1917年参加护法战争，先后任陕西靖国军左翼军支队司令和第3路司令。1922年拒绝直系军阀收编，被迫率部由武功退入陕北。

1924年北京政变后，杨虎城任陕北国民军前敌总指挥，先后率部击败镇嵩军和陕西督办吴新田部。遂任国民军第3军第3师师长，延聘共产党员在其举办的三民军官学校和所属部队任职。1926年，与国民军第2军李虎臣等部联合坚守西安孤城达8个月之久，以不足1万兵力抗击7万镇嵩军，从战略上策应了北伐战争。1927年初就任国民军联军第10路军司令，旋改任国民革命军第二集团军第10军军长，率部东出潼关会攻河南。

“四一二”反革命政变后，杨虎城拒绝在所部“清党”。1928年11月就任第二集团军暂编第21师师长。次年蒋介石与冯玉祥关系濒于破裂，率部附蒋，任新编第14师师长，先后参加蒋冯战争和蒋唐（生智）之战。1930年蒋冯阎战争中，相继任蒋军第7军军长、第17路军总指挥，率部攻击冯军。同年10月兼任陕西省政府主席。

1931年“九一八”事变后，杨虎城积极主张抗日。次年1月任西安绥靖公署主任。1933年6月，所部与川北的中国工农红军第四方面军达成互不侵犯默契。1935年初奉令调兵在陕南阻截红25军，遭到痛击。同年4月被授为陆军二级上将。

1935年红25军军长徐海东与政委吴焕先在陕南

在中国共产党抗日民族统一战线政策影响下，杨虎城逐渐倾向联共抗日，反对蒋介石的“攘外必先安内”政策，并与东北军张学良消除隔阂，从而在抗日救国的基础上在西北形成红军、东北军、第17路军三方合作的局面。1936年12月趁蒋介石亲临西安督逼东北军和第17路军“剿共”时，与张学良多次向蒋：消弭内战、一致抗日。不但未被采纳，反被勒令率部进攻陕北红军。张、杨遂于12日毅然在西安举行兵谏，扣留蒋介石并通电全国，提出八项政治主张，逼蒋联共抗日，同时致电中共中央。17日，中共中央派周恩来等到达西安，与张、杨协商，一致同意和平解决西安事变，随后与蒋达成停止“剿共”、共同抗日、改组国民政府等六项协议，从而为实现国共第二次合作走向全国抗战奠定了基础。但由此为蒋介石所忌恨。

1937年1月，杨虎城被南京国民党政府撤职留任。6月被迫出国“考察”，游历美、英、法、德等国，宣传抗日主张。“七七”卢沟桥抗战爆发后，多次电蒋要求回国抗日，遭拒绝。11月底回国，被诱至南昌囚禁，先后关押于湘、黔、川等地。1949年9月17日在重庆惨遭国民党特务秘密杀害。

1935年10月19日，中国工农红军陕甘支队（由红一方面军第1、第3军和军委纵队改编），到达陕甘根据地的保安县吴起镇，胜利结束长征。随后与红15军团在甘泉附近会师，恢复红一方面军番号，下辖第1、第15军团，共1万余人。彭德怀任方面军司令员，毛泽东任政治委员。

长征到达陕北的红1军团一部

蒋介石极为震惊，立即调集重兵向陕甘苏区包围过来，既有张学良的东北军、杨虎城的西北军（第十七路军），还有中央军胡宗南、关麟徵、毛炳文等部，总计10余万人。蒋介石亲自兼任西北"剿共"总司令，张学良任副司令，代理总司令职务。

不料，在对陕甘苏区的第三次"围剿"作战中，红15军团在甘泉县劳山地区全歼东北军第110师师部和2个团，毙师长何立中以下1000余人，俘团长以下3700余人；随后又在甘泉以南榆林桥歼第107师1个团又1个营，毙伤敌300余人，俘团长高福源以下1800余人，狠狠地打击了东北军的反共气焰。

11月，张学良遵照蒋介石的指示，以东北军5个师的兵力分为东、西两路，首先构成沿葫芦河的东西封锁线，并打通洛川、鄜县（今富县）、甘泉、延安之间的联络，构成沿洛河的南北封锁线，限制红军向南发展，尔后采取南进北堵，逐步向北压缩的战法，企图消灭红军于洛河以西、葫芦河以北地区。

形势十分危急，中革军委召开会议，认真分析敌我双方的情况，认为敌军兵力多于红军一倍以上，如果让敌人构成东西、南北封锁线，就很难粉碎敌人对陕甘苏区的第三次“围剿”，中共中央将无法在陕甘地区立足。

会上，毛泽东提出：第十七路军二十个团是杨虎城指挥的，他有抗日的要求和一定的进步思想，过去同共产党和一些党员有过友好关系。东北军六十个团虽是“围剿”军的主力，他们在东北沦陷后背井离乡，流亡关内，不愿意再打内战，而是强烈地要求抗日收复故土；东北军领袖张学良，同日本侵略者有着家仇国恨，势不两立，因此是可以争取的。但前提是必须狠狠地教训他一下，使其认识到“剿共”只有死路一条，唯一的出路是联合抗日。

根据毛泽东的指示，会议决定集中兵力，向南作战，首先歼灭葫芦河东进之敌东北军第57军1至2个师，尔后视情况转移兵力，各个歼灭敌人以打破这次“围剿”。

11月21日拂晓，红一方面军主力发起直罗镇战役。激战至24日上午，全歼东北军第57军第109师和第106师1个团，击毙师长牛元峰以下1000余人，俘虏5300余人，从而彻底打破了国民党军对陕甘苏区的第三次“围剿”，为中共中央把全国革命大本营放在西北举行了一个奠基礼。

红15军团庆祝直罗镇胜利大会

自参加“剿共”以来，东北军屡遭红军重创，损兵折将。尤其是劳山、直罗镇两役，第110师和第109师全军覆没，两位师长何立中和牛元峰也都丢了性命，高福源等7名团长或阵亡或被俘。更令张学良和东北军将士心寒的是，蒋介石不仅没有表示出丝毫的安慰，反而授意军政部部长何应钦削减东北军的军费。

在残酷的现实面前，东北军广大官兵思乡心切、报国无门，对蒋介石竭力推行“攘外必先安内”的反动政策非常不满，纷纷要求停止内战，枪口对外。既挨了红军的打，又受了中央军的气，张学良愤懑异常，痛定思痛，更加认清了蒋介石“借刀杀人”的险恶用心。他知道再这样和红军打下去，东北军必将葬送在自己手里。同时，他对共产党“停止内战、共同抗日”的主张深表赞成，便开始谋求与红军秘密接触，希望建立抗日统一战线。

与张学良一同驻守西安的西北军将领杨虎城早就和共产党有联系，当张学良向他就停止内战、联合抗日的问题进行磋商时，两人不谋而合，决心团结一致，反对蒋介石的“攘外必先安内”的方针，联共抗日。

东北军统帅张学良

12月5日，毛泽东同彭德怀致信杨虎城。信中说：“盖日本帝国主义实我民族国家之世仇，而蒋介石则通国人民之公敌。”“是以抗日反蒋，势无偏废。建义旗于国中，申天讨于禹域，驱除强寇，四万万具有同心，诛戮神奸，千百年同兹快举。鄙人等卫国有心，剑履俱奋，行程二万，所为何来，既达三秦，愿求同志。倘得阁下一军，联镳并进，则河山有幸，气势更雄，减少后顾之忧，增加前军之力。”“凡愿加入抗日讨蒋之联合战线者，鄙人等无不乐与提携，共组抗日联军，并设国防政府，主持抗日讨蒋大计。”并以“重关二百，谁云秦塞无人；故国三千，惨矣燕云在望。亡国奴之境遇，人所不甘，阶下囚之前途，避之为上”的语句，激发杨虎城的爱国热情。

1936年3月，张学良同红军代表李克农在洛川秘密会谈。会议十分成功，双方就联合抗日问题进行了初步协商，并达成了局部停战协定。

4月9日，张学良同周恩来在延安进行了历史性的会议，共商抗日救国大计。两人在诚恳愉快的气氛中作了彻夜长谈，决定今后不分党派一致抗日，采取内外结合，红军在外、东北军在内，共同逼蒋抗日。

延安归来后，张学良以联共逼蒋抗日为己任，立即停止对红军和苏区的军事进攻，同时在杨虎城的支持下积极培养抗日力量。

东北军、十七路军和红军“三位一体”抗日民族统一战绩的初步建立，加剧了张学良、杨虎城与蒋介石之间的矛盾。蒋介石在察觉张、杨二人与共产党有秘密接触后，便派侍从室主任晏道刚担任“西北剿总”参谋长、特务头子曾扩情担任“西北剿总”政训处长、闵湘帆担任“西北剿总”经理处长，企图从军事、政治、经济三方面监视张、杨，并在西安广设特务机构，搜集情报，破坏联合抗日战线。

6月1日，李宗仁联合粤系军阀陈济棠发动“两广事变”，要求国民党北上抗日，将桂军改称“抗日救国军”，通电表示要誓率所部“为国家雪频年屈辱之耻，为民族争一线生存之机”。蒋介石自然不会答应，调集大军，围困广西，准备以武力逼迫李宗仁就范。蒋桂大战一触即发。

长征到达陕北的毛泽东、周恩来、朱德、秦邦宪

“两广事变”爆发后，中共中央认为这是国民党内部分裂的表现，派人到广西与李宗仁、白崇禧接触，对桂军开展抗日民族统一战线工作。

8月9日，毛泽东同张闻天、周恩来、博古联名致信张学良。在信中提醒张学良：蒋介石一解决西南问题，就有极大可能进攻西北。“无论如何兄不要再去南京了，并要十分防备蒋的暗害阴谋。”

13日，毛泽东致电彭德怀，提出：红一方面军八月至九月中旬仍以训练生息为宜，同时求部分扩红，巩固现有根据地，形成强有力的中心力量。准备九月中旬以后向西出动一步，仍以休养、训练、扩红、扩地为目的，对东北军何柱国、董英斌二部放弃打的企图，全力进行统一战线工作。

同日，毛泽东致信杨虎城：“先生同意联合战线，盛情可感。”“良以先生在理在势在历史均有参加抗日战线之可能。故敝方坚持联合政策，不以先生之迟疑态度而稍变自己的方针。然为友为敌，在先生不可无明确之表示。”

毛泽东还给第十七路军总参议杜斌丞写信，希望他继续推动杨虎城下决心联共抗日：“先生一言兴邦，甚望加速推动之力，西北各部亦望大力斡旋。救西北救华北救中国之伟大事业，愿与先生勉之。”

张学良、杨虎城收到信后十分感动，表示诚恳地接受中国共产党联合抗日救国的主张。

9月初，在中国共产党和全国人民“反对内战，一致抗日”呼声中，“两广事变”和平解决了。鉴于蒋介石对日态度的转变和中日民族矛盾的上升，中共中央向全党发出《关于逼蒋抗日问题的指示》，指出：“目前中国人民的主要敌人，是日本帝国主义，所以把蒋介石与日本帝国主义同等看待是错误的”，“抗日反蒋”的口号，也是不适当的，新的方针应当是“逼蒋抗日”。

蒋介石先后5次到西安督战，逼迫东北军和西北军“围剿”红军

10月20日，蒋介石飞到西安，催逼张学良、杨虎城督兵“剿共”。张、杨向蒋介石面陈“剿共”是最不得人心的，应该停止内战，释放爱国人士，与共产党妥协，一道抗日。

蒋介石表示：不论共产党“标榜如何”，“政府决贯彻戡乱方针”，并训斥张学良：“军事家只有三个处置——即胜、败、降是也。在西北全权负责剿匪的人，能从嘴里吐出一个‘降’字吗？”随后他奔走于洛阳、太原等地部署“剿共”事宜。

这月29日是蒋介石的五十大寿。张学良赶到洛阳为蒋祝寿，并再次劝谏蒋介石停止内战、联共抗日，结果又遭到蒋的当面训斥。

张学良愤愤地说：“蒋委员长这样专制，这样摧残爱国人士，和袁世凯、张宗昌有什么区别？

第二天，蒋介石在洛阳军官学校纪念周上讲话，声称：“勾结日本是汉奸，勾结共产党也是汉奸。”

散会后，一些人劝少帅不要在委员长面前再提停止内战的事，张学良坚定地说：“我还是要谈，不过以后我要做什么，连我老婆也不会知道。”

12月4日，蒋介石带着陈诚、卫立煌、蒋鼎文等嫡系将领再次飞到西安，蛮横地要张学良、杨虎城把东北军和十七路军全部开往陕北“剿共”前线，“进剿”红军；否则就把东北军和十七路军分别调往福建、安徽地区，改派中央军进驻西北，由他亲自督战进行“剿共”。并将心腹爱将、时任驻闽“绥靖”公署主任蒋鼎文召至西安，出任为西北“剿匪”军前敌总指挥，准备进攻陕北红军。

张、杨紧急磋商，认为如果服从蒋的命令，必然会破坏和红军已达成的统一抗战协定，同时东北军和十七路军也会被蒋分化瓦解。于是，二人决定第一步进行“苦谏”——尽量说服蒋介石停止内战，一致抗日；若“苦谏”不成，就进行第二步“兵谏”——设法捉蒋，逼其抗日。

7日，张学良跑到蒋介石在临潼华清池的临时“行辕”，痛哭陈词，想说服蒋放弃“攘外必先安内”的方针，联共抗日。

两人你一言我一句，激烈争辩了三个小时，最后蒋介石把桌子一拍，气冲冲地说：“现在你就是拿枪打死我，我的‘剿共’计划也不会改变。”

两天后，西安学生举行纪念“一二·九”运动周年大会，并组织了声势浩大的游行，准备到华清池向蒋介石当面请愿，要求政府停止内战，不分党派，一致抗日。

蒋介石竟然丧心病狂地命令动用军警驱散游行队伍，并对张学良说：

"对于那些青年，除了用枪打，是没有办法的。"

张学良十分理解青年学生的爱国举动，认为他们的动机是绝对纯洁的，因此不能用武力，要和平劝导。他激动地说："我们的枪，不是打中国人的，任何中国人的。我们的枪，所有中国人的枪，都是打日本帝国主义的。"

下午，学生游行队伍开始向临潼进发。蒋介石下令："如果游行队伍到临潼就开枪，格杀勿论。"

为了保证游行学生的人身安全，张学良立即乘车在十里铺迎住游行队伍，苦口婆心地劝说大家："你们请愿要求停止内战，一致抗日，很好。但你们不要去临潼，你们去了，一则不能解决问题，二则有危险。"

但学生们就是不肯离去。他们高呼抗日口号，群情激愤，表示誓死不当亡国奴。张学良被学生们的抗日热情深深感染，当即拍着胸口表示："我和大家的心是一致的，几天以后，我张学良一定用事实答复你们。我说的话一定算数，我可以拿我的头作保证，请你们相信我的话，还是回去。"

在张学良的苦苦劝说下，游行队伍终于掉头返回西安。为履行自己的誓言，张学良又两次向蒋介石"哭谏"，但仍无法改变蒋的"剿共"决心。于是，他找到了杨虎城，说："群众的要求我已作了保证，蒋很顽固，善言好语是没有用了，你看怎么办好呢？"

"一二·九"运动中学生高呼口号："打倒日本帝国主义"

杨虎城紧紧握住张学良的手说："副司令，你要怎么办就怎么办，我一定跟你来。现在是下决心的时候了，请不要迟疑。”

11日，张、杨商定次日凌晨行动，东北军负责到临潼抓蒋介石，由第105师师长刘多荃、团长白凤翔和张学良卫队营长孙铭九率部执行；第十七路军负责西安城内的军事行动，包括拘禁随同蒋介石来西安的军政大员，解除蒋介石的宪兵团、保安司令部、警察大队等部武装，占领并封锁机场、扣留飞机等。

12日凌晨5时许，震惊中外的“西安事变”爆发了。

东北军在晨雾中冲进华清池。经两小时激战，击溃了蒋介石的卫队。孙铭九带人冲进了蒋介石的卧室，却没有了蒋的人影。

细心的孙营长发现被窝尚温，假牙放在床边的桌上，专车停在院子里，便断定蒋并未跑远。张学良命令迅速分兵搜索骊山。

位于西安临潼华清池内的兵谏亭

果然，没过多久，卫队营就在半山腰的一块巨石旁边捉住了蒋介石。由于从睡梦中被枪声惊醒，蒋介石逃跑匆忙，身上只披了一件绛紫色夹袍，下身穿着一条白色单裤，赤着双脚。在隆冬时节的西北刺骨寒风里，又惊又怕的蒋委员长早无往日威风，瑟瑟发抖，缩成一团。

事变发生后，张学良、杨虎城立即宣布撤销西北“剿总”，成立抗日联军西北临时军事委员会，组建抗日援绥军第1军团和东北抗日先锋队，同时通电全国，说明事变动机完全出于抗日救国，对蒋介石“保其安全、促其反省”，并提出改组南京政府，容纳各党各派，共同负责救国；停止一切内战；立即释放上海被捕之爱国领袖；释放全国一切政治犯；开放民众爱国运动；保障人民集会结社一切之政治自由；确实遵守孙总理遗嘱；立即召开救国会议等八项主张。他们还致电中共中央，邀请速派代表来西安共商救国大计，处理善后事宜。

此时国内外舆论一片哗然。事变第二天，苏联《消息报》就发表社论，认为这可能会引发中国的内战，无异为侵略者开路，希望以和平方式解决。英美等国也主张中国保持和平局面。日本则乘机挑拨南京与西安的关系，企图趁火打劫。

中共参与西安事变谈判的代表秦邦宪、叶剑英、周恩来（左起）

南京国民党内部则出现了严重分歧。以何应钦为首的主战派，力主以武力解决，出兵讨伐张、杨，炸平西安，企图借机搞死蒋介石，取而代之。以蒋夫人宋美龄为首的主和派，主张先不讨伐，派人到西安了解具体情况，再设法营救蒋介石。何应钦不顾宋美龄的极力反对，颁布讨伐令，并派飞机到西安上空示威。宋美龄就召集黄埔军官和空军有关人员开会，声泪俱下地请他们不要听从何应钦的命令。结果，宋、何二人当场争吵起来。何骂道："你妇人家懂得什么国家的事！不许你管！"宋大哭道："你这样做，太辜负蒋先生了。"

南京城里宋、何两派闹得不可开交，西安市里同样不太平。围绕如何处置蒋介石，张学良和杨虎城的看法出现了不一致。

17日，以周恩来、秦邦宪、叶剑英为代表，罗瑞卿、李克农、童小朋为随员的中共代表团，乘坐张学良派的专机飞抵西安。周恩来等人立即会见了张学良、杨虎城，提出了中共中央关于联蒋抗日、和平解决西安事变的主张。

张学良表示完全赞同，但杨虎城不同意释放蒋介石，说："你们过去都是讲反蒋抗日，为什么现在又讲联蒋？""蒋介石气量小，又极阴险，放了他，将来他一定会大肆报复。"

周恩来反复向杨虎城阐述了逼蒋抗日的可能性，终于打消了他的顾虑，同意和平解决西安事变的方针。

杨虎城感慨地说："共产党置党派历史深仇于不顾，以民族利益为重，对蒋介石以德报怨，令人钦佩。我是追随张副司令的，现在更愿倾听和尊重中共方面的意见。既然张副司令同中共意见一致，我无不乐从。"

22日，南京政府派宋子文、宋美龄、戴笠等人为和谈代表抵达西安。23日，三方开会商谈。24日达成了以中共代表团的主张为基础的六项协议：改组国民党与国民政府，驱逐亲日派，容纳抗日分子；释放上海爱国领袖，释放一切政治犯，保证人民自由权利；停止"剿共"政策，联合红军抗日；召集各党各派各界各军的救国会议，决定抗日救亡方针；与同情中国抗日的国家建立合作关系及其他具体救国办法。至此，"西安事变"得以和平解决。

毛泽东等中共领导人在延安机场迎接西安事变谈判归来的周恩来

25日，张学良决定释放蒋介石，并要亲自送蒋回南京。杨虎城等人都再三劝他不要送蒋，以免上当。

可张学良坚信蒋介石的人格，说：“这次我们放他回去，以后还是要争取、团结他共同抗日的，所以我必须亲自送他，使他能保持威信，好见人，好办事，也使他不敢对我们再存戒心和怨恨，这有利于共同抗日。我们发动‘西安事变’的目的，只是为了要求结束对内压迫对外屈膝的国策。到于蒋介石如果把已经答应了的条件又推翻了，那还有什么信用、人格可言呢？”

当周恩来闻讯赶到机场劝阻张学良不要去南京时，蒋介石他们乘坐的飞机已经起飞了。周恩来望着远去的飞机，连声叹惜道：“张汉卿是看《连环套》那些旧戏中毒了。他不但摆起队列送天霸，还差一点要负荆请罪呢！”

果然，蒋介石一到南京，立马翻脸不认人，将张学良扣押起来。

张学良迫不得已，给蒋介石写了《请罪书》：“学良生性鲁莽粗野，而造成此次违反纪律大罪。……是以至诚愿领钧座之责罚，处以应得之罪，振经纲，警将来，凡有利于吾国者，学良万死不辞。乞钧座不必念及私情，有所顾虑也。”

31日，高等军事法庭审判长李烈钧以“首谋伙同，对于上官暴行胁迫”之罪名，判处张学良有期徒刑十年，褫夺公民权五年。随后，蒋介石又假做人情，请求国民政府特赦张学良，但要对其“严加管束”。从此，张学良遭受了长达半个多世纪的囚禁。

杨虎城则被蒋介石撤职，后于1937年6月29日被逼出国“考察军事”。

“卢沟桥事变”爆发后，杨虎城于7月11日从美国致电宋子文：“日寇进迫，国将不国，噩耗传来，五中痛愤。弟以革命军人，何忍此时逍遥国外，拟由旧金山返国抗敌，祈转陈委座。”并发表书面谈话：“我是一个革命军人，一个孙中山先生三民主义强烈的信徒。参加革命已逾二十五年。我完全看透日本帝国主义一贯侵华的来历和动向。保卫国土是军人的职责，我一直是坚决抵抗日本侵略者。这次卢沟桥事变，是危及中华民族生死存亡的大问题，我怎能置身事外、流连忘返？即拟兼程回国，请求任务，执行战斗，为国效死！”

三天后，宋子文回电说：“以目前情况观之，请稍缓返国。”杨虎城前后三次致电蒋介石，请求让他共赴国难，但蒋介石一直没有复电。

杨虎城迫不得已，再电宋子文。宋回电说：“兹值全国抗战，各方同志均纷纷集合，共赴国难，兄虽未奉电召，弟意宜自动回国。”

于是，杨虎城就从欧洲转到香港。谁知11月26日，杨虎城的船刚刚靠到码头，特务头子戴笠就派蒋国光、谢瀛洲、杨彬、戴德等特务前来“欢迎”。

30日，杨虎城离港飞汉口拜访老上司于右任，正要准备吃饭，特务过来说：蒋介石要在南昌见他，请他立刻前往。结果杨虎城饭也没吃，就赶到了南昌，自此被非法关押起来，一关就是十二年。这位国民党中首先倡导抗日的名将，一天抗日也不让他参与，而是像张学良一样“坐穿牢底”了！1949年9月17日，杨虎城被国民党特务杀害于重庆。

中国共产党和中国人民是不会忘记张学良和杨虎城的。

1946年，周恩来在延安各界举行的“双十二”十周年纪念大会上指出：“双十二事变本身的意义，是在它成为当时停止内战发动抗战的一个历史上的转变关键”，张、杨两将军“是有大功于抗战事业的”。

杨虎城将军纪念馆

毛泽东眼中的李宗仁

——共产党不会忘记你的

李宗仁

李宗仁，字德邻。生于1891年，广西临桂（今桂林）人。国民党陆军一级上将。

1908年，李宗仁入广西陆军小学堂。1910年加入同盟会。1913年于广西陆军速成学校毕业，任南宁广西将校讲习所教官。一年后返回桂林，应聘为省立模范小学高级班军训教官。1916年夏，投护国军第6军任排长，参加护国战争，后又参加护法战争，由排长递升至营长。第6军改称为粤桂第1路边防军后，1921年6月升任统领。7月，从边防军中率千余人在粤桂边境六万大山自图发展。不久，所部接受粤军改编，任粤桂边防军第3路司令。1922年春，粤军撤离广西。5月，改所部为广西自治军第2路，自任总司令，积极扩大势力范围，先后控制广西郁林（今玉林）、容县等7个县。1923年秋，所部改称定桂军，联合黄绍竑、白崇禧之广西讨贼军消灭盘踞浔江一带的陆云高部，占据西江上游。1924年5月，乘桂系军阀陆荣廷与沈鸿英在桂林交战之际，与广西讨贼军采取联沈攻陆，得手后再歼沈的策略，于6月歼陆荣廷部主力，进占南宁。随即两军合并组成定桂讨贼联军，任总指挥。11月，被孙中山任命为广西省绥靖督办公署督办兼广西陆军第1军军长。1925年初发动讨伐沈鸿英战役。在粤军李济深部协同下先后占领柳州、桂林等地。尔后，回师南宁，击退假道广西企图进攻广东的滇军唐继尧部。7月，统一广西，成为新桂系首领。

1926年两广统一，桂军改编为国民革命军第7军，李宗仁任军长。5月，派所部第8旅先期入湘，增援唐生智部。7月率部入湘参加北伐战争，会同第4、第8军攻占长沙等地。8月底，参与指挥第4、第7军攻占贺胜桥，直抵武昌城下。在第8军攻克汉阳、汉口后率第7军入赣，与其他各军协同击溃孙传芳军在赣主力。1927年1月，任中路军江左军总指挥，率部沿长江东下。3月，攻占安徽安庆。后参与发动“四一二”反革命政变。4月下旬任国民党军第3路总指挥，指挥所部先后攻克蚌埠、徐州等地。8月，与何应钦部相策应击败孙传芳军，获龙潭大捷。10月，南京国民党政府西征讨伐唐生智，任西征军总指挥兼第3路军总指挥，击败唐部，控制湖北、湖南。1928年3月，任武汉政治分会主席。5月，任第四集团军总司令，指挥所部沿京汉铁路北上。6月，进占天津、北京等地。至此，新桂系已控制南起广西，北达京、津的广大地区，总兵力达20余万人。

两广统一时的李宗仁和白崇禧

新桂系势力的兴起，严重地威胁到蒋介石的独裁统治，蒋桂矛盾激化。1929年3月，蒋桂战争爆发，桂系兵败后李宗仁出走香港。11月，返回广西，任护党救国军总司令。1930年3月，与阎锡山、冯玉祥联合反对蒋介石，任“中华民国”陆海空军副总司令兼第1方面军总司令。5月，蒋冯阎中原大战爆发，挥军入湘，策应冯、阎军作战，失利后退守广西。1931年5月，与陈济棠等通电要求蒋介石下野，在广州成立反蒋的国民政府，改所部为第4集团军，自任总司令。“九一八”事变后宁粤息争，与白崇禧合力治理广西，制定“三自”（自卫、自治、自给）政策和赞同白崇禧提出的“三寓”（寓兵于团、寓将于学、寓征于募）政策。1935年4月，被授为陆军一级上将。1936年6月，与广东陈济棠等发动“两广事变”，反对蒋介石。7月，与蒋妥协，就任广西“绥靖”公署主任。

1937年9月，李宗仁任第五战区司令长官。1938年1月，兼安徽省政府主席。1～6月，指挥约60万中国军队与日军展开徐州会战，以阵地战、运动战、游击战相结合，获台儿庄大捷。6～10月，参与指挥武汉保卫战。1939年起，先后指挥随枣、枣宜、豫南等会战，抗击日军。1945年2月，任军事委员会汉中行营主任。

抗日战争胜利后，李宗仁任北平行营主任，支持蒋介石发动全面内战。1948年4月，当选为“中华民国”副总统。1949年1月蒋介石“引退”后，任代总统。4月，派代表团到北平（今北京）与中国共产党代表团进行和平谈判。和谈破裂后，于12月去美国。

1955年8月，李宗仁在美国公开提出《对台湾问题的具体建议》，反对“台湾托管”和“台湾独立”，主张国共两党再度和谈，中国问题由中国人自己协商解决。1965年7月，在国务院总理周恩来的亲自关怀下，冲破重重险阻，毅然回归祖国大陆。1969年1月3日在北京病逝。

公元1965年7月18日上午7时许，一架波音707客机在广州白云机场缓缓降落。

此时此刻，机上一位饱经风霜的白发老人，透过机窗向外急切地张

周恩来、贺龙、彭真等与李宗仁夫妇在首都机场合影

望，片刻间双眼中竟噙满了泪水，喃喃自语道："16年前，我飞离广州的时候，万想不到再会回来；可是世事的变化常常出人意料，由于祖国的呼唤，今天我又回来了。"

这位老人就是前国民党政府代总统、一级陆军上将李宗仁。陪同李宗仁一起回国的还有他的夫人郭德洁和前国民党中央委员会常委程思远。

飞机稳稳地停在停机坪上。李宗仁缓步走下舷梯，步伐沉重而又坚定。时隔16载，他又重新踏上了魂系梦牵的祖国大地。

李宗仁结束海外流亡生活、回归社会主义祖国的消息，立刻通过无线电波传遍了全球，成为当日世界各大报纸的头条新闻。

在白云机场的候机厅里，李宗仁夫妇与前来迎接的陶铸等广东省党政军领导人亲切交谈，并一同品尝了广东点心和"及第粥"。早餐后，李宗仁一行重新登机。经过两个多小时的飞行，上午11时到达上海。

20日，在国务院副秘书长罗青长、统战部副部长刘述周的陪同下，李宗仁从上海乘专机直飞北京。

7月的北京，烈日炎炎，骄阳似火。

首都机场上，周恩来亲自率领陈毅、贺龙、叶剑英、罗瑞卿、彭真、郭沫若等党和国家领导人，举行盛大隆重的仪式，热烈欢迎李宗仁的归来。参加欢迎仪式的还有各民主党派负责人、无党派人士、国民党起义将领等数十人。当年国民党政府和谈代表团成员邵力子、黄绍竑、章士钊等人也在其内。

上午11时，专机安全降落。

面对机场上的热烈场面，李宗仁激动万分，频频向欢迎的人群拱手致谢。当他看清站在欢迎队伍最前面的是周恩来时，连忙快步上前，两人紧紧拥抱。

"你回来了，我们欢迎你！"

听着周恩来亲切的话语，李宗仁热泪盈眶，连声说："总理你好，总理你好。"

随后，李宗仁与前来欢迎的陈毅等人一一握手致谢。当周恩来介绍溥仪同李宗仁见面时，一个历史性的镜头出现了：在新中国的首都，清朝末代皇帝同国民党政府代总统的手紧紧地握在了一起。

周恩来等到首都机场迎接返回祖国的李宗仁夫妇

在机场大厅内的毛泽东半身塑像前，李宗仁郑重地宣读了《归国声明》，表示："宗仁老矣，对个人政治出处无所萦怀。今后唯愿尽人民一分子的责任，对祖国革命建设事业有所贡献，并望能在祖国颐养天年，于愿已足，别无他求。"

当晚，周恩来在人民大会堂设宴为李宗仁一行接风洗尘。席间，向李宗仁转达了毛泽东的问候，并说毛主席将于近日接见他。

7月26日，正当李宗仁一行在北京东郊参观纺织厂时，突然接到通知：毛泽东主席要在中南海接见他们。

在前往中南海的路上，李宗仁感慨万千。是啊，细算起来，他与毛泽东第一次见面至今已整整40年了。

40年，弹指一挥间，有多少刀光剑影，有多少恩恩怨怨，又有多少人事沧桑。抚今追昔，却是说不尽的感慨。

让时光倒退到轰轰烈烈的第一次国内革命战争时期。1926年5月，在广州召开的国民党二届二中全会上，李宗仁与毛泽东初次相识。

这时的李宗仁，刚刚完成统一广西的大业，意气风发。经过十余年战

1927年3月，国民党第二届中央执行委员第三次全体会议代表合影（二排右起第3人为毛泽东）

火的洗礼，他已由护国军的一个下级军官成长为新桂系军阀的首领人物。而小李宗仁两岁的毛泽东，此时正任国民党代理宣传部长、中央党部所办的农民运动讲习所所长。

由于知道毛泽东是当年孙中山先生为实现“联俄、联共、扶助农工”的三大政策而特意请来参加国民党代表大会的中国共产党员，李宗仁对他既心存戒备，又充满好奇。

许多年后，李宗仁在回忆录中写道：毛泽东“时常穿一件蓝布大褂；长得身材高大”，“在议会席上发言虽不多，但每逢发言，总是斩钉截铁，有条不紊，给我印象很深，觉得这位共产党很不平凡。”

虽说李宗仁已暗暗感到这位气宇轩昂的年轻人身上有一种不凡的魅力，将来必能成就一番大事业，但他却万万没有想到就是这位年轻人领导了一场翻天覆地的革命，缔造了一个统一、独立、强大的社会主义新中国，也绝没有想到他与这个年轻人几度兵戎相见、几度携手言欢，在中国近现代历史舞台上演绎了一幕“四十载恩恩怨怨，一朝化干戈为玉帛”的活剧。

不久，随着国共合作的彻底破裂，李宗仁与毛泽东分道扬镳，成了水火不相容的敌人。

李宗仁积极反共，与蒋介石同流合污，在上海发动了“四一二”反革命政变，向共产党人举起了屠刀。并借此机会，在苦心经营广西的同时，大肆扩充桂系势力。而与此同时，毛泽东在井冈山上点燃了中国革命的星星之火，工农红军不断发展壮大，渐成燎原之势。

有道是：不是冤家不聚头。

1934年11月，中央红军长征经茶陵、桂东，直逼桂北的恭城、灌阳、全县。历史给了李宗仁与毛泽东第二次碰面的机会，只不过这一次会面的地点变成了两军厮杀的战场。

位于广西兴安县的红军突破湘江烈士纪念碑园

蒋介石一面严令李宗仁、白崇禧等人围堵红军，一面又令他的嫡系薛岳、周浑元等率中央军对红军紧追不舍。李宗仁察觉到蒋介石“借刀杀人”的险恶用意，为保存桂系部队的实力，同时防止蒋介石借机插手广西，便采取“打尾不打头”的策略，给红军让出一条走廊。

一年后，这两个国共两党的“死对头”在抗日救亡的道路上又一次走到了一起。

虽说李宗仁视共产主义为“洪水猛兽”，多次率部“围剿”红军。但与蒋介石不同的是，在民族大义面前，李宗仁始终立场坚定。“九一八”事变后，面对祖国大好河山惨遭日寇铁蹄的肆意蹂躏，李宗仁积极主张抗日救亡，号召“兄弟阋于墙，外御其侮”，提倡“焦土抗战”，决心“用大刀阔斧答复侵略者”。

1936年6月1日，李宗仁联合广东地方实力派陈济棠发动震惊中外的“两广事变”，要求国民党北上抗日，并将其部队改称为“抗日救国军”，通电表示要誓率所部“为国家雪频年屈辱之耻，为民族争一线生存之机”。

蒋介石自然不会答应，调集大军，围困广西，试图逼李宗仁就范。蒋桂大战一触即发。

此时，毛泽东已率领中央红军胜利到达陕北，提出建立抗日民族统一战线的号召。“两广事变”爆发后，中共中央认为这是国民党内部分裂的表现，决定利用国民党中央和各省地方实力派的矛盾，派人到广西与李宗仁、白崇禧接触，对桂军开展抗日民族统一战线工作。

陈济棠、李宗仁在“两广事变”中，宣誓反蒋

完成这项特殊使命的任务，就落到了红军大学政治部组织科科长云广英的肩上。

云广英对广西的情况非常熟悉，早在5年前，他就曾在广西与张云逸、邓小平一起参加兵运工作，创建了红7军，并在右江革命根据地轰轰烈烈地开展了一场革命。

1936年6月的一天，云广英突然被请到中央办公厅。毛泽东、朱德、周恩来、叶剑英、张闻天等同志接见了他。

周恩来先分析了当时的形势，然后对云广英此次南下联合李宗仁建立抗日民族统一战线的任务作了交代。

毛泽东详细询问了云广英的情况，并握着他的手，语重心长地说：“你这次出去工作很好。”并预祝他马到成功。

云广英果然不辱使命。

在南宁李宗仁的官邸，云广英慷慨陈词，宣传中国共产党提出的“反对内战，一致抗日”和“建立抗日民族统一战线”的政策。

云广英一针见血地指出：正是由于蒋介石对日寇不抵抗，对国内打内战，才造成今天中国的严重民族危机，必须坚决反对蒋介石对日寇妥协、投降的政策，组织广泛的抗日民族统一战线，把全国一切不愿当亡国奴的人们团结起来，打倒日本帝国主义及其汉奸卖国贼，才能解救中国。并说：“党中央这次派我到广西来，就是为着商谈合作抗日的问题，以促进我国全面抗战高潮的到来。”

李宗仁当即表示赞成中国共产党的抗日民族统一战线政策，今后在抗日斗争中愿意与中国共产党紧密合作。同时，他还特意请云广英向毛泽东等人带去问候。

鉴于当时形势急迫，蒋介石大兵压境，根据中共中央的指示，云广英建议李宗仁，以和平谈判的办法为上策。但在谈判中，必须以迫蒋停止内战和一致抗日为前提，并立即把蒋军进攻广西的武装撤走。待和平解决后，继续团结各方抗战力量，开展救亡运动。

李宗仁采纳了这一建议。

在居正、朱培德、李济深、蔡廷锴、蒋光鼐、刘斐等人的斡旋下，9月初，蒋介石亲自写信给李宗仁、白崇禧，表示只要地方服从中央，他就准备抗日。李宗仁积极响应，同意服从南京中央，接受和

1937年蒋介石在庐山发表抗日讲话

谈。

在中国共产党和全国人民“反对内战，一致抗日”呼声中，“两广事变”和平解决了。李宗仁对中国共产党的深明大义和毛泽东的坦荡胸襟，在内心里不禁暗自佩服。

时光飞逝，转眼到了1948年秋，随着人民解放军相继发起辽沈、淮海、平津三大战役，蒋家王朝已是风中残烛，面临全面崩溃。

正当蒋介石被前线战事搞得焦头烂额之际，李宗仁、白崇禧等桂系首领乘势而起，以“吁和”为名，仿效古人“逼宫”。

12月24日，国民党华中“剿匪”总司令白崇禧给蒋介石发了一封意味深长的“亥敬”电，请求停战以议和，同时宣称非蒋介石下野不能和谈。

在南京，时任国民党政府副总统李宗仁也不失时机地发表和平主张，与白崇禧一唱一和。随后，湖北省参议会、河南省参议会，以及湖南省主席程潜等也在李宗仁、白崇禧的授意下，相继来电促蒋介石引退，为与共产党和谈扫平道路……

蒋介石、李宗仁在“中华民国”总统、副总统就职典礼上

蒋介石预感到了末日的来临，见用单纯的军事斗争的方法，无法阻止人民解放军胜利前进的步伐，为赢得喘息的时间，以便有朝一日卷土重来，于是玩弄起反革命的另一手——和谈。

1949年1月1日，蒋介石发表元旦《文告》，发出了“和平果能实现，则个人的进退，绝不萦怀”的哀鸣，并声称为“以冀弭战消兵解人民倒悬于万一”而甘愿“引退”。

21日，内外交困的蒋介石正式宣布下野，由副总统李宗仁为代总统。当日，蒋介石在写下“冬日饮寒水，雪夜渡断桥”的诗句后，黯然神伤地离开总统府，回老家奉化溪口“归隐”去了。

蒋介石走了。但他并非真的退而为山野之人，只不过是由前台转到了幕后。在奉化溪口，当他逗留在雪窦寺中，或流连于山林泉石之间时，他仍操纵着一切，甚至比在南京时公务更繁忙更紧张了。蒋介石成了世界上最忙的“闲人”。

李宗仁终于如愿以偿当上了代总统。然而，他费尽心思得到的却是一个一国三公、四分五裂的烂摊子。自称“从一位闲散的副总统于一夕之间变成‘日理万机’的国家元首”的李宗仁，上台伊始便陷入捉襟见肘的尴尬境地。

原来，蒋介石前脚走，最高军事统帅部后脚就跟到了溪口，孙科的行政院则自动宣布“迁政府于广州”。而顾祝同、何应钦等一班党国干将要员干脆搬到溪口办公，在那里部署长江防御战。军机大事固然唯溪口之命是从，政府各部门一应事务也都要溪口点头，没有蒋介石的认可什么事也办不成。一时间，京沪杭公路上轿车川流不息，各方大员有事无事便往溪口跑。这样，李代总统被孤零零地扔在南京城，成了名副其实的“光杆司令”。

下野“隐居”家乡的蒋介石在四明山的石窗晨读

更叫李宗仁大为光火的是，蒋介石将国库银圆美钞统统运到台湾，弄得这位李代总统在“执政”期间竟不名一文。

尽管如此，李宗仁仍有信心，因为他背后有美国人的支持，手里还有一张“和谈”的挡箭牌。他对刘斐颇为自信地说：“我想划江而治，共产党总满意了吧！只要东南半壁得以保全，我们就有办法了。”

当时，李宗仁的最大愿望就是企图与共产党两分天下，划江而治。

因此，上台伊始，李宗仁就积极筹备与共产党的“和谈”，借以延缓国民党政权的灭亡。同时加紧整顿军队，扩充实力，妄图与人民解放军隔江对峙，分庭抗礼。然而，这仅仅是他个人的天真幻想，蒋介石是决不答应的。

李宗仁认为当前面临三大要务，亟待处理：第一，要立即与中共联系，迅速举行和平谈判，结束内战；第二，谋求内部团结，加强民主改革，收拾民心，并阻止解放军渡过长江，求取光荣和平。第三，寻求美援，抑制通货膨胀。

为此，李宗仁立刻致电宋庆龄、李济深以及张澜、章伯钧、张东荪等民主同盟和一些小党派的领袖们，想通过这些平素与他交善的民主人士，对中国共产党施加压力，增加和谈的砝码，“庶几使中共不致毫无顾忌，而将此毫无意义的内战进行到底”。

蒋介石在撤离大陆前将大批物资用军舰运至台湾

然而，大大出乎李宗仁的意料，这些民主人士早就“无心再来烧国民党的冷灶了”。相反，中国共产党的统战工作更为活跃，在香港的李济深等人纷纷前往北平，参加即将召开的人民政治协商会议。

为试探共产党对和谈的反应，李宗仁转而策动南京、上海一带的教育界领袖和颜惠庆、章士钊等社会贤达，组成“上海人民代表团”，乘专机飞往北平。

2月11日，李宗仁召见了即将陪同“上海人民代表团”赴平的黄启汉，除带一封给毛泽东的信外，又口头表述了六个意见：一是希望实现全面和平，倘有局部人反对，再合力以政治军事力量对付之；二是和谈以毛泽东提出的八项原则为基础，但战犯问题之处理，最好留待新政府成立之后；三是绝不期望以外援进行内战，只要答应进行和谈，可作公开声明；四是希望能及早派定代表，开始商讨和平方案；五是对蒋介石本人，如认为他留在国内于和谈有碍，可提出使之出国；六是对国际关系，希望中国成为美苏友好关系的桥梁，不希望依附一国反对另一国。

14日，“上海和平代表团”到达北平。中共北平市委在北京饭店举行盛大宴会，欢迎上海来的和平使者们。出席宴会的有党政军、知识分子和爱国民主人士400余人。

宴会上，北平市长叶剑英再一次阐明中共的主张：“和平民主，建设新中国是全国人民的共同愿望。从我们的愿望来说，希望用北平方式，可以减少人民的损失，但这取决于国民党是否以民族利益为重，以人民利益为重。”

27日，李宗仁发表文告，表示愿意接受毛泽东主席在1月14日时局声明中提出的八项条件为基础，进行和谈。

也就在这一天，“上海人民代表团”在北平活动了两个星期之后回到南京。李宗仁立即召见他们。

颜惠庆等详细向李宗仁汇报了在北平与中共领导人的接触情况，表示中共领导人十分有诚意与南京政府合作，但有两个先决条件：一是南京政府与美国完全断绝关系；二是解决蒋介石反动政府的残军余党。此外，他们还带回了毛泽东写给李宗仁的信件，并转达了毛泽东的口信：“刘仲容先生是桂系的亲信，又是中共的朋友，我们欢迎他前来。”

毛主席發表對時局聲明

（新華社陝北十四日電）本日，中國共產黨中央委員會毛澤東主席發表關於時局的聲明如下：

1949年1月14日，毛泽东发表《关于对时局的声明》，提出国共两党和平谈判的“八项条件”

3月下旬，刘仲容到达北平，受到毛泽东的接见。毛泽东要刘仲容返回南京，继续对李宗仁、白崇禧做工作，争取李、白二人在此重要历史时刻认清形势，向人民靠拢。

毛泽东郑重要求刘仲容转告李宗仁和白崇禧：关于李宗仁的政治地位，可以暂时不动，还是当他的代总统，照样在南京发号施令。关于桂系部队，只要不出击，解放军也不动他，等到将来再具体商谈。至于蒋介石的嫡系部队，也是这样，如果他们不出击，由李宗仁做主，可以暂时保留他们的番号，听候协商处理。关于国家统一问题，国共双方正式商谈时，如届时李宗仁出席，毛泽东也亲自出席；如果李宗仁不愿来，由何应钦或白崇禧当代表也可以，中共方面则派周恩来、叶剑英、董必武参加，谈判地点在北平，不能在南京。双方协商取得一致意见后，成立中央人民政府。现在双方已经开始和平谈判，美国和蒋介石反动派是不会甘心的，他们一定会插手破坏，希望李宗仁、白崇禧要拿定主意，不要上美帝国主义和蒋介石的当。

国民党南京政府和谈代表团首席代表张治中与代表邵力子、李蒸等人在北平

3月26日，中共中央宣布成立和谈代表团，周恩来为首席代表，成员有林伯渠、林彪、叶剑英和李维汉，以《中共中央毛泽东主席关于时局的声明》所列八项和平条件为双方谈判的基础，自4月1日起在北平开始谈判。

消息传来，南京政府立即响应，宣布国民党政府和平代表团的名单。张治中为首席代表，代表有邵力子、黄绍竑、章士钊、刘斐、李蒸。此外，还有秘书长卢郁文，顾问屈武、李俊龙、金山和刘仲华。

4月1日上午，张治中等人乘“空中行宫”号飞机，从南京明故宫机场起飞，开始了北平和平之旅。

7日，李宗仁怀着一种极其复杂的心情致电毛泽东，表示：“凡所谓历史错误足以妨碍和平如所谓战犯也者，纵有汤镬之弄，宗仁一身欣然受之而不辞。至立国大计，决遵孙总理之不朽遗嘱，与贵党携手，并与各民主人士共负努力建设新中国之使命。况复世界风云，日益诡谲，国共合作，尤为迫切。如彼此同守此义，其他问题便可迎刃而解。”

8日上午，毛泽东、周恩来在香山接见张治中，就谈判的有关事宜进行了长达4个小时的会谈。

下午，李宗仁接到了毛泽东的复电：“中国共产党对时局主张，具见本年一月十四日声明。贵方既然同意以八项条件为谈判基础，则根据此八项原则以求具体实现，自不难获得正确之解决。战犯问题，亦是如此。总以是否有利于中国人民解放事业之推进，是否有利于用和平方法解决国内问题为标准，在此标准下，我们准备采取宽大的政策。本日与张文白先生晤谈时，即曾以此意告之。为着中国人民的解放和中华民族的独立，为着早日结束战争，恢复和平，以利在全国范围内开始生产建设的伟大工作，使国家和人民稳步地进入富强康乐之境，贵我双方亟宜早日成立和平协定。中国共产党甚愿与国内一切革命分子携手合作，为此伟大目标而奋斗。”

1949年毛泽东、周恩来、张治中在北平

当晚，张治中打电话向李宗仁报告和谈情况：关于战犯问题，中共已做出了让步，毛泽东表示可以不在和平条款中提出战犯的名字。关于惩治战犯问题，中共也做出了较大让步，在和平协定在改写成：一切战犯，不问何人，如能认清是非幡然悔悟，出于真心诚意，确有事实表现，因而有利于中国人民解放事业之推进，有利于用和平方法解决国内问题者，准予取消战争罪犯，给宽大处理。此外，毛泽东对南京方面特别是李代总统目前的处境和困难，表示谅解。关于和谈方案，毛泽东表示先由中共方面草拟，拿出方案后，正式谈判就比较容易了。将来签字，如李宗仁、何应钦、于右任、居正、童冠贤等都来参加则更好。

接着，张治中向李宗仁请示：代表团一致认为中共方面已做出了极大让步，但在解放军过江的问题上却没有丝毫的改变，能否接受这个和平协定？

听到此，李宗仁刚刚燃起的希望之火下子被浇上了一瓢冷水，这样看来，和谈成功是非常渺茫的。因为中共坚持要过江，而这一条连他的亲信白崇禧都不能接受，更何况蒋介石了。于是，他再三强调要张治中在谈判中继续坚持就地停战、解放军不渡江、不追究战争责任等要求。

这时，刘仲容已回到南京，把北平之行向李宗仁和白崇禧进行了详细汇报。但白崇禧自恃尚有实力，认为他的桂系军队能征善战，未伤元气，加之凭借长江天险足可以抵挡解放军过江，并幻想美国插手援助，甚至发动第三次世界大战，因此对刘仲容的规劝置若罔闻，根本就听不进去。

新中国成立后，任全国政协副主席的刘斐在办公室

刘仲容无法说动李宗仁、白崇禧，只得飞返北平，向毛泽东汇报实情。毛泽东指出："中共中央已经决定，解放军就要渡江。希望德邻先生在解放军渡江时，不要离开南京，如果认为南京不安全，可以飞到北平来，共产党会以贵宾款待他，那时和谈仍可以继续进行。"

不难看出，毛泽东对李宗仁仍寄予希望，并表示了十分宽大的态度。

12日，北平西郊香山。

初春的北平城风和日丽，令人怡然。毛泽东在双清别墅接见南京政府代表团中同属桂系、又与李宗仁关系密切的刘斐和黄绍竑。

车刚到门口，毛泽东早已迎候出来，一边与刘斐和黄绍竑握手，一边连声说："欢迎，欢迎，真正的和平我们是欢迎的嘛！"

见毛泽东如此诚挚热忱，以礼相待，刘斐和黄绍竑既愧悔不安，又顿增敬意。

进屋坐定不久，朱德总司令也到了。这位统率数百万人民解放军的总司令显得异常和蔼、热情。一见刘斐和黄绍竑，连忙问住得惯不惯，吃得惯不惯，可谓无微不至。

谈话很快转入正题。四人畅谈对当前局势以及和平的认识与构想。

毛泽东说："人民的要求，我们最了解。我们共产党是主张和平的，否则也不会请你们来。我们是不愿意打仗的，发动内战的是以蒋介石为头子的国民党反动派嘛，只要李宗仁诚心和谈，我们是欢迎的。"

毛泽东边谈边打手势，语气是那样亲切，使刘斐和黄绍竑拘束之感顿消，室内的气氛也随之活跃起来。

"李宗仁现在是六亲无靠哩！"毛泽东扳着手指头说："第一，蒋介石靠不住；第二，美帝国主义靠不住；第三，蒋介石那些被打得残破不全的军队靠不住；第四，桂系军队虽然还没有残破，但那点子力量也靠不住；第五，现在南京一些人士支持他是为了和谈，他不搞和谈，这些人士也靠不住；第六，他不诚心和谈，共产党也靠不住，也要跟他奉陪到底哩！"

蒋介石发表演说，誓将"剿共"进行到底

说到这里，毛泽东在房里来回踱了几步，略微停顿了一下，接着说："我看六亲中最靠得住的还是共产党，只要你们真心和谈，我们共产党是说话算数的，是守信用的。"

当讲到《国内和平协定》时，毛泽东问："这个协定你们都同意吗？"

刘斐抢先答道："总的我们是同意的，只有'前言'中说蒋介石是挑动内战的罪魁祸首这句话，虽然实际情况确实如此，就怕李宗仁签字有难处，因为他是个空架子，蒋介石背后捣乱他吃不消。"

张治中与周恩来在北平国共和谈期间

毛泽东笑着说："好，看你们的情面不写罪魁祸首，那就写上个元凶巨恶，你们看怎么样？"

众人都哈哈大笑起来。

毛泽东一面笑，一面从茶几上拿起新华社的一份消息稿，用红蓝铅笔指着稿子说："你们看，李宗仁也说破坏旧政协的是蒋介石嘛，李宗仁也是这么说的嘛！"

众人又是一阵欢笑。

就这样，四人一直热烈地谈了一个上午。毛泽东盛情挽留黄绍竑和刘斐一起吃午饭。

席间，毛泽东突然问："李代总统在南京有多少自己的部队？"

黄绍竑如实回答："大概只有一个卫士队吧？"

毛泽东放下筷子，眉峰微蹙："这很危险呀，万一蒋介石反对和平，岂不马上可以把李宗仁捆起来！"

"可不是，我怎么就没想到这一点！"黄绍竑为毛泽东的远见卓识大为佩服。事后，他专门为此事打电报，提醒李宗仁要注意自己的实力。

13日晚，国共和谈代表团在中南海勤政殿举行第一次正式会议。周恩来作《国内和平协定草案》的说明，并重申了中共对这个草案所持原则。张治中表示愿意就中共所提草案再加研究，并将提出修正案。

15日晚10时20分，国共双方代表团经过半个月的反复磋商，最终达成了八条二十四款的《国内和平协定》（最后修正案）。

周恩来在会上指出：经过第一次正式会议后，我和文白先生就协定草案全部内容要点再度具体交换了意见。中共代表团尽可能地吸收了南京政府代表团的许多意见，凡是于推进和平事业有利、于中国人民解放有利的意见，我们尽量采纳。并宣布4月20日为签字的最后期限。

经研究，南京政府代表团表示接受《国内和平协定》最后修正案，但签字权还是在南京政府，决定派黄绍竑和屈武携带文件于次日返回南京请示，劝告李宗仁、何应钦接受。

当黄绍竑和屈武飞赴南京前，刘斐还特意叮嘱黄绍竑："一到南京，务必做好李宗仁、白崇禧、黄旭初三位桂系首领的工作，希望他们三位面对现实，认清局势，同意这个和平协定，中共方面已经作了很大让步了，如果拒绝，必将战端重开，一旦打起来，国民党必定一败涂地，桂系也一起完蛋。二是希望他们拿定主意，对待主战派要有足够的勇气，顶住压力。三是万一顶不住，怎么办？桂系要不惜牺牲，联共反蒋，共同建设国家。"

16日，李宗仁召集桂系核心人物开会研究。会上，他对黄绍竑说："你回北平告诉张文白，叫他向中共代表团力争，取消逮捕战犯这一条，我愿意以国民政府代总统的身份去北平负荆请罪；内战罪责，由我一人承担，但不要再追究国民政府所属的军政人员过去的罪过。其他各条款，我们都愿承认，并认真执行……"

但在"解放军过江"这一关键问题上，李宗仁仍是举棋不定。

然而，手握重兵的白崇禧早已下定"要是中共坚持渡江便不能接纳和议"的决心，同黄绍竑围绕签字与否，激烈交锋，结果双方各执己见，争得面红耳赤，不欢而散。

1949年8月，白崇禧和李宗仁在广州合影

李宗仁坐在一旁，任由双方争吵，一言未发。他心里明白，如果他表示同意，就会同军方发生冲突。只要仍在幕后操纵的蒋介石一句话，就会把他轰下台，甚至有性命之忧。如果他不同意，则是自食其言，失信于民。退一步说，即使他批准代表团在《国内和平协定》上签字，也不能保证贯彻实施。

思前想后，李宗仁还是不敢接纳和议，只得将签字权推给了“和谈指导委员会”。同时，为了免受蒋介石迫害，他又派张群携带《国内和平协定》到溪口给蒋介石过目。这实际上等于拒绝签署和平协定。

后来，李宗仁在回忆录中写道：“我在南京出任代总统的三个月期间，本抱‘死马当活马医’的态度，欲为不可收拾的残局尽最后的努力，期望息兵，达成和平局面，解人民于倒悬。古人说：‘尽人事而听天命’。但是因环境特殊，蒋先生处处在背后牵制，使我对这匹‘死马’实未能尽应有的努力。”可见，李宗仁当时的苦闷与无奈。

果然，行政院会议做出最后决定：和平条款不能接受。20日深夜，李宗仁、何应钦按照蒋介石的指示，复电南京政府和谈代表团，拒绝在《国内和平协定》上签字。

21日，毛泽东主席和朱德总司令发出了《向全国进军的命令》。中国人民解放军百万雄师强渡长江，以秋风扫落叶之势迅速摧毁国民党军号称“固若金汤”的千里江防。“划江而治”的迷梦随着“百万雄师过大江”而成为泡影。

23日清晨，在人民解放军的隆隆炮声中，李宗仁仓皇逃离南京，乘专机飞往桂林。

此时此刻，李宗仁心情凄凉无比，“默坐机上，只闻机声隆隆，震耳欲聋，除此之外，则又似万籁俱寂。瞻前顾后，不觉百感丛生，悲愤无已……”

当晚，人民解放军攻占了国民党反动政府所在地——南京，宣告蒋家王朝的覆灭。

在桂林，李宗仁召集广西军政首脑商讨时局。与会人员一致认为，国民党政权已至末日，积重难返，迟早必然崩溃，绝无挽回的可能，建议李宗仁在广西与中共言和，实现局部的和平。

中国国民党革命委员会中央委员、白崇禧的老师李任仁更是语重心长地规劝李宗仁：“德公，蒋先生在大陆上垮台，尚有一台湾可以负隅，你如在大陆上失败，则一条退路都没有，又何苦坚持到底呢？失败已经注定，我们为什么不能放下屠刀，却要把这害国害民的内战坚持到底呢？”

李宗仁内心十分矛盾，自觉国民党在“内政、外交、军事、财政，同处绝境，断无起死回生之望”，却又依旧坚持“不成功则成仁”，想做“断头将军”。于是，他断然拒绝了与中共再度和谈的建议。

不久，白崇禧、李品仙等人也来到桂林，一致反对与中共和谈。白崇禧更是声色俱厉，大骂这些人是投降论者。

在何应钦、阎锡山等人软硬兼施下，李宗仁于5月7日南飞广州，决心“为防止中国赤化，作最后五分钟的努力”。21日，他发表《告全国同胞书》，重申“戡乱到底”的决心，号召“反共到底”，在政治上又一次与蒋介石同流合污。

然而战局已不可逆转，解放军势如破竹，似疾风扫落叶，战上海，取长沙，通向广州的大门已经打开。

就在国民党政府风声鹤唳、大厦将倾的岌岌可危关头，蒋介石暗地里紧锣密鼓，准备第三次“复出”。李宗仁日感孤掌难鸣，决意与蒋介石分道扬镳，各行其是。

6月13日，中华北路广州市政府的迎宾馆，时为李宗仁官邸。

李宗仁与白崇禧派人把刚由北平来到香港的刘斐请到广州来面谈。三人从早上一直谈到深夜，精神都很紧张，几乎连吃饭也忘记了。

首先，刘斐向他们介绍了和谈代表团在北平的活动情况，如与李济深、谭平山、傅作义、邓宝珊、黄炎培、沈钧儒等国民党元老、起义将领谈话的情况，以及和中共方面的林伯渠、聂荣臻、叶剑英、李维汉等人联系的情况，特别谈到了周恩来在北平六国饭店设宴和毛泽东在香山双清别墅接见他们的情况。

接着，刘斐告诉他们：现在，胜败之势已经定了，无法改变了……然后力劝李、白二人不要再执迷不悟，赶快与共产党恢复和谈还来得及！

此时，白崇禧故意装出一副轻松的样子，拍拍刘斐的肩膀说：“为章，我们还是九九归一，一起到广西打游击去吧！现在我们除开广西的后备部队不算，还有20多万正规军哩！广西我们搞了20多年，各方面都有基础，不论胜败如何，总可同他们拼一下吧！”

1949年10月14日，人民解放军解放广州

刘斐摇了摇头，苦笑道：“不行的，打游击谁还能强过共产党！你们在广西虽然有些基础，但那些基础是靠不住的。只要共产党一去，马上就会土崩瓦解、鱼逃网破的。这些事，你们并不是不知道。再说，蒋介石的几百万军队尚且不堪一击，你们那几根枪杆

子，拿来同解放军作战，岂不是，鸡蛋碰石头，还有什么用！现在，除开湖南方面不说，解放军于解放南昌、攻占上海后，又已进军福建，福州、厦门也就快要解放了。这个‘西风扫落叶’的形势，你们也很清楚嘛！为今之计，什么空话都不必说了，只有正视现实。”

“只有正视现实”，刘斐又重复说了一遍。然后，故意停了下来，看看他们的表示。

抗战期间，白崇禧陪同蒋介石检阅部队

白崇禧问：“那你说怎么办呢？”

刘斐应声回答：“为今之计，只有德公下野，因为他已失去代表讲和的资格，而由你率领湘、桂两省军政人员和部队举行局部起义。这样，不仅你们在政治上有出路，而且还可救全多年追随你们的部下，使他们也好有个安顿；否则，你们失败了往国外一跑，他们往哪儿跑呢？”

刘斐十分清楚，此时此刻，李宗仁的命运已完全操在白崇禧的手上。因为白崇禧手握重兵，而李宗仁却赤手空拳，势必非跟着白崇禧跑不可。所以他特别提出由白崇禧率领湘、桂两省军政人员和部队举行局部起义，而建议李宗仁下野，以期得到白崇禧的首肯。

这原是一个两全其美的良策，但忠言逆耳，他们都听不进去。

白崇禧迫不及待地脱口而出：“汉曹不两立，我除同他们拼到底而外，没有第二条路可走。失败就失败，算了！投降起义我不干！”

白崇禧的话，就像爆炸一颗即将毁灭他自己及其所部的炸弹，而刘斐则从心底里不愿看到他们这样一个可耻的、悲剧的结局。过去几十年的感情，终使刘斐不能不意味深长地对他们说：“好吧！士各有志，你既宁愿失败，我也不能勉强。不过，我们同过生死，共过患难，在这风雨飘摇船将下沉的时候，我还要向老朋友最后进一忠告：你们如果失败了，就千万不要再到台湾去呀！”

李宗仁忽地勃然变色，暴跳起来，用劲往那张横在他面前的长条桌上猛地一拍，大吼道：“哪个王八蛋才到台湾！”

10月1日，毛泽东在北京天安门城楼上向全世界宣告“中华人民共和国中央人民政府成立了”。伴随着中华人民共和国成立的隆隆礼炮声，五星红旗冉冉升起，召唤着海内外的炎黄子孙，激动着亿万中华儿女。

此时，在广州的李宗仁正通过无线电波倾听着来自北京的声音。

11月间，白崇禧指挥的桂系部队彻底溃败，李宗仁在政治上和军事上赖以生存的最后一点资本血本无归。

白崇禧最终还是没有听刘斐的劝说，逃到了台湾。图为白崇禧与女儿白先智在台湾

20日上午，在人民解放军挥师南下解放全中国的隆隆炮声中，李宗仁怀着无限的惆怅，凄然地离开了祖国，乘专机飞往香港。

12月5日，李宗仁以医治胃病为名飞往美国。不久，定居美国新泽西州盎格鲁林镇，自此开始了长达16年的海外流亡生活。

1954年3月10日，国民党在台北召开“第一届国民大会第二次会议”，宣布罢免李宗仁的“副总统”职务。

1955年4月18日，号称千岛之国的印度尼西亚成了全世界瞩目的中心，美丽的万隆城沉醉在一片节日的欢乐之中，具有伟大历史意义的亚非国家团结会议在这里举行。

中华人民共和国国务院总理兼外交部长周恩来率中国政府代表团参加会议。周恩来以其杰出的才干，为年轻的共和国赢得了声望。

23日，周恩来总理发表了关于台湾问题的声明：台湾问题是中国内政，台湾地区的紧张局势是美国造成的。中国政府愿意同美国政府谈判缓和台湾地区紧张局势的问题，但任何谈判都丝毫不影响中国人民行使自己的主权——解决台湾的行动。并表明解放台湾有两种可能的方式，即战争方式与和平方式。中国人民愿意在尽可能的条件下和平解放台湾。

25日，周恩来在雅加达对美国《民族》周刊记者说："解放台湾是中国的内政，中国人民有权提出这个要求。至于台湾地区的紧张局势，那是美国干涉造成的。中国人民同美国人民是友好的。中国人民不要同美国打仗，中国政府愿意同美国政府坐下来谈判，讨论和缓远东紧张局势的问题，特别是和缓台湾地区的紧张局势问题。"

1955年，周恩来总理率中国政府代表团出席万隆会议

中国政府对台湾问题的声明表达了五亿中国人民热爱和平的强烈愿望，充分显示了中国政府的诚意，博得了国际舆论的好评，同时也为中美华沙大使级会谈和后来中美友好关系的发展打开了大门。

面对大陆伸出的和平之手，蒋介石从一开始就采取强烈的抵制态度。他不相信共产党，不相信毛泽东，对国共和作更是心有余悸。蒋介石常说，他倒霉就倒霉在国共合作上了。因此，第三次国共合作这样的名词只能让蒋介石不寒而栗。于是他连忙对外宣称：与中共做朋友就会成为中共的俘虏，国家要存在就不能要共产党。

然而，"青山遮不住，毕竟东流去"。

1955年8月，在遥远的太平洋的彼岸，在北美洲的土地上，传来了一个意想不到的回声。

晚年的李宗仁在经历了失败之痛、流落异邦之苦后，痛定思痛，逐渐从过去的歧误中醒悟。他对周恩来总理在万隆会议上阐明中国对台湾问题的严正立场表示“深感兴奋”“竭诚拥护”，毅然发表了《对台湾问题的建议》：“……今后解决台湾问题之道，在我看来，可有甲、乙两案可循:甲案:恢复国共和谈，中国人解决中国事，可能得一和平折中方案。乙案:美国承认台湾为中国的一部分，但目前暂划为自治区，双方宣布不设防，美国撤退第七舰队，使成为纯粹的中国内政问题，如此则战争危机可免。时日推移，大陆和台湾内部彼此敌视的态度减轻。则真正解决便可实现了……”

1949年12月,李宗仁以国民党代总统的身份定居美国。图为抵达美国时的情景

同时，李宗仁批评美国政府对中国采取“等待尘埃落定”的政策，明确指出：“试看今日中国，尘埃已经落定，室内经光耀目，焕然一新”。

声明一经发表，立即在海内外引起轩然大波。

台湾当局严厉地谴责李宗仁是在“为席卷大陆的‘共匪’张目”。一些与他共事多年的国民党要员们也纷纷发表声明，说李宗仁“上了共产党的当”，是“年岁高而糊涂了”。

但当李宗仁的建议被新华社编入内参电讯稿，摆到中南海西花厅周恩来的办公桌上时，机敏睿智的周恩来敏锐地意识到：这是从1949年国共和谈破裂以来，李宗仁在政治立场上的一个重大转变。这种转变是如何发生的？能不能看到这位昔日的对手进一步转变而促进正在新生的中国统一的步伐?

李宗仁后来在回忆录中描述了当时的心情："我以过去亲身参与中国政治的体验，观察今日的世局，自信颇为冷静而客观。我唯愿中国富强，世界和平，也就别无所求了。而我作为一个中国人，不能永远漂泊异乡，总有一天要回到生身父母之邦的。……蒋先生比我年长4岁，今年77岁了。他在漫长的一生中饱经忧患。如果他能像我一样客观地展望一下我们可爱祖国的前程，我可以完全肯定地说，他会同意我的意见的。"

回国后，李宗仁与张治中(左1)在一起

但作为与共产党在战场上拼杀了大半生的前国民党政府代总统，李宗仁此时此刻的心情仍是忐忑不安。

对于这一点，毛泽东自然明白。

1956年1月，毛泽东在审改周恩来在全国政协二届二次会议政治报告时，在"凡是愿走和平解放台湾道路的，不管任何人，中国人民都将宽大对待，不究既往"后，毛泽东在"不管任何人"之后，加写"也不管他们过去犯过多大罪过"。

面对中国共产党的和平呼吁，李宗仁的一颗真诚的赤子之心被唤醒了。他决定要采取行动。

4月，李宗仁派他的亲信、前国民党中央委员会常委程思远由香港秘密回国。程思远曾回忆到：当时他是抱着豁出去的心情回国的。他要亲身试一试中国共产党所宣称的来去自由的许诺到底是真是假。他还要亲眼看一看，在无产阶级掌握政权之后，那片给他生命、哺育他成长的苦难土地上究竟发生了什么变化。当然，他之所以要“冒险”回国一游还有更深刻的含意。那就是为李宗仁的归国铺路搭桥。

28日，程思远由香港经广州秘密回到祖国首都北京。此时，大陆正广泛宣传“百花齐放、百家争鸣”的方针，反右斗争也尚未展开，加上号召和平统一祖国，整个政治气氛、社会面貌都显得生机勃勃。程思远所到之处，一片欣欣向荣的景象。

5月12日中午，周恩来在中南海紫光阁设宴招待程思远。参加宴会的有李济深、张治中、邵力子、黄绍竑、刘斐、屈武、余心清、刘仲容、刘仲华、李克农、罗青长等人。

午饭后，周恩来同程思远进行了轻松、愉快的谈话，指出：中国共产党主张爱国一家，团结对外，以诚相见。国共两党曾两度合作，并肩作战。我们希望将来出现第三次的国共合作。有人说，过去两次国共合作，结果隙大凶终，但是追源究始，责任不在共产党。这是事实俱在、有目共睹的。只要大家以民族和祖国的利益为重，国共两党仍然可以重新携手团结起来，争取第三次国共合作，实现祖国的完全统一。

1966年春节，李宗仁与郭德洁在广州游迎春花市。

程思远连连点头称是。

周恩来话锋一转，说：“李宗仁先生去年发表了一个声明，反对搞‘台湾托管’，反对‘台湾独立’，主张台湾问题由中国人自己协商解决。

这是李先生身在海外心怀祖国的表现。欢迎李先生在他认为方便的时候回来看看。”并请程思远把这次谈话的精神转达给海外人士。

这分明是周恩来代表中国共产党向李宗仁发出的邀请函，程思远兴奋不已。

程思远回到香港立即给李宗仁写信，详细叙述了与周恩来、张治中等人见面商谈的情况以及沿途和在北京的所见所闻，包括农村丰收在望、工业生产蓬勃发展和市场供应无缺的大好景象，并转达了周恩来欢迎李宗仁在适当的时候回来看看的邀请。

不久，程思远接到李宗仁的回信：北京之行，事关重大，事先应当同他充分商量。

1959年，程思远应邀作为港澳地区代表团成员，再次来到北京，参加国庆十周年庆祝活动。

10月25日下午3时，周恩来在中南海紫光阁接见了程思远。程思远首先汇报了参观东北的观感以及李宗仁近年的情况，并说李宗仁想把一批珍藏多年的文物“捐献”给祖国。

周恩来说：“德邻先生出于爱国热诚，要向国家贡献一些文物，政府表示赞赏。至于他有落叶归根的意愿，估计当前他回国的时机尚未成熟。在适当的时候希望他到欧洲同你谈谈，然后作出决定。”

毛泽东与周恩来认为，李宗仁之所以要在此时“捐献文物”，不过是在进一步试探共产党对他回国的诚意。于是决定接受这批文物，并照价付款。

1960年秋，李宗仁夫人郭德洁以探亲为名到香港同程思远会面，商量程思远、李宗仁在欧洲会面的地点、日期，以及如何联系，如何躲避美蒋特务盯梢等问题。最后商定在瑞士苏黎世会面。为避人耳目，李宗仁以探亲、旅游名义前往。程思远则以参观罗马古迹名义飞往罗马，然后再转道瑞士。

这一年恰逢美国大选，肯尼迪以十万票的微弱多数战胜尼克松入主白宫。

李宗仁认为麦卡锡死了，国会援蒋集团的头目诺兰也不在了，决定劝说肯尼迪重新检查对华政策。于是，他亲自给肯尼迪写了一封信，一方面祝贺他就任总统，另一方面建议美国同新中国建立外交关系，以期奠定东亚和平。但肯尼迪借口事关对外政策需缜密考虑，没有接受李宗仁的建议。

周恩来得知这一情况后，立即约程思远于1961年6月中旬第三次到北京。

在听取了程思远与郭德洁会面的情况后，周恩来要程思远传话给李宗仁，目前肯尼迪政府困难重重，不能期待其对华政策有任何转变，李先生的立场当然要超然一点，不要对肯尼迪政府抱有幻想。

1962年底，中印边界发生武装冲突。为维护祖国尊严和领土完整，人民解放军在青藏高原的喜马拉雅山和喀喇昆仑山区进行了一场大规模的边境自卫还击战。

李宗仁深明民族大义，在《纽约时报》发表了题为《对中印边界问题的进一步探讨》的文章，指出：西藏自古以来是中国神圣领土不可分割的一部分，中印边界线几个世纪以来都未划定，印度制造中印边界纠纷，想借此解决印度内部困难，同时还想利用中印冲突来争取美援。

1963年夏，李宗仁在接受意大利米兰《欧洲周报》女记者奥古斯托·玛赛丽的采访时，重申台湾是“中国内政问题”，反对“台湾独立”和“联合国托管”，坚持“国共和谈，中国人解决中国事”的主张。

李宗仁讲道：“关于蒋(介石)，我只能说史迪威将军常说的话。这就是，他有许多缺点。就我个人来说，我很喜欢他。我们都是失败者。许多年来，蒋一直是中国的元首，而现在他的举动、他的经验好像还没有一个村长多。每年一度他站在金门、马祖海边的悬崖上发表演说。他总是重复着同样一句话：‘我们一定要回去’，很难说他本人是否了解这一事实：回大陆是不可能的。”

“蒋说我是一个共产党，我回答说我不是共产党，我甚至也不喜欢共产党，但是我不否认今天共产党为中国所做的事情。我宁愿继续做一个诚实的人和可怜的政治家，但我不能不说实话。中国从来没有像现在组织得这样好。我怎么能够抹杀事实呢？”

“我像蒋介石和国民党一样是一个失败者，唯一的区别是：我完全不把这件事放在心上。作为个人来说，我自己无关紧要，我不能妨碍中国的前途和它的进步。我由于自己的失败而感到高兴，因为从我的错误中一个新中国正在诞生……”

蒋介石败退台湾后，视察防御工事

句句话语，充分显示了李宗仁身在海外、心系祖国的真诚情怀。李宗仁从护国军的一个排长到国民政府的代总统，其间经历了多少艰苦磨难、浴血奋战、苦心经营，也有过多少钩心斗角的权力斗争。虽然他有过雄心抱负，立志要干番事业，但终究是逆历史潮流而动，始终认识不了国家、民族的最高利益，人民的要求，而脱离不了个人名利的局限，终被人民所抛弃。但是作为一个失败者，难能可贵的是他能客观地检讨自己，终于在晚年走出了个人的樊篱，觉悟到民族的大义，彻底否定了自己的过去，这是需要相当的勇气和决心的。

11月14日，程思远第四次到北京，向周恩来汇报他与李宗仁在苏黎世会晤的准备情况。

15日深夜，周恩来在中南海紫光阁接见了程思远，让他向李宗仁转达毛泽东主席和中共中央的意见，最重要的是“四可”。第一，李先生可以回来在祖国定居；第二，可以回来，也可以再去美国；第三，可以在欧洲暂住一个时期再定行止；第四，回来以后可以再出去，如果还愿意回来，可以再回来。总之，来去自由，没有约束。

一个月以后，程思远飞抵苏黎世，与李宗仁秘密会晤。故人相见，千言万语涌上心头，但又不知从何说起。

李宗仁已是两鬓皆白，但精神很好，对程思远说：“我们不能再像断了线的风筝似的，浮萍浪迹，漂泊西东。树高千尺，叶落归根。我是中国人，一定要回中国去，在祖国的土地上寻找我最后的归宿。我总不能把这把老骨头抛在异国他乡啊。人到晚年，更加思念父母之邦。蒋介石那个‘中国’，是与我无缘的。我如今悔之太晚。我最大的错误，就是与蒋介石决裂得太晚。一时犹疑，错失良机，酿成千古之恨。宗仁老矣，但我还要回去，回到祖国去，现在亡羊补牢，还尚有残年……”

程思远转达了周恩来的问候和“四可”的意见。

李宗仁当即表示：“我只要‘一可’，回到祖国定居，安度晚年。”

1965年6月13日，李宗仁以给手术后的郭德洁疗养为由，离开旅居16年的美国飞往瑞士，开始了回归祖国的漫漫旅程。

7月27日上午11时，李宗仁偕夫人郭德洁来到中南海，毛泽东早已迎出门外。

具有历史性意义的一幕出现了。新中国的缔造者和旧中国的代总统重又聚首了，两双手紧紧握在一起。

在香港的程思远

“德邻先生，你们回来了，很好，欢迎你们！”

刚刚坐定，毛主席以浓重的湖南乡音对李宗仁先生说：“德邻先生，你上当了。”

李宗仁为之一怔。

“这一次归国，你是误上贼船了。台湾当局口口声声叫我们做‘匪’，还叫祖国大陆做‘匪区’，你不是误上贼船是什么呢！”

毛泽东说完哈哈大笑，笑声中洋溢着他那独具的幽默、豁达、自信和气度。

李宗仁及在座的人也不禁笑起来。

“这一次回到祖国怀抱，受到政府和人民的热烈欢迎，首先应对主席表示由衷的感谢。几天以来我们在北京地区参观访问，亲眼看到祖国社会主义建设的伟大成果，感触颇深。我们为祖国的日益强大而感到十分高兴。”李宗仁向毛泽东谈起归国几天的亲身感受。

毛泽东点点头：“祖国比过去强大了一些，但还不很强大，我们至少要再建设二三十年，才能真正强大起来。”

当李宗仁谈到海外的很多中国人都渴望回到祖国来时，毛泽东用力挥了一下手，掷地有声：“跑到海外的，凡是愿意回来，我们都欢迎，他们回来，我们都以礼相待。”

下午1时许，毛泽东与李宗仁、程思远一行乘车去丰泽园，这是毛泽东的住所。在这里毛泽东设宴招待李宗仁等人。

席间，李宗仁再三表示深以台湾问题久悬不决为虑。

毛泽东说：“德邻先生，不要急，台湾总有一天会回到祖国来的，这是不可逆转的历史潮流。”

毛泽东在中南海亲切接见从美国归来的李宗仁夫妇和程思远（左1）

9月26日下午，李宗仁举行盛大的记者招待会，回答了中外记者提出的有关台湾问题、中美关系问题，畅谈了回国两个多月的观感，并且发表了对时局的看法。

对台湾问题，李宗仁指出：台湾是中国不可分割的领土。台湾问题是中国的内政，政府关于如何解决台湾问题的政策，早已宣告中外。深望蒋先生和在台湾的国民党同志好自为之。

一位记者问：“你是不是属于马克思主义者？”

李宗仁意味深长地回答："我是爱国主义者。我不相信修正主义。"

接着，他由衷地说："在海外住了十六年以后，终于回到祖国怀抱，走上一条爱国反帝的道路，这是吾辈国民党人今后唯一可能抉择的光荣的道路""我回国只有两个月，到过东北参观，深感十六年来祖国变化很大，需要多看看，了解了解，以后再根据祖国的需要来报效祖国。我有一分的力量，即做一分的贡献。至于个人出处，我无所萦怀"。

刘斐（左1）陪同美国归来的李宗仁（左3）在国内参观

1966年初，李宗仁夫妇访问了阔别了17年的故乡，重游桂林山水。3月21日，郭德洁因患乳腺癌于在北京医院逝世。

这一年国庆节，毛泽东邀请李宗仁参加国庆十七周年的庆祝活动。

天安门城楼上，毛泽东向李宗仁走过来，伸出了他那双有力的大手。李宗仁无比兴奋，也连忙伸出双手。两位老人的手又一次紧紧地握在了一起。

《解放军画报》记者孟昭瑞拍下了这一有重要意义的历史瞬间。许多年后，孟昭瑞仍能清楚地记起当时的情景：

1966年国庆节，毛主席邀请李宗仁先生上天安门，故意地站在城楼的中间热情地握着他的手，似乎为了让所有的人都能看到这一历史性的会见。这充分地体现了党的统一战线政策是坚定不移的。当时我只是不停地拍照，但仍然能清晰地听到毛主席带着浓重的湖南口音对李宗仁说："请多保重身体，共产党不会忘记你的！"两位老人的会见是那样的和谐、诚恳，它将永远留在人们的心中。

毛泽东的用意十分明白，他不仅要让所有的人都能看到这一历史性的会见，同时在当时“文化大革命”的特殊历史情况下，这无疑也是对李宗仁的一种保护方法。

休息室里，毛泽东与李宗仁交谈起来：“群众是发动起来了，群众一起来，那就不能完全依靠个人的想法去做。火是我自己烧起来的，点火容易灭火难。看来这火还要烧一个时期。”

毛泽东与李宗仁夫妇亲切交谈

接着，毛泽东问李宗仁对这场“文化大革命”有什么看法，有什么意见，希望李宗仁坦率谈谈。

李宗仁谦逊地说：“毛主席高瞻远瞩，英明伟大，古今中外任何国家领袖，没有一个人能有这么大的魄力来发动这场革命。目前虽然稍乱一点，但是为了子孙后世，还是很值得的。”

李宗仁还向毛泽东讲了一段北伐时期他与苏联顾问鲍罗廷之间往事：

当时革命队伍内部发生了严重分裂，李宗仁由南京到武汉进行调处，与鲍罗廷就革命形势发生争论：

鲍罗廷问：“举个例子来说吧，你说妇女们想不想生儿女？”

李宗仁答：“生产是妇女的天职。既是女人，就要生儿育女。”

鲍罗廷又问：“请问妇女生产痛苦不痛苦呢？”

李宗仁回答：“岂但痛苦，有时还有生命危险！”

鲍罗廷笑道：“这就是你们的革命了。妇女知道生产痛苦，还是想生产；正如你们知道革命困难，还是要革命一样。你们今日革命。由于幼稚病所引起的困难，也就是妇女生产时的痛苦是避免不了的。”

显而易见，李宗仁用这段历史对话来比喻“文化大革命”，暗指当前的乱是为了未来的治，作为领导人要尽可能缩小这种乱的范围和程度。

毛泽东自然听出了李宗仁的话外之音，表示目前他也正在做这个制乱的工作。接着，毛泽东又把统一战线在民主革命中的作用、贡献和社会主义时期统一战线的必要性，对李宗仁作了说明。

毛泽东与李宗仁在天安城楼交谈

“红卫兵小将们向各民主党派勒令限期取消民主党派组织，这是不可以的。听说他们要砸烂政协，要彻底毁灭统一战线，这更是不对的。民主党派不能取消，这要对红卫兵说清楚，有些人可能听不进去，但这要好好地做工作，说服教育他们。”

最后，毛泽东问：“德邻先生，你的看法怎么样？”

李宗仁连声说：“毛主席英明高见。”

1968年8月，李宗仁被确诊患了直肠癌。几个月后，已病入膏肓的李宗仁自觉不久于人世，便对在身边的工作人员说：“我的日子不会再有多久了。我能够回来死在自己的祖国，这是了了我一件最大的心愿。”

回国后的李宗仁在参观工厂

“回来以后，我想在台湾问题上做些工作……现在来不及了。台湾是要统一的，可惜我是看不见了，这是我没有了却的一桩心事。那些书（指他带回的许多线装书），送给广西图书馆。书画送给政府。那几瓶酒，送给毛主席、周总理！”

那几瓶酒，李宗仁珍藏了几十年之久，一直舍不得喝。如今在临终前送给毛泽东、周恩来，可见他们之间极为浓厚的感情。

1969年1月30日午夜12时，李宗仁在北京病逝，享年78岁。

弥留之际，李宗仁坚持口述了一封给毛泽东、周恩来的信：“我在1965年毅然从海外回到祖国，所走的这一条路是走对了。……在这个伟大的时代，我深深地感到能成为中国人民的一分子是一个无比的光荣。……在我快要离开人世的最后一刻，我还深以留在台湾和海外的国民党人和一切爱国的知识分子的前途为念。他们目前只有一条路，就是同我一样回到祖国怀抱……”

毛泽东眼中的张辉瓒

——齐声唤，前头捉了张辉瓒

张辉瓒

张辉瓒，字石侯。湖南长沙人，出生于1885年。国民党陆军中将。

早年就读于湖南兵目学堂和军官讲武学堂，后留学日本士官学校。1914年归国，任北京军需学校总队长兼军事学教员，旋即赴德国学习军事。1916年回国，在天津从事反袁活动。为躲避袁世凯重赏缉拿，回湖南老家组织独立团，参加护法战争，历任湘军游击司令、兵站总监、第2区司令、第4混成旅旅长等职。1923年任建国湘军总司令部军务委员、第9师师长。1926年参加北伐，任国民革命军第2军4师师长。后任第2军副军长、代军长。1928年10月，第2军缩编为第18师，任副师长。次年入赣，兼任南昌卫戍司令。1930年任第18师师长。同年底参加国民党军对中央革命根据地发动的第一次"围剿"，任前敌总指挥。12月30日在龙冈被红军俘获。1931年1月28日，被根据地群众公审后处决。

在20世纪二三十年代中国那个军阀混战的动荡时期，官居中将师长的张辉瓒并不算是一个大人物。但之所以十分出名，几乎妇孺皆知，还是由于他在国民党对中央革命根据地发动的第一次"围剿"中出任前敌总指挥，并且一败涂地，被红军生擒活捉，最后又被砍掉了头。毛泽东还曾写下那首脍炙人口的词——《渔家傲·反第一次大“围剿”》，其中有一句是“齐声唤，前头捉了张辉瓒”。

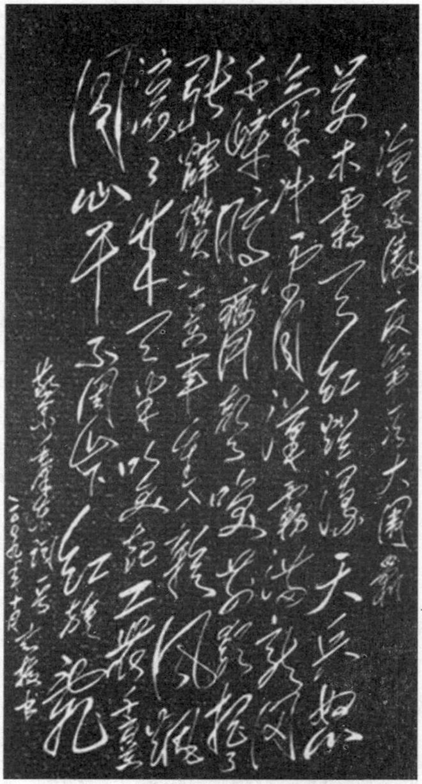

毛泽东手书的《渔家傲·第一次反大“围剿”》

那是1930年10月，蒋介石在中原大战中基本取得胜利后，立即调集兵力向红军和革命根据地发动大规模的“围剿”，提出要在3～6个月内消灭红军，重点是中央革命根据地，同时指令国民党江西省政府主席、第9路军总指挥鲁涤平组织实施。

11月2日，鲁涤平将集中江西境内的7个师又1个旅编为3个纵队，并限于5日前，第1纵队第18师集结于樟树，第24师集结于丰城西北之赣江北岸，新编第13师集结于临川；第2纵队第50师集结于西山万寿宫，独立第14旅集结于靖安；第3纵队第77师集结于上高，新编第5师集结于高安；总预备队第8师集结于南昌。

面对“围剿”大军的节节进逼，红军为保存实力，伺机破敌，便以少数兵力配合地方群众武装迟滞、消耗“围剿”军，主力于11月中旬分别由赣江以东新淦、崇仁、南城、南丰、吉水之间地区和赣江以西路口、油田地区，逐次向苏区中部的东固、龙冈地区转移。

11月18～20日，吉安、吉水、永丰、乐安、宜黄、南城等地已被“围剿”军各纵队分别进入，但还是扑了空。鲁涤平气极败坏，一边给蒋介石上报作战顺利的战况，一边就地进行“清剿”，为进攻根据地中心区做准备。

12月初，红20军分散在富田、东固、龙冈地区活动，为配合和掩护红一方面军主力向宁都县黄陂、小布、洛口地区集中，与当地群众在东固附近山头，日夜构筑假工事，迟滞、迷惑敌人。中旬，红一方面军主力又分批转移至平田、砍柴冈、安福圩一带地区隐蔽集中，积极做好再战准备，抓紧整训和筹措给养。

这时，蒋介石亲自赶到南昌组织对中央革命根据地的“围剿”，确定于中旬开始，各路“围剿”军以东固地区为总攻目标，分进合击。同时急电催调第19路军由武汉入赣参战；另调驻福建的第56、第49师、暂编第2旅向闽赣边界推进，堵截红军。至此，“围剿”军总兵力增至11个师又2个旅，共10万余人。

为加强指挥，蒋介石下令设立陆海空军总司令南昌行营，任命鲁涤平兼主任，第18师师长张辉瓒为前线总指挥。总体部署是：

第6路军第24师由蛟湖向东韶、洛口、宁都进攻，第8师由黄陂、南丰之线向广昌、宁都、雩都进攻，第56师经建宁向石城推进；第49师和暂编第2旅向瑞金、会昌推进；第9路军第18师由永丰分经古县、白沙向东固进攻，第50师由乐安分经招携、藤田向龙冈、东固进攻，新编第5师由吉安经富田向东固进攻；第77师主力守吉安，一部向安福方向“清剿”；第19路军第60、第61师经萍乡分向万安、泰和推进；第12师第34旅仍防守赣州。

1925年，毛泽东在广州

为一举“剿灭”“赤匪”，蒋介石不惜血本，电令悬赏5万块大洋，购缉朱德、毛泽东、彭德怀以及黄公略的项上人头。

重赏之下必有勇夫，前线总指挥张辉瓒便是其中最积极的一个。

说起这位张师长，竟与毛泽东还有着不解之缘。二人同为湖南老乡，共饮湘江水长大，张辉瓒生于长沙唐田神塘，毛泽东生于离长沙不远的湘潭县韶山冲。毛泽东在青年时期到长沙求学，就已听到了张辉瓒的大名。年长毛泽东8岁的张辉瓒时任湖南第4区守备司令，在长沙城里也算是个响当当的人物了。此后，在大革命时期的广州二人相识，毛泽东还到湘军作过演讲。

对于共产党，张辉瓒心狠手辣。1929年，鲁涤平任江西省政府主席。为巩固统治，他调亲信张辉瓒第18师来赣。到江西后，张辉瓒兼任南昌卫戍司令，疯狂捕杀共产党人和革命群众，可谓杀人如麻，是个杀人不眨眼的刽子手，人称“张屠夫”。当时的中共江西省委、共青团江西省委几次遭到破坏，被迫从南昌迁到九江，数百名党团员被捕遭到杀害。

此番出任前线总指挥，张辉瓒春风得意，在誓师大会上口出狂言：“吾党与‘共匪’势不两立，此番不踏平赤区，‘剿灭’‘赤匪’，誓不生还。”并煽动士兵：“朱毛主力猬集于东固，那里有“赤匪”的银行，弟兄们打进东固，金子银洋任你担。打到东固去，发财归自己。”

12月16日，各路“围剿”军开始向根据地中心区域进攻。19～21日，新编第5师、第18师先后进占东固，搜寻红军主力。因云雾蔽天，烟雨蒙蒙，加上联络不畅，这两支部队发生误会。结果，双方机枪、掷弹筒、迫击炮齐发，打得好不热闹。冲突一直持续了两个小时，双方伤亡不小。这时才发觉对方的火力不像红军，于是用军号联系，始知是“大水冲了龙王庙”。

张辉瓒部第52旅族长戴岳回忆到：

20日晨浓雾弥漫，对面不见人，我旅先头部队到达东固时，竟然与前一天到达东固的公秉藩师发生误会，自己打了起来，双方死伤许多人。公秉藩以首先占领东固报捷，大受蒋介石嘉奖。由于这次误会，公秉藩与张辉瓒不和，也不与张见面，而将全师开往富田。

与此同时，国民党军第50、第60、第61、第24、第8师分别进到招携、万安、泰和、草台岗、新丰、三坑等地。各路敌军沿途屡遭红军小部队和地方武装袭扰、阻击，加之在狭长路段行军，交通运输常被阻断，人员不能快速跟进，物资补充困难，进展迟缓。

“围剿”军已被诱进根据地腹地，红军转入战略反攻的时机成熟了，决战即将拉开帷幕。但这一仗该怎么打？先打哪支敌军？朱德和毛泽东经周密思考，反复研究，决定集中优势兵力，先打左翼的张辉瓒部第18师或离红军主力最近的谭道源部第50师。因为“张、谭两师是‘围剿’主力军，‘围剿’军总司令江西主席鲁涤平的嫡系部队，张又是前线总指挥，消灭此两师，‘围剿’就基本上打破了”。

25日，红军在宁都小布河畔召开根据地军民歼敌誓师大会。毛泽东特意写了一副对联，贴在主席台两旁的柱子上。

第一次反“围剿”期间，苏区军民写的标语

上联是：“敌进我退，敌驻我扰，敌疲我打，敌退我追，游击战里操胜算”，下联是：“大步进退，诱敌深入，集中兵力，各个击破，运动战中歼敌人”。

红军指战员们反复吟诵，打心底里钦佩这副对联写得好。短短46个字，就把红军的战略战术说讲得明明白白，而且通俗好记。

会上，毛泽东以这副对联为题，具体生动地解释了“诱敌深入”的必要和好处，详细分析此次反“围剿”敌必败、我必胜的六个条件：一是苏区军民一致，人民积极援助红军，这是最重要的条件；二是红军可以主动选择最有利的作战阵地，设下陷阱，把敌人关在里面打；三是红军集中了优势兵力，可以一部分一部分地歼灭敌人，一口一口地把敌人吃掉；四是红军可以发现敌人的薄弱部分，拣弱的打；五是红军可以把敌人拖得筋疲力尽，然后再打；六是红军可以造成敌人的过失，乘敌之隙，加以打击。

慎重初战，历来是古今中外兵家津津乐道的原则。毛泽东更是深知，战争是一种特殊的社会活动，是敌我双方各种因素激烈对抗的过程，一定要在有充分把握的情况下才打。

兵法云“胜可知而不可为”，就是说战场上的胜利是可以预先知道的，但战斗中敌人有无可乘之隙，则不是由我方所决定的。纵观古今中外的战争，从没有一成不变的战场，也从没有完美无缺的作战计划。只有不断依照新情况，改变既定的计划，使之适应新情况，才能于瞬息万变的战争中立于不败之地。墨守成规和一味蛮干，最终必在战场上碰得头破血流，自食苦果。

最初，毛泽东、朱德选择了孤军深入的谭道源第50师作为首歼目标。25日和27日，红一方面军主力先后两次在小布地区设伏，准备出其不意围歼谭道源师。结果等了两天，敌人也没有来。

原来，谭道源率第50师自接到“围剿”命令后，经永丰每天以70里的速度经宜黄向宁都进犯。该师曾与红军交过手，深知红军组织严密、行动神速、战斗勇猛，而根据地军民早已坚壁清野，不仅粮食一粒也找不到，就连向导也找不到一个，不得不等待后方补给接上后再前进，处处耳目闭塞，对红军的行动一无所知，因此越是深入根据地越是心虚胆战。正如谭道源在后来战报中写的，“真是漆黑一团，如同在敌国一样”。

中央苏区第一反“围剿”战斗旧址——龙岗

进抵源头后，狡猾的谭道源本打算继续进犯小布。但他似乎嗅到了空气中弥漫着一种不祥的气息，怎敢孤军深入？于是走到半道又撤了回去，不敢脱离源头阵地。也有记载说是有人从苏区逃去报告了红军在小布设伏的消息，谭道源便下令将部队撤了回来，盘踞在源头迟疑不出。源头一带地形险要，易守难攻，敌军居高临下，硬打强攻显然于红军不利。

两次设伏谭道源不成，红军立即撤出阵地，回到原集结地继续等待战机。有的指战员难免产生了急躁情绪，甚至有人还说起牢骚话来。夜里，毛泽东和朱德一起商议作战行动时说："机会总是要来的，我们还得耐心地等一等。"

至28日，各路"围剿"军继续向根据地内部缓慢推进。其中，第28师进至因富，第18师先头1个旅进到南垄；第50师进到源头，准备续攻小布；第24师经东韶进至洛口；第8师进到广昌，先头进至头陂；第60师准备经赣州转向北进，配合泰和之第61师进攻兴国。

战机终于出现了。29日，张辉瓒率第18师师部和2个旅孤军冒进龙冈。

原来，就在一天前，鲁涤平下令深入根据地的5个师向宁都以北黄陂、小布、麻田地区红军发起总攻。张辉瓒得知红军内部发生"富田事变"，以为正是大举进攻的好时机，立即出动，令朱耀华第54旅留守东固后方，自己亲率师部、戴岳第52旅和王捷俊第53旅，向龙冈气势汹汹地扑了过来。

戴岳回忆道：

12月29日，部队到达龙冈。龙冈位于丰县城南部约180华里，集镇上铺屋有300余家。当时，市面上不但找不到食物，且寂无一人（师部到达后，搜出一中年男子，即指为奸细，把他枪毙了），惟遥见远山红旗隐约，我认为情势是相当严重的。当日下午5时许，张辉瓒率王捷俊的第五十三旅及师直属部队（计有炮兵营、工兵营、特务营、骑兵连）开到龙冈。

龙冈接近红军主力集结地，群山环抱，中间为一狭长盆地，当地群众基础好，能够帮助红军封锁消息，因此是红军设伏的理想场所。朱德、毛泽东等当即决定以一部兵力在赤卫军、少先队配合下，牵制源头、洛口、头陂之第50、第24、第8师；集中主力分左、右两路秘密西进，求歼第18师主力于运动中或立足未稳之际。

下午，红军主力隐蔽西进，在向龙冈前进途中，查明第18师主力已到龙冈。当晚8时，朱德、毛泽东下达命令：左路红3军为右翼，于30日晨占领木坑以北地区，继向龙冈攻击前进，红12军（欠第35师，指挥第64师）为左翼，于30日拂晓向表湖前进，以一部占领龙冈南端之盲公山，主力截断龙冈至南垄大道，从兰石、茅坪攻击第18师侧后；右路红3军团、红4军以主力向上固、下固前进，以一部到还铺附近，向龙冈西北端之张家车攻击前进，如上固无敌，主力向还铺、张家车攻击前进，以一部向下固、潭头警戒。在约溪地区的红35师，于30日午前插至南垄、龙冈之间，配合红12军主力攻击龙冈，并向南垄警戒。方面军总部30日进至小别附近的黄土岭指挥。

长征到达陕北的毛泽东与朱德

30日凌晨，龙冈山区大雾弥漫，毛泽东、朱德步上龙冈、君埠之间的黄竹岭临时指挥所。毛泽东手指眼前的景物，风趣地对朱德说：“总司令，你看，真是‘天助我也！’三国时，诸葛亮借东风大破敌兵；今天，我们乘晨雾全歼顽敌啊！”

清晨，浓厚的大雾仍弥漫着整个龙冈，群山遍野云雾笼罩，如同黑沉沉的夜间。红军按照预定部署进入了伏击阵地。这时，第18师第52旅为先头，师部和第53旅随后，由龙冈向五门岭前进。

上午9时许，浓雾渐渐散去，天气豁然开朗，龙冈山区晴空如洗。红军指战员居高临下，清清楚楚地看到第18师先头部队正大摇大摆、旁若无人地走进伏击圈。

随着一声“打”，红3军先头第7师猛烈开火，凭借有利地形，居高临下给敌人以迎头痛击。

张辉瓒错误地判断红军主力还远在黄陂、小布一带，先头部队遭遇的只是红军小部队袭击，便自恃兵力、武器占优，根本没放在心上，当即命令先头组织部队反扑。一时间，战斗呈现胶着状态。

战至中午，红3军全部加入战斗。张辉瓒毕竟喝过洋墨水，并非一个酒囊饭袋，指挥作战还是颇有些手段的，亲自组织两个团的兵力展开猛攻，战斗进行得十分激烈，给红军造成了较大的伤亡。激战至下午3时，张辉瓒孤注一掷，亲自指挥4个团向红军阵地实施多路进攻，均被击退。

此时，红4军和红3军团一部已插到张家车，截断了第18师与东固、因富的联系，并从侧后向龙冈猛攻；红3军团主力占领了上固及附近有利阵地，切断了敌从西北方向增援和龙冈之敌向西北方向突围的道路，完成了对第18师的完全包围。

红军机枪阵地

下午4时，红军发起总攻。眼见包围圈越来越小，红军战士的喊杀声此起彼伏，张辉瓒知道大势已去，再无先前的狂妄，带着手下的残兵败将向西北方向仓皇逃窜。但为时太晚，张辉瓒和他的第18师已成瓮中之鳖，插翅难逃。

各路红军从龙冈背面的高山上猛冲下了，迅速将敌军冲得七零八落。第52旅旅长戴岳混入伤兵中侥幸逃脱，第53旅族长王捷俊束手就擒。

张辉瓒偷偷换上士兵衣服，企图夹在散兵队伍里逃跑，不料因“身广体胖”行动不便为红军捕获。张谎称是书记官，梦想蒙混过关。不料被国民党俘虏兵当场揭穿。原来，这位张师长平日里净干些克扣士兵军饷、中饱私囊的勾当，深为士兵们所痛恨。

于是，红军战士便把张辉瓒押解至龙冈大坪。这时，朱德和毛泽东也从指挥所走下山来，向龙冈走去，沿途听到许多红军战士兴高采烈地喊道：“前头捉了张辉瓒。”

龙冈战斗是红军第一次大规模消灭敌人，全歼第18师师部和2个旅近万人，缴获各种武器9000余件、子弹100万发以及电台等其他军用物资。

取得一场酣畅淋漓的大胜，毛泽东自然十分高兴，当即填词——《渔家傲·反第一次大“围剿”》，上阕是这样吟的：

万木霜天红烂漫，
天兵怒气冲霄汉。
雾满龙冈千嶂暗，
齐声唤，
前头捉了张辉瓒。

红军活捉了国民党中将师长，而且又是自己的老相识，毛泽东自然要去见个面的。张辉瓒也认得毛泽东，便提出愿意以捐款、送枪弹和医药物资的方式赎回自己的命。

据郭化若回忆，毛泽东当时显然没有要杀张辉瓒的意思，双方谈得还不错，而且张的利用价值还挺大，至少对红军的装备改善会有帮助。他说：诸葛亮擒孟获敢七擒七纵，我们为什么连两擒两纵也不行呢？我看不能一擒就杀。于是就答应了张辉瓒的请求，并嘱咐部下好生对待，不要杀掉。

对此，朱德表示同意，并提出要办一个红军学校，让张辉瓒来做教授。毕竟张留学日本，又曾到德国学习军事，可谓是个学有所成的“海归”人士，在红军中难得一见。

民国时期的报人和民史专家陶菊隐在1934年8月出版的《正海铁闻》中对此事是这样描述的：张辉瓒被捉时，毛泽东忽然出现，驱握张手曰，石侯先生，别数年矣，不期相值于此。顾谓卒曰，此吾旧友，宜善视之，张默然无语。

虽说张辉瓒杀人如麻，贪婪成性，却平生不好色，与妻子朱性芳伉俪情深。在得知丈夫被红军俘虏的消息后，朱性芳急赴南昌，哭求鲁涤平，又电请湖南军界的程潜、唐生智、范石生等人向中共传递信息，表示愿以钱物换回张辉瓒的性命。同时又频频向南京政府施压，呼吁赎张。

国民党悬赏索取红军领袖的首级，不料龙冈一役损兵折将，第18师被歼近万人，连师长张辉瓒也被红军生擒活捉。噩耗传来，国民党军界立即掀起了一场轩然大波，在政府内也引起一片叫骂声。

陈诚幸灾乐祸：十八师太不行了，等我去试试看。第26路军总指挥孙连仲嘲笑道：十八师送了近万支枪，连个收条都没有得到。鲁涤平惊慌失措，痛哭流涕，气得蒋介石大骂他：十八师失败不足为怪，一败即馁，何鼠胆乃尔？你每闻共党便张皇失措，使为共产党闻之，岂不为之所窃笑乎？

蒋介石权衡再三后，指示南昌行营同红军做交易，赎救张辉瓒。鲁涤平等人反复计议，开列出同红军交易救赎张辉瓒的条件：张部未被歼灭的朱耀华第54旅4000余人，连同全部枪械归降红军；由上海三家银行担保，给红军20万元现洋和20担西药，并提供可装备2个团的武器；释放一批关押的共产党“政治犯”。

客观地讲，这对当时物资奇缺的红军来说，无疑是一笔非常“划算”的交易。然而，这笔“交易”最终没有达成。

中央苏区人民热烈庆祝反“围剿”胜利

就在双方进行谈判时，1931年1月28日，中央革命根据地军民在东固召开了反“围剿”胜利庆祝大会。群众要求在大会上公审张辉瓒，张遂被押到了会场。

张辉瓒做的坏事实在是太多了。一个月前，在“进剿”东固的时候，张辉瓒命令部下：东固已“匪”化，石头要过刀，板凳要火烧。40里内，凡10岁以上的男女老少，格杀勿论。不论民房公房，草屋土屋，在部队撤退前，一律烧光！凡可携带之物资、食物，全部带走！

东固是个南北狭长，东西扁圆形的盆地，四周都是高山大涧，从四壁山冈上，可以清清楚楚地看到东固街上一片火光，听得到杀害平民百姓的枪声以及受害者惨不忍闻的啼哭声、呼救声。

有道是“天作孽，犹可违；自作孽，不可活”。虽说毛泽东已安排人去东固做群众的说服工作，可到了公审批斗会场，局面就失去了控制。会场上群情激愤，一片“剥皮”“抽筋”的喊杀声。维持秩序的红军战士也十分痛恨张辉瓒，因为他们有好多战友在龙冈战斗中牺牲了。

于是，祝捷大会变成了公审大会，在群众一浪高过一浪的声讨声中，张辉瓒被当众枪决，尸体悬挂在东固“翰林第”附近的“连理樟”树上示众。

朱德后来回忆起此事，痛心地说：“按说真不该杀张辉瓒。如果当时留着他，不但可以解决根据地的不少困难，还可以用他做人质，换回许多狱中的同志，可是把他杀掉之后，蒋介石为了报复，立刻处决了我们许多被捕的共产党员，其中包括几次起义失败后被俘的军官。”

张辉瓒的命最终还是没有保住，可一同被俘的第18师无线电台报务主任王诤、译电员刘寅等人，却成了毛泽东的宝贝疙瘩。不久，他们都参加了红军，并组建了红一方面军无线电队，开展无线电侦察，使红军能够准确掌握敌军动向，为以后的反“围剿”作战胜利做出了重要贡献。1955年9月，时任解放军总参谋部通讯部部长的王诤被授予中将军衔。

张辉瓒被枪决后，尸体被挂在树上示众。不久，张辉瓒的首级又被割下来，置于“张氏宗祠”的横木匾上，匾旁系有白布一方，宣布他的罪状，放于赣江水面，顺水漂流。

驻守吉安的国民党哨兵发现后，用渔船捞起，马上交鲁涤平辨认。鲁涤平痛哭流涕，一面电告蒋介石和军政部长何应钦，一面将头颅护送南昌。

张辉瓒的头颅运到南昌后，鲁涤平命所部买了几段整块大楠木做棺材，聘请了南昌最有名的雕刻专家，按比例雕手雕足做身子，穿上中将军服，将头装上去，接着棺材用蓝缎包裹入殓。

2月下旬，鲁涤平在南昌成立“张公治丧事宜事务所”，于3月初举行了公祭活动。湖南省政府主席何键发布公告：陆军第十八师师长兼湖南省政府委员张辉瓒，于民国二十年一月二十八日，在江西东固殉难。灵柩将于三月九日抵省。议决二十九日公葬岳麓山。敬希赴省会悼念为荷！

位于长沙岳麓山的张辉瓒墓

张辉瓒的灵柩移九江经水路运至汉口，转火车到长沙，送到长沙小吴门火车站。全城10万人参加了公祭，沿路摆设了祭坛、祭幛。鞭炮齐鸣，纸烟缭绕。何键致祭完毕，张辉瓒的棺材便抬入城，安葬在岳麓山半山腰，与黄兴、蔡锷的坟不远。

蒋介石亲拨巨款，为张辉瓒修建了牌坊、寺庙及圆形水泥墓，墓前竖立的青石碑正面刻有蒋介石“魂兮归来”的题字，背面刻有张辉瓒的生平简介和家属姓名。

就这样，官职并不显赫的张辉瓒因被红军俘虏后砍头，而在中国近代革命史上创造了几个第一：

他是红军在江西第一次俘虏的国民党将军，也是在江西俘获的国民党最高级别的将领。

他是毛泽东第一次写入诗词的国民党将领，在以后的战争中，被俘的国民党将领许多人的职务和军衔都高于张辉瓒，却无缘享此“殊荣”。

他是第一个被共产党军队俘虏后又被杀死的国民党高级将领。此后，即便是“战犯”级别的国民党高级将领，被俘后也未有被处死者，往往经过一段时间教育改造后被特赦。

毛泽东眼中的陈明仁

——只要他站过来就行了

陈明仁

陈明仁，号子良。1903年生于湖南醴陵洪源冲。

1910年，陈明仁入私塾读书。1920年考入长沙兑泽中学，毕业后回家乡任小学教员。1924年春，到广州入孙中山的建国陆海军大元帅府军政部陆军讲武学校。同年转入黄埔军校第1期学习。1925年参加讨伐军阀陈炯明的第一、第二次东征，因勇敢善战、战绩卓著，由排长升任连长、营长。1928年起，在国民党军队中任第10师28旅56团团长、旅长，第80师、第2预备师师长，第71军军长。1933年9月晋升为陆军中将。

抗日战争全面爆发后，陈明仁历任预备第2师师长，第71军副军长、军长等职，参加抗击日军的九江保卫战、桂南会战。1944年起率部作为中国远征军一部，参加滇西、缅（甸）北对日军反击作战，在收复腾冲、夺取松山、抢占龙陵、攻打回龙山战斗中，屡建战功。

解放战争时期，陈明仁追随蒋介石参加内战，任国民党军第7兵团司令、南京总统府参军、华中“剿匪”副总司令兼武汉警备司令和第29军军长、第1兵团司令。因率部在四平与东北民主联军血战有功，蒋介石亲授陈明仁“青天白日勋章”。不久受陈诚等人的排挤而被免职。1949年到湖南长沙，先后任华中军政长官公署副长官兼长沙警备司令和湖南省政府主席、省“绥靖”总司令。同年8月，在人民解放军向中南地区进军时，与程潜等率部起义。

中华人民共和国成立后，陈明仁历任湖南军区副司令员、第21兵团司令员、第55军军长。曾到广西指挥所部担负肃清国民党残余部队和土匪的任务。先后兼任湖南省临时人民政府主席、中南军政委员会委员。1955年被授予上将军衔和一级解放勋章。是第一届全国政协委员，第三、第四届全国政协常务委员，第一、第二、第三届国防委员会委员。1974年5月21日病逝于北京。

1959年，毛泽东接见国防委员会委员、中国人民解放军第21兵团司令员陈明仁上将

1955年9月，中国人民解放军隆重举行授衔仪式。在57名上将中，有一位国民党起义将领曾深得蒋介石器重，因与东北民主联军血战四平而名噪一时，最后毅然在长沙举行起义，加入人民革命的洪流，被毛泽东誉为“义旗昭著，薄海欢迎”，他就是陈明仁。

1947年春，东北民主联军为打通南满与北满的联系，从根本上扭转东北战局，决心乘国民党军分散守备之机发动夏季攻势，转入战略性反攻。

5月13日，战斗首先在长春以西的怀德打响。东北民主联军的5个纵队15个师和11个独立师及地方部队共计46万大军，同时北满、南满地区向国民党军发动猛攻。激战至6月初，民主联军先后攻克怀德、乌拉街等地。在民主联军潮水般的凌厉攻势面前，国民党军溃不成军，被迫采取“重点防御，收缩兵力，维持现状”的方针，转而坚守长春、四平、沈阳等要地。

四平，时称四平街，位于中长、四洮、四海铁路的交会点，地处沈阳、长春之间，为东北交通、工业及军事重镇，也是东北平原中部的交通枢纽，进入北满的门户。城东北山峦重叠，西南河流纵横，形势险要，历来为兵家必争之地。守军为国民党军第71军、第13军第54师主力及保安团、铁路交警大队等共3.5万余人。

夏季攻势作战中，东北民主联军某部向敌发起进攻

为进一步孤立长春、吉林的国民党守军，6月9日，东北民主联军集中17个师、4个炮兵团约10余万人，由西、南、北三面包围四平，一场惊天动地的惨烈血战在东北的黑土地上拉开了帷幕。

巧合的是，四平之战的国共两军指挥官竟然是黄埔军校的“师兄弟”。攻打四平的总指挥是黄埔四期生、东北民主联军总司令兼政治委员林彪；守卫四平的则是黄埔一期生、国民党军第71军军长陈明仁。

在国民党军将领中，陈明仁堪称一员猛将，从军20多年，南征北战，战功显赫，深得蒋介石的器重。更为有趣的是，陈明仁的身世和毛泽东的身世颇有一些相像之处。

陈明仁也是湖南人，比毛泽东整整小10岁。和毛泽东一样，陈明仁性格刚烈，从小就叛逆性十足。在他只有五六岁时，有一次拿了家里供奉的祖宗牌位当玩具玩，被管教很严的祖母看见，重重责打了一顿。可他硬是忍着痛不求饶，不肯认错，气的祖母大骂他是孽种。

陈家祖上世代务农，到父亲陈保廉时，家道中兴，便把陈明仁送去上私塾。陈明仁聪颖过人，学业出众。但他更喜欢听父亲讲岳飞“精忠报国”、文天祥“誓死抗元”、于谦“刚正不阿”的故事，尤其对岳飞这位爱国英雄的崇高气节更是敬佩不已。但同时封建忠君思想给他幼小的心灵以潜移默化的影响，使他甘心成为蒋介石镇压革命的急先锋。

1920年，陈明仁考入长沙兑泽中学。毕业后，和毛泽东一样当上了教书匠。封建家庭的束缚，使陈明仁的叛逆性格中产生了向往革命的思想，促使他于1924年毅然离家出走，报考程潜任校长的“广州陆军讲武学校”，投身到大革命的洪流中去。

抗日战争时期的陈明仁

新中国成立后，当陈明仁向毛泽东提起早年的家庭生活时，毛泽东风趣地说：“看来咱俩在家全是在野党了，我家的执政党是我父亲，你家是你祖母，斗争的结果也一样，达成协议，执政党让步，组成广泛的联合政府。”

在讲武学校里，陈明仁也极富反抗精神。1924年9月，讲武学校与黄埔学校合并。讲武堂监督周贯虹为了培植亲信，想将部分学生带到他担任总司令的赣军中去。学生们不满此种做法，公推陈明仁出面与校方交涉。经多方努力，终于使校方让步，讲武学校全部合并于黄埔军校。这与毛泽东在湖南第一师范搞的“驱张运动”异曲同工，同样是敢于坚持正确的意见，敢于藐视权威。

陈明仁对曾是自己校长的蒋介石十分忠诚，东征、北伐、中原大战，为蒋家王朝立下了赫赫战功。但同时，他对蒋介石叫嚣“攘外必先安内”

的政策十分不理解，眼睁睁看着自己尊敬的校长一面高唱着民族复兴、仁义道德；一面大肆屠杀爱国的骨肉同胞，并将东三省拱手让给了日本侵略者。陈明仁的心在流血，一次又一次地想象自己同岳飞那样，扛起民族救亡的大旗，搏杀在抗日的战场上，让侵略者尝一尝中国人民的铁拳。

抗战全面爆发后，陈明仁怀着一颗赤诚爱国之心，驰骋疆场。在桂南会战、昆仑关大捷、滇西缅北战役中，屡建奇功。1944年，陈明仁率部参加中国远征军，围剿滇缅边境上的日军残敌，以打通滇缅国际公路。回龙山一役，陈明仁指挥若定，战术运用精妙，率部全歼了日军滇西部队，威名远扬，蜚声中外。许多盟军将领交口称赞这一仗是“一部军事指挥艺术的杰作”。陈明仁亦被盟军视为“杰出的中国名将”。捷报传到国内，毛泽东盛赞陈明仁是抗战名将，对其在回龙山一役中的作战指挥十分赏识，称之为战术杰作。后来，毛泽东以此告诫东北民主联军的领导人不可轻敌，要认真研究陈明仁的战术思想运用。

蒋介石对陈明仁的勇猛善战十分赞赏，对他的耿耿忠心更是惬意非常。因此，抗战结束后就急调陈明仁率第71军开赴东北，到内战的第一线冲锋陷阵。

眼看国内和平无望，陈明仁闷闷不乐，内心充满矛盾。他不理解蒋介石为何不把人民渴求的和平给予人民，却一手挑起内战。但“绝对效忠蒋介石”在陈明仁的思想中根深蒂固，他只能无奈地表示：“军人唯军令是听，校长下了命令，就是死在东北也要去。”

东北民主联军炮兵部队在四平战役中

陈明仁从军二十余年，几乎是战无不胜，然而在东北，在与比自己小三岁的黄埔“小师弟”林彪的较量中，却是屡遭重创。这使得陈明仁深感共军战术运用棋高一招，神出鬼没，自己时时有被共军牵着鼻子走的感觉。

1947年6月11日黄昏，东北民主联军从南、西、北三面对四平发起攻坚战。各种炮弹如疾风骤雨般向小小的四平城倾泻，隆隆的炮声震得地动山摇，顿时掀起一片火海。

眼见四平不保，蒋介石严令陈明仁要以不成功则成仁的决心“死守四平”，与民主联军决一死战。陈明仁虽明知固守不易，但一想到“凡守城不力者均有被杀的危险”，更何况在此关系党国生死存亡的危难之际，正是自己为“校长”尽忠的时候，便立下誓言：“与共军拼命，与四平共存亡。”

“孤注一掷”的陈明仁把四平城区划分为5个守备区，构筑了坚固的工事。工事分外围和核心两部分。以第71军军部为核心阵地，遍布铁丝网和障碍物，以各部驻地为支撑点，并环城构筑了城防工事。一时间，整个四平城是层层设防，步步为营，各种机关、暗道以及火力网、弹药库纵横交错，复杂得连国民党军队自己也常搞不清。

战斗打响后，陈明仁日夜督战，拼死抵抗，并给部下打气说：“我们有钢铁般的核心阵地和外围工事，四平的保卫万无一失。”

东北民主联军某部在四平油化工厂与敌激战

东北民主联军进展缓慢，伤亡巨大，率先冲入四平城的一部也全部阵亡。国民党东北保安司令长官杜聿明闻讯大喜，特意赏给守卫四平城的官兵1000万元，并用飞机空投大量慰问品。

在东北民主联军排山倒海般的凌厉攻势下，战斗到第5天，陈明仁精心构筑的“钢铁般的核心阵地”被突破，就连陈明仁的胞弟、特务团团长陈明信也被活捉。激战至20日，铁西地区已被东北民主联军全部占领。陈明仁率残部转移到铁东继续负隅顽抗。

战斗进行到最激烈时，陈明仁将他的警卫团也全部用上去，警卫团死亡五分之四，10个连长还剩下4个，其惨烈程度可想而知。陈明仁感叹："炮火如此激烈，平生未见。"国民党中央社是这样报道的："共军以数十人一队之数百冲锋队，用波浪似攻势，前仆后继，踏尸猛冲，尸体堆积如山。"

经过11个昼夜的激战，东北民主联军取得了毙敌万余人、俘敌6000余人的战果，并占领了四平地区的五分之三，但同时自身伤亡高达8000余人。

就在陈明仁死守难支之时，蒋介石从长春、沈阳地区和关内抽调10个师，分南北两路向四平靠拢过来。东北民主联军总部鉴于对四平守军一时难以全歼，遂改变决心，于26日以一部兵力佯攻四平，集中9个师迎击由沈阳北援的新编第6军。后因敌援军过于密集，无隙可乘，东北民主联军于7月1日主动撤出战斗，四平之围随之而解。

四平之役，东北民主联军伤亡巨大，四平人民也做出了巨大牺牲。修工事的材料大部分就地征用，把原来就破烂的四平城弄得更加破烂，怨声载道；战火后的四平，铁路以西焦土一片，渺无人烟；车站一带火光熊熊，浓烟滚滚，遮天蔽日。

"一将功成万骨枯"。无数人的鲜血和生命，换来陈明仁的高官厚禄。国民政府发布嘉奖令，升任陈明仁为第7兵团司令官，并称誉其"与当地官兵团结奋斗，舍生忘死，英勇防卫，经十八昼夜之血战，前仆后继，屡挫顽锋"。为此，国民党政府还在沈阳举行数十万人的"祝捷大会"。当参谋总长陈诚代表蒋介石把一枚崭新发亮的"青天白日勋章"佩戴在陈明仁胸前时，陈明仁不禁有些飘飘然了。

俗话说，乐极生悲。当陈明仁对蒋介石的赏识感激涕零，发誓要矢志追随校长，继续为党国拼杀之际，谁知风云突变。

这年9月，陈诚出任东北行辕主任。上任伊始，在美国顾问的陪同下，到四平视察。美国人见到阵地上的工事不少是用美国援助的面粉、大米垒成的，当即提出抗议。辽北省主席刘翰东也乘机告发陈明仁"纵兵抢粮，祸国殃民”。原来这位“刘主席”在四平被围时想逃跑，被陈明仁阻止，便怀恨在心。

陈诚对陈明仁居功自傲早就心怀不满，这次正好抓住了陈明仁的把柄，随即向蒋介石告了“御状”，请求将陈明仁撤职查办。蒋介石视陈诚为心腹，自然听信他的一面之词，采取了一个折中办法，将陈明仁撤职，但未查办，改任总统府中将参军。

接到撤职令，陈明仁如遭晴天霹雳，这难道就是自己为蒋介石出生入死卖命效忠20余年得到的回报！不仅陈明仁想不通，就连国民党东北诸将也议论纷纷，说：陈明仁胸前挂勋章，手中拿撤职令，令人心寒。

就这样，陈明仁怀着满腔的怨恨离开了曾浴血拼杀的东北战场。他并没有想到，这恰是他脱离反动政权，取得人民原谅，重新做人的契机。

1948年，国民党军在全国各战场上节节败退。3月，陈明仁曾苦守了一个月的四平被东北野战军攻克，第71军更是全军覆没。东北的国民党部队只能龟缩在沈阳、长春、锦州等几个孤立据点里，苟延残喘，拖延时日。

东北民主联军攻入红十字会大楼，全歼四平守敌

此时，赋闲在南京的陈明仁得知东北战局，心中十分难受，整天待在家里，借酒消愁，内心思绪万千。回首自己从军20余年的历程，可谓一把辛酸泪无人知：想当年，他驰骋在抗日前线，为民族大业浴血拼杀，屡立功勋，多么意气风发；现如今，自己誓死效忠的蒋介石却置民族大业于不顾，将内战之火蔓延全国，国民党内又是尔虞我诈，分崩离析，蒋家王朝覆灭在即，而自己奋斗半生，竟找不到归宿，多么可悲！

正当陈明仁为国家和个人的命运而绝望时，他的胞弟、四平战役中被俘的陈明信被解放军释放，回到了南京。陈明仁原以为弟弟早已被共军“镇压”，现在看见弟弟完好无损地站在自己面前，不由欣喜若狂。

陈明信以自己的亲身经历向陈明仁讲述了共产党优待俘虏的政策，力劝哥哥重新振奋起来。陈明仁兴致勃勃地听着，思想好像进入了一个前所未有的境界，但转念一想，自己和共产党打了那么多年仗，双手沾满了共产党人的鲜血，实在是罪不容诛，共产党又怎么会轻易放过自己呢，不由得长叹一声，神情忧郁地说：“早知今日，何必当初。悔不该当初错走一步，弄得现在连条退路也没有了，我是只能跟着‘老头子’走到哪里算哪里了。”

见哥哥心有所动，陈明信连忙说：“我在东北被俘后，遇见了醴陵老乡李立三，他现在是中共的高层人士。他说你虽然和共产党作过对，但以前也曾为国家做出过贡献，只要你能和蒋介石一刀两断，争取立功，共产党对你的过去是会既往不咎的。他让我忠告你，不要再为蒋介石的反动政权卖命了，要认清形势，为天下的劳苦大众谋幸福，蒋介石的灭亡是早晚的事，识时务者为俊杰，希望你顺应时势，争取自己的出路。”

激战中的四平城浓烟滚滚

一番话，说得陈明仁默然不语，心绪像汹涌奔腾的潮水，久久不能平息。

不久，陈明仁的一批老部下汤如炎、张严佛、吴相和、温汰沫等人重又聚集在他的身边，共同劝勉陈明仁摆脱消沉，东山再起，抓一点实力做“资本”，看准时机，另找政治上的出路，不再甘做蒋介石的殉葬品。在朋友们的再三劝勉下，陈明仁终于重新振作起来。

这时，国民党在战场上损兵折将，急需扩充实力，起用将才。陈明仁的骁勇善战是人所皆知的，于是就成了各地“剿总”争夺的对象。刘峙、杜聿明三次面邀陈明仁到徐州担任兵团司令，胡宗南则电请蒋介石派陈明仁去西北任职，华中“剿总”总司令白崇禧更是极力邀请陈明仁到武汉担任“剿总”副总司令兼武汉警备司令。

陈明仁认为武汉离自己的老家湖南很近，便于向家乡发展力量，加之白崇禧和蒋介石一向矛盾重重，而陈明仁与他们二人又都渊源颇深，便于在两人之间左右逢源，谋求发展，以备不时之需。于是陈明仁答应了白崇禧，但提出自己手无寸兵，要求再兼一个兵团司令。白崇禧自然是求之不得，而蒋介石为了让陈明仁继续为自己卖命，也一口答应了下来。

1948年11月，陈明仁来到武汉。为了让白崇禧充分信任自己，陈明仁积极附和白崇禧“防共”“反共”，号称要把武汉变成“第二个四平”，暗中寻找时机参加和平运动，试图找到一条自救的出路。

此时，中国人民解放战争进入战略决战阶段。随着辽沈、淮海、平津三大战役的胜利结束，人民解放军已基本解放了长江以北地区。国民党军精锐损失殆尽，蒋家王朝已是穷途末路，摇摇欲坠。李宗仁、白崇禧等桂系首领乘势而起，以“吁和”为名，逼蒋介石下台。

1949年1月21日，蒋介石在内外交困的情况下，不得已发表引退声明，回到老家浙江奉化溪口“归隐”去了。27日，当上代总统的李宗仁致电毛泽东，声称愿意和中国共产党进行和谈。

时任湖南省主席的是国民党元老、被湖南民众誉为“家长”的程潜。程潜与陈明仁既是醴陵老

新中国成立后，毛泽东与程潜亲切交谈

乡，又有师生之谊，关系很好。程潜和蒋介石、白崇禧一向不和，看着国民党政权江河日下，已是无药可救。他不忍心让三千万湖南人民和蒋介石玉石俱焚，做无谓的牺牲，开始与中共湖南地下党组织秘密接触，寻求和平出路。

随着战局的发展，毛泽东把目光投向了自己的家乡，希望湖南人民能自己站起来，推翻蒋介石在湖南的黑暗统治，缩短解放战争的进程，和全国人民一起欢庆中国的新生。他指示中共湖南工委，要做好湖南的统战工作，争取更多的民主人士站到革命这边来。

中共中央考虑到程潜一旦在湖南举行起义，其军事实力过于单薄，不足以对抗桂系的军事压力，容易陷入被动。于是，间接通过白崇禧亲信、与中共联系密切的刘斐，向白崇禧建议：调陈明仁率重兵入湘，既可控制湖南局面，还可为广西屏障。一直想往湖南发展自己实力的白崇禧果然中计，遂派陈明仁以编训为名率军入湘。

2月，华中“剿总”副司令兼第1兵团司令官陈明仁亲率第29、第71军浩浩荡荡开进湖南，来到了春寒料峭的长沙，立即前去拜见老前辈、老上司程潜。

程潜试探着问陈明仁：“子良啊，现在共军进展神速，老蒋兵败如山倒，眼看着战火就要延及湖南了，此次子良入湘有何打算？”

沉吟半晌，陈明仁开口说，“颂公，你我都是湖南人，当然不能眼瞅着桑梓父老陷入战火而不闻不问。现在的战局发展已不可逆转了，共军入湘是早晚的事。毛泽东发表的《关于时局的声明》，我仔细拜读过了，很受启发。现在‘老头子’下了台，李宗仁主政，口口声声喊着和平和谈，我看未必是真心。我们湖南再也不能跟着他们乱搞了，还是要早作自己的打算。颂公是湖南家长，德高望重，我陈明仁一介武夫，只要能造福湖南桑梓父老，但听颂公调遣。”

听了陈明仁这番肺腑之言，程潜心里十分高兴，干脆把自己的打算和盘托出：“子良，我已考虑了很久，为今之计，为了让湖南父老不再受战乱流离之苦，唯有与共产党合作，走和平解决湖南问题的道路。”

陈明仁当即表示：只要能救湖南而牺牲小我以成全大我，是心甘情愿的。

虽说，陈明仁表示愿意跟程潜走和平道路，但其内心仍顾虑重重，既怕起义后共产党跟他秋后算账，又怕在国民党同僚中背上“投敌叛党”的千古骂名。

就在陈明仁对起义摇摆不定之际，一直致力于争取湖南和平解放的程潜的族弟程星龄带来了湖南民主人士章士钊的信。

王季范（毛泽东的表兄）、毛泽东、程潜、程星龄在北京十三陵水库（左起）

章士钊在信中，提到了3月毛泽东会见他时对湖南时局的看法，并引述了毛泽东的话：

陈明仁，我们是很清楚的，他在东征、北伐和抗战中立了不少功劳，对国家和民族是有很大贡献的。他为蒋介石在东北卖命，四平一仗成功后却又受陈诚的排挤而落了个撤职查办，对蒋介石的不满是明显的，在武汉时就释放了不少民主人士，干了一些倾向和平的事，争取陈明仁，我看也是能够办到的。至于他在四平和我们对抗，那是各为其主，陈明仁坐在蒋介石的船上，各划各的船，都想划赢，这是理所当然的，我们会谅解，只要他站过来就行了，我们还要重用他。

陈明仁内心十分激动，深深佩服毛泽东那宽广的胸襟，疑虑大大消除了，倾向和平的意愿也更坚定了。但为了迷惑蒋介石、白崇禧，陈明仁在表面上故意和倡导湖南和平的程潜背道而驰，装得很积极反共的样子，口口声声表示要服从南京政府；暗地里却让自己的旧部第1兵团司令部人事处长李君九、经理处长温汰沫代表自己和程潜保持联系，进行起义的准备工作。

毛泽东在北平双清别墅看南京解放的捷报

4月，中共一大代表、湖南大学著名教授李达应毛泽东之邀准备由长沙前往北平。程潜觉得这是一个难得的机会，便拿出500元钱，作为李达赴北平的费用，并且委托李达向毛泽东表明自己愿意走和平道路的意愿。李达到达北平后，在香山见到毛泽东，汇报了程潜密谋起义的情况。

毛泽东仔细询问了湖南形势，知道湖南人心思定，群众工作开展很顺利，程潜、陈明仁又在积极准备起义，表示很高兴，当即请李达转告程、陈两人，中共热诚欢迎他们站到人民这边来，同时表示一切既往不咎。

4月20日，国民党南京政府拒绝签署《国内和平协定》（最后修正案），国共和谈破裂。21日，毛泽东主席和朱德总司令联合发布了《向全国进军的命令》，人民解放军百万雄师一举突破了国民党军吹嘘的“固若金汤”的长江防线。23日，人民解放军攻占国民党反动政府所在地南京，接着挥师南下。

在此大好形势下，毛泽东指示中共湖南省工作委员会要积极开展策反工作，促使程潜、陈明仁早日起义，同时指出：“单做上层人物的工作不行，要发动湖南人民，争取地方势力。这样，和平解决湖南问题才有希望。”

湖南工委遵照毛泽东主席的指示，积极开展工作，广泛发动人民群众，发起以“反对假和平，争取真和平”为中心的群众运动，相继成立了“长沙市人民争取真和平联合会”“湖南各界争取和平联合会”“湖南人民自救会”等组织，提出湖南“不设防、不备战，湖南人民大团结”的口号。一时间，湖南上下一起高唱走和平自救的道路，局部和平的主张深入人心。

白崇禧耳闻湖南和平之风日盛，唯恐通向自己老巢广西的退路被程潜扼住，于是就派了大批特务潜入长沙。在白崇禧的授意下，长沙的军统特务倾巢出动，恐怖气氛弥漫于长沙上空，稽查处到处抓人，搞得鸡犬不宁，人人自危。

陈明仁慑于白崇禧压力，只能采取两面手法，表面上到处高喊要扑灭湖南人民的和平努力，誓与通“匪”分子血战到底，实际上却处处利用自己的职务之便保护和平运动。他警告那些军统特务，没有确凿证据和他本人的同意，不许随意拘捕嫌疑犯，制止了特务到处抓人的恐怖活动。同时，陈明仁又改组特务机构，任命自己的亲信宋英仲为警备司令部参谋长，梁风为军法处长。在陈明仁的暗中努力下，长沙的恐怖活动有所收敛，局面稍见安定。

5月16日，人民解放军攻克武汉，兵分三路，直逼湖南，湖南局势吃紧。

毛泽东以其战略家的远见卓识，高瞻远瞩地看到程潜、陈明仁的压力很大，如果解放军马上挥师入湘，不但湖南要战火重起，而且还会影响程、陈的起义计划。于是当即电告林彪，命令四野大军解决湖北后，暂缓入湘，在湘鄂边境整休待命。同时特地选调华北军大总队长李明灏等人到湖南去做程、陈二人的工作。

郑洞国最终率部放下武器向解放军投诚。图为郑洞国到达哈尔滨

李明灏是程潜的老部下，跟程潜、陈明仁的私交极好。陈明仁当年报考广州陆军讲武学校就是被他破格录取的，可以说对陈明仁有知遇之恩。

临行前，毛泽东特地找李明灏谈话。当李明灏提出陈明仁因历史上反共，恐怕思想上会有顾虑时，毛泽东当即表示：这个问题我和其他人也谈到过几次，陈明仁的一生功过在那摆着，我们的原则是向前看，过去的事不用过多考虑，各为其主嘛，过来了就好，我们还是要重用他的。我早已说过，郑洞国是他的榜样，论反共，郑洞国一点也不比他差，现在起义了，我们就捐弃前嫌，团结合作。如果陈明仁能协助颂云先生和平解决湖南问题，那就是为人民立了大功，我们还要为他论功行赏呢。你可以明确告诉他，我们共产党人不是蒋介石，不会干过河拆桥的事，希望他能早日消除顾虑，站到人民这边来。

7月初的一天晚上，李明灏来到长沙秘密会见了陈明仁。

谈话中，李明灏察觉到陈明仁仍有思想顾虑，便循循善诱地开导他：“以我到解放区一年多的观感而言，深感共产党英明伟大，毛泽东主席、周恩来副主席高瞻远瞩，胸怀豁达，举世无双。解放军是仁义之师，绝不会记前仇。且说北平的傅作义，回到人民的怀抱以后，中共中央、毛泽东主席把他奉为上宾，给以优厚的待遇。论反共你比不过傅作义吧，前有师表，你不必多虑。毛泽东主席有言在先，你可放一万个心。你起义之后，官阶衔级至少不会低于现在的职位，更不会让你削职为民了！”

听着老师这番入情入理的话，陈明仁深深感到只有起义才是自己的光明出路，当即表明态度，一定要紧跟程潜，在湖南高举起和平大旗，为湖南人民谋幸福，不负毛泽东主席对自己的期望，争取立功赎罪。

7月中旬，第四野战军根据中央军委部署，兵分两路，以风卷残云之势进入湖南，相继解放平江、岳阳、醴陵、华容等县。

人民解放渡河南进，追歼逃敌

此时，陈明仁已坚定走和平自救道路的决心，但表面上还是不动声色，与白崇禧虚与委蛇，摆出一副要在长沙与共军决一死战的架势。白崇禧果然被迷惑了，对陈明仁更深信不疑。

由于害怕在长沙被解放军围歼，白崇禧决定率桂军的残兵败将向衡阳退守。临行前，白崇禧逼迫他认为“不可靠”的程潜率“绥靖”公署撤往邵阳。同时为了拉拢陈明仁，让其继续为自己卖命，便报请已迁至广州的国民党政府，任命陈明仁为湖南省政府主席，坐镇长沙，以阻挡解放军南下。

诡计多端、号称“小诸葛”的白崇禧哪里想到，被他视为“铁心反共”的陈明仁早已下定了弃暗投明的决心，与程潜给他合演了一出戏。白崇禧前脚刚刚离开长沙，程潜后脚就由邵阳秘密返回长沙，与陈明仁会合。

长沙城，和平起义进入了倒计时。程潜秘密回长沙的消息，很快为蒋介石、白崇禧获知。他们气急败坏，知道事情不妙。

8月1日，蒋介石派国防部次长黄杰和政工局长邓文仪，带着他给陈明仁的亲笔信及大笔现金、武器飞抵长沙。在给陈明仁的亲笔信中，蒋介石命他死守长沙，不惜全军牺牲，否则便向湘西撤退。特别强调在撤退之前，把主张和平的人士一律处决。信中写道："弟一生光荣史迹，当自珍惜，为中正所深信也，对卖身投靠分子应羞于为伍，必要时，不惜大义灭亲，将之明正典刑，然后退守湘西，吾将来四川为尔后盾……"

明眼人一看便知，蒋介石在信中恩威并施，威逼利诱陈明仁要"不惜大义灭亲"，干掉程潜，阻止起义。这也是蒋介石惯使的伎俩。

1949年8月，人民解放军开进长沙城，受到市民的热烈欢迎

为避免打草惊蛇，影响起义大局，陈明仁当即表示誓死效忠校长，"赴汤蹈火，在所不辞"。黄杰、邓文仪满心欢喜地飞离长沙，向蒋介石报功去了。

新中国成立后，陈明仁在向毛泽东谈起此事时，对当时没有扣留黄、邓二人表示后悔。

毛泽东听了，哈哈大笑，说："没错，没错，不要扣。若那时扣他们，反而添麻烦。你这是智斗呀！"

8月3日下午，陈明仁带领数人起草《告第一兵团全体官兵书》，以及给蒋介石、阎锡山、顾祝同、白崇禧等人的电文，指出"时至今日，唯有倡导和平"，停止战争，高举义旗，才是出路。湖南和平起义已是水到渠成，任何反动力量也不能够阻止了。

1949年8月5日，历史终于在湖南翻开了崭新的一页。

程潜、陈明仁领衔正式发出了和平起义的通电，揭露蒋介石"独揽政权，背叛孙中山先生遗教，以致主义不行，外患踵至……破坏政治协商会议，重启内战。外则勾结美帝国主义，不惜丧权辱国；内则肆行独裁，变本加厉……”郑重宣布：“率领全湘军民，根据中共提示之八条二十四款，为取得和平之基础，贯彻和平主张，正式脱离广州政府。今后当依人民立场，加入中共领导之人民民主政权，与人民军队为伍，俾能以新生之精神，彻底实行革命之三民主义，打倒封建主义、官僚资本主义与美帝国主义，共同为建立新民主主义之新中国而奋斗。”

发表起义通电的同时，程潜与陈明仁还分别发表告湖南民众书、全省官长书等文告，宣布即日起脱离广州政府，绝对拥护和平，参加解放大业。

是日，古城长沙一片欢腾。下午7时，中国人民解放军威武雄壮地开进市区，数十万长沙市民夹道欢迎，欢呼声响彻云霄。人们含着幸福的泪花，感谢中国共产党和毛泽东主席，赞誉程、陈两将军顺乎民心，使长沙市免于战火之焚，立了大功。

长沙起义沉重地打击了国民党政权内部的顽固分子，也促使了国民党阵营里的中间分子下定决心反戈一击，摆脱蒋介石的反动政权。

8月13日，在香港的国民党立法委员和中央委员黄绍竑、刘斐、龙云、贺耀祖、罗翼群、刘建绪、李任仁、胡庶华、舒宗鎏、李觉、周一志、李默庵、潘裕昆、张潜华等44人发表《我们对现阶段中国革命的认识和主张》，宣布起义。随即又发表《告国民党陆海空军全体将士书》，号召“效法程潜、陈明仁两将军的义举，或弃暗投明，率队来归，或举兵起义，实现局部和平”。一时间，起义投诚的国民党部队数量大增。

陈明仁看到自己的起义受到国内外这么大的重视，共产党信守诺言给予自己极大优待，兴奋激动之余，遂以个人名义致电毛泽东、朱德，表示“服膺新民主主义，接受中国共产党的领导，竭尽驽骀，以图报效”。

同日，毛泽东、朱德复电陈明仁：“未文电敬悉。湖南举义，遐迩欢迎，颂云先生及贵主席领导有方，为功极大。贵主席主持之过渡时期省政机构极为必要，仍应行使职权，借维秩序，并利号召。尚望贵主席团结所属，再接再厉，弟等则嘱中共人员与颂云先生及贵主席竭诚合作，以利革命事业之推进。至人民省政府之建立，当俟军事有进一步发展，并与颂云先生及贵主席商酌，然后办理较为适宜。贵主席如有所见，尚望随时见教。”

25日，新华社发表经毛泽东修改的时评《湖南起义的意义》，指出：

程、陈两将军的起义，又一次证明了残存的国民党营垒中，有不少爱国的军政人员，正在等待寻找脱离反革命集团而投向人民方面的机会。反革命集团愈是山穷水尽，愈是要倒行逆施，因此，它的军政人员中判明了利害是非，决心立功自赎的事情就愈加多起来……湖南的起义，严重地震慑了华南、东南、西南、西北的国民党残部。湖南的起义告诉他们，对于人民解放军的抵抗是没有前途的，唯一的光明前途，就是脱离蒋李白统治，接受中国共产党领导，而无论什么人，只要真正做到这一步，就有受到人民谅解的希望。

长沙起义部队举行改编为人民解放军的授旗仪式

9月，经中央军委批准，长沙起义部队在浏阳县改编为中国国民党人民解放军第1兵团，下辖3个军，3.6万余人。

然而，敌人是不甘心失败的。蒋介石、白崇禧煽动潜伏在长沙、湘潭等地的特务大肆造谣：“程潜、陈明仁已被共产党软禁，在长沙起义部队的团以上军官均被扣押，所有部队全部被解除武装……”

一时间，不明真相的起义官兵思想混乱，结果导致第1兵团大部相继叛逃，给解放军解决白崇禧的残军造成了极大影响。陈明仁深感自己没能做好起义工作，给中共方面带来了很大麻烦，心里感到十分愧疚。

毛泽东在得知湖南的形势后，立即亲笔拟就电文，指示华中局和湖南省委要极力做程潜、陈明仁等人的工作，尊重他们，给他们以起义者的待遇，帮助他们进步，团结多数，打击反动分子，特别强调争取程潜、陈明仁及其一派站在人民革命方面，对于分化台湾、广州、广西、昆明、四川等地国民党，特别是台湾及宋希濂等部有极大的政治作用。强调要把这件事当作一项重要工作去做，同时指出，为安定陈明仁，除其应任军职外，要组织湖南军政委员会，以程潜为主席，中共方面的人为副主席，让陈明仁担任军政委员兼湖南省政府主席。

不久，湖南成立了人民军政委员会，程潜任主任，黄克诚任副主任，陈明仁、萧劲光等任委员。同时推举陈明仁为湖南省政府主席。

对此，陈明仁深深感到共产党言而有信，与国民党政权内的争权夺利、钩心斗角简直是天壤之别。看到共产党对自己如此优待，陈明仁感到深深的内疚，感到自己没能做好起义工作，辜负了毛主席的期望，不配受到如此的礼遇。

9月5日，毛泽东致电陈明仁："吾兄参加新政协已获筹委会通过。倘能命驾极表欢迎。"

10日，陈明仁到达北平，北平市长聂荣臻亲自到车站迎接。随后，他受到毛泽东、朱德、周恩来的亲切接见。

19日，毛泽东宴请程潜、陈明仁，作陪的有刘伯承、陈毅、粟裕、李明灏、陈叔通、张元济等人。

1949年9月，毛泽东与程潜、陈明仁等人在天坛游览

席间，毛泽东谈笑风

生，幽默风趣，感染了在场所有的人。在座的原国民党人士无不为毛泽东的风范所折服，陈明仁更为湖南出了这么一位伟人而感到自豪。

毛泽东频频举杯，祝贺程潜、陈明仁两位将军的起义成功，高度评价两位将军的义举，盛赞两位将军为湖南人民立了大功，表示中国共产党绝不会忘记两位将军的功劳，也有诚意团结一切希望祖国富强昌盛的爱国力量，一起建设新民主主义的中国。一番话，说得在场的人心里都热乎乎的，衷心感到多灾多难的中国终于有救了。

午饭后，毛泽东兴之所至，邀请程潜、陈明仁一起去游览天坛公园。

游览中，毛泽东特地把陈明仁叫到自己身边，问长问短，熟悉的乡音使陈明仁感到分外温暖。

1949年9月，陈明仁与毛泽东在天坛合影

毛泽东关切地说："你顺利地过了战争关，过来了就是好的。后天新政治协商会议就要开始开了，各方面的代表人物都有，唯独还缺少蒋介石的嫡系将领，你来了，代表性就全面了，说明我们是真正的民心所向。你可以在会议上发言，想说什么就说什么，我们共产党人不干压制言论自由的那一套，那都是蒋介石那伙人的法西斯主义。我们热诚欢迎一切爱国人士都来参加和监督我们的工作，一起更好地为人民服务！"

陈明仁不住地点头，感激之情无法言表，毛泽东的话语更使他感到共产党没拿自己当外人，激动的心无法平静下来。想起自己的过去，陈明仁感到十分内疚，诚恳地向毛泽东表示自己对1947年四平之役的负罪之感。

毛泽东摇摇手，宽大为怀地安慰他："两军相战，各为其主，犹如划船，都想划赢，有什么错？以后不要再多去想这个问题了，要向前看，来日方长嘛。”

接着，毛泽东又鼓励陈明仁：“我看林彪打仗就不如你！”

毛泽东言辞恳切的一席话，令陈明仁激动不已，他又主动检讨了由于自己的工作没做好，致使起义部队的部分官兵叛逃。

毛泽东安慰道：“你的义举意义重大，功劳不小，即使你一个人起义，也是成功之举，你不要难过嘛。”

一行人边走边谈，笑语欢声地来到祈年殿前。毛泽东与大家合影留念后，向陈明仁招了招手，“子良将军，来来，我们两个单独照个相。”

久经沙场的陈明仁将军，不敢相信自己会有如此殊荣。在毛泽东的盛情邀请面前，竟拘谨得有点手足无措了。

照完相，毛泽东对陈明仁说：“子良将军啊，现在外面谣言很盛，说我们共产党虐待俘虏，杜聿明、王耀武已被我们‘五马分尸’，干掉了，我们共产党是严格执行宽待俘虏政策的，杜、王正在济南改造，生活得很好，你去亲眼看一下，好把情况向外宣传解释一番。写些书信给你的故旧，策动他们及早觉醒。请他们不要轻信谣言，不要受骗上当，莫再顽固到底，不要继续站在人民的对立面，害人害己，劝劝他们及早归来，这也是为他们好。”

1949年9月，毛泽东在中国人民政治协商会议第一次会议上讲话

听了毛泽东一番诚恳的话语，陈明仁感到毛泽东对自己的信任，顿觉心里热乎乎的，马上爽快地答道：“我一定照办。”

“你还可以把这张照片分着给你的黄埔同学，只要送得到的，都送一张，你看好不好？”毛泽东又说。

“好！我一定照办。”陈明仁立刻答道。

“你打算洗印好多少张呢？”

陈明仁略微思考了一下，说：“我打算洗10打。”

“不够，不够！”毛泽东摆了摆手，风趣地说：“至少要洗50打。凡能送的，都要送一张。”

大家全都笑了起来。

21日，第一届全国政治协商会议在北平隆重召开。各方面爱国人士济济一堂，共商建国大计。

会议期间，人们畅所欲言，共同描绘新中国灿烂的图景。按照毛泽东的指示和陈明仁自己的强烈要求，大会安排陈明仁发言。

陈明仁怀着无比兴奋和喜悦的心情走上了讲台，激动地全体代表诉说着心声：

我起义了，这既是对白崇禧“实行兵谏”，也是对蒋介石的“大义灭亲”……我记得我在黄埔的时候，蒋介石经常对我们说：“我是革命的，实行三民主义的，我什么时候不革命，你们应该打倒我。”我现在发现蒋介石不仅是不革命，简直是反革命，简直是人民公敌，我当然要打倒他。并且不但我要打倒他，就是凡是黄埔同学乃至全国人民都要起来打倒他的。他是我们校长，现在我便给他一个大义灭亲，我想蒋介石用不着怨恨我，应该去怨恨他自己。

会场里响起了雷鸣般的掌声，经久不息。

陈明仁的心情越发激动，声音也越发响亮：

我这次在湖南率部起义，从此走向光明大道，是非常愉快的。……过去由于新闻封锁与受反动宣传的蒙蔽，甚至常常听到一些人捏造说共产党如何剥夺自由，任意屠杀，如何拆散家庭……起义之后，眼见中共所为，以前国民党的种种造谣欺骗，一扫而空……

这次起义的队伍，必须彻底改造为人民解放军。只有坚决接受共产党的领导，向解放军学习，才能服务于人民，效力于国家！

毛泽东对陈明仁十分关心，政协会议期间两次接见陈明仁，推心置腹地交谈。

谈话中，毛泽东问起陈明仁日后的打算：“是从政，还是从军？如果从政，打算给你拨一笔特别款，由你全权开支。”

陈明仁仔细考虑了一下，认真地回答：“报告主席，我是军人，还是想在军事上为国家尽点力量，不过我们那个部队现在的番号叫‘国民党人民解放军’，不伦不类，都是那时我们在思想上顽固，没转过弯来，考虑不周到。现在老百姓见到我们的士兵就骂反动派，弄得大家心里很不是滋味，一致要求改编为中国人民解放军，希望主席能满足我们起义官兵的这点要求。”

毛泽东听后连连点头：“你仍旧去带部队吧，我们已决定把你的第一兵团改编为人民解放军，仍由你当司令员。当然，今后困难可能还会很多，要有思想准备。你有什么要求，尽管提出，我们一定努力协助。”

“主席，我对共产党已完全信服，没有任何要求。”陈明仁诚恳地说。

“这可不好办，人家提出条件，我倒好办，你这个没有条件的，倒让我不好办呀。从今以后，解放军有饭吃，你也有饭吃，共产党的军队有衣穿，你有衣穿，一视同仁，绝不会有半点亏待你的地方。”

陈明仁感到无比温暖，自己为蒋介石出生入死卖命20多年，却始终被他欺诈愚弄，难得听到一句诚恳亲切的话，而毛主席与自己相识不久，就如此一见如故，宽厚仁慈，推心置腹，两相对照，真是天壤之别。

感慨之余，陈明仁请求毛主席让自己上前线去作战，打败蒋介石和白崇禧的残兵败将，早日解放全中国。

毛泽东吸了一口烟，笑着说：“子良将军，不要性急嘛！你的愿望是好的，但现在部队还未整训，马上去前线，逃兵必多。我们打算在适当时候给你们补人补枪，在做了初步整训之后，如有作战机会，上前线打几仗是很好的。”

通过与毛泽东的几次谈话，陈明仁心中的疑虑全都烟消云散了。从此，他的思想觉悟有了突飞猛进的提高，正如他在回忆录中所写的那样："共产党教育了我，使我思想上得到了逐渐提高。"

10月5日，毛泽东致电林彪、华中局，并告湖南省委：

（一）程潜、陈明仁按其现在的表现看来，似乎均有决心站在我们方面。在我和他们谈话时，李明灏代其提出人枪太少，问是否可以给他补人补枪，并要求我们速派干部助其整训，要求在打白崇禧及他处时，让其参加作战立功。（二）你们根据陈部现有人数给以两个军六个师的正式番号是适当的，军委已决定给以第二十一兵团，第五十二军、第五十三军及第二一四师至二一九师的番号。我已将此点向程潜、陈明仁、李明灏三人谈了，他们同意这样做。唯陈明仁觉得，应先对干部说清楚，对多余干部应有安置，即用调训方法使其学习，以安其心。然后宣布缩编为两军六师。我认为陈明仁这点意见是合理的。十月十日左右，陈明仁、李明灏二人由此动身经汉返湘，请待他们到达谈清楚后，再定宣布及实行的步骤。程潜在京多留若干天，然后返湘。（三）为使该兵团从陈明仁起，全体官兵，安心供职，增强其彻底改造的决心，表示我们对程、陈及该兵团看成和自己人一样，我们认为如有可能，应在该兵团编整及纪律做得有些成绩的时候，给他们补充一批人枪，其来源可从对白崇禧作战的缴获中取得。这样一做，可以增强我们对该部的领导权及发言权。再则在湖南全省平定及土改实行以后，即在大约一年以后，如该兵团表现好，而我们的地方部队，例如独立师、团等又可以集中时，可以考虑编一个军加入该兵团，使陈明仁有三个军。这对于改造该兵团是有作用的。以上各点大意我已向程、陈、李透露了。（四）程、陈、李提议现在就可以取消湖南

1966年陈明仁陪同李宗仁参观湛江大堤

军政委员会，程潜到北京任职，陈明仁专任军职不挂省主席名义。我向他们表示，军政委员会需要一个相当长的时间内存在。取消太快，程、陈部下可能发生误会，对全国影响也不好。省府改组亦宜在全省平定，陈明仁率部向前线推进之时，方有理由实施。目前几个月内，陈的主席职衔仍应兼着，唯陈的实际工作，可以着重于治军。（五）陈明仁几次提出想去前线打仗立功，我说你的志愿是好的，但目前部队未整训，马上去前线，逃兵必多。在作了初步整训之后，如有作战机会，上前线打几仗是很好的。此点亦请你们注意，有可能时，让其参加一二次作战。（六）程潜、李明灏都说湖南有失业军官十五万人之多，纷纷找他们安插，是一大问题，他们不胜其烦。我说，此是一社会问题，国家有责任有步骤地给以谋生出路。叫他们回去时和你们谈一下。此点亦请你们加以注意。（七）以上各点，你们意见如何，盼复。（八）程、陈、李等对此次政协会议观感甚好，表示有信心干下去。我告诉他们，补人补枪等事，要待人枪到了手才算数，不要向下面宣布，免引起失望。要他们将现有三万多人整训好，不存奢望，并对可能发生的种种困难和不满意之事，作充分的精神准备。我们方面则可能设法帮助他们，尽可能使他们满意些，减少他们的困难。双方这样做法就可能将事情办好。

开国大典后，参加政协会议的代表相继离开北京。陈明仁离京前，毛泽东特地单独邀他到家里做客，品尝湖南家乡菜。席间，毛泽东又一次叮嘱陈明仁回湖南前先转道济南看一看杜聿明、王耀武等一批国民党战俘。

授旗典礼

遵照毛泽东指示，陈明仁在回湖南的途中，特意来到济南解放军军官教导团看望了杜聿明、王耀武等人，并劝说他们要相信政府的政策，好好改造，争取宽大处理。

陈明仁回到湖南后，当即把自己参加政协会议的感受和参观战俘营的感受写下来，寄给一些仍在大西南负隅顽抗的国民党将领，起到了很好的攻心作用，很多国民党将士就此放下武器，走上了自新的道路。

在毛泽东主席的直接关心下，原国民党人民解放军第1兵团的改编工作进行得很顺利。

11月1日，经中央军委批准，中国国民党人民解放军第1兵团改编为中国人民解放军第21兵团，陈明仁任兵团司令员，唐天际任政治委员。

12月2日，在浏阳举行隆重的兵团成立大会。第四野战军政治部副主任陶铸代表中央军委向第21兵团授予了“八一”军旗和印章。

陈明仁率领全体将士宣誓后，激昂慷慨地宣布：“从今天起，我兵团已经踏上光明之路，开始新生了！从今天起，我兵团已经成为中国人民子弟兵，在中国共产党领导之下，努力改造，一切都向其他兵团的解放军看齐！从今天起，我兵团将要成为一支既具有高度政治素质，又具有近代的军事技术的强大军队了！”

经过整训后的第21兵团，战斗力迅速得到提高。

1950年5月22日，邓子恢、谭政、陶铸致电中央军委，提出：陈明仁部（第二十一兵团）现有人数二万四千余人，计划补充二万二千人，总共可达四万六七千人。与其起义以后兵团部成立时的人数比较，约多出一万人。

剿匪部队与民兵协同搜捕土匪

24日，毛泽东复电表示：“你们补充陈明仁的计划是好的。”

当时广西解放不久，国民党残余武装和当地土匪勾结，为害地方。11月17日，毛泽东致电中南局、中南军区党委会并告华南分局，指出：“必须用全力剿灭土匪，陈明仁部应加紧训练一个月，于十月二十日左右向广西出动参加剿匪，任务完成即开广东。陈明仁部到广西剿匪考验一次是很必要的。”

在陈明仁的精心指挥下，第21兵团在剿匪作战中屡建战功，歼灭土匪3万余人。

1951年1月28日，毛泽东给西南军区司令员贺龙、政治委员邓小平等发出嘉奖西南剿匪部队的电报：“你们一月六日送来的一九五〇年一年剿匪工作总结报告，收到阅悉，路线正确，方法适当，剿灭匪众八十五万人，缴枪四十余万支，成绩极大，甚为欣慰，望即通令所属，予以嘉奖。尚望你们继续努力，为干净剿灭残存匪众近四万人而奋斗。”

经过5个多月的奋战，陈明仁率部圆满完成了党中央和毛主席赋予的剿匪任务。

1952年1月，第21兵团司令部改组为水利工程部队司令部，投入荆江分洪的建设工程。同年10月，又改编为第55军，陈明仁任军长，开赴广东湛江，担负守卫祖国南大门的重任。

陈明仁起义后，受到了党和政府的优厚礼遇，先后担任中国人民解放军第21兵团司令员，中南军政委员会委员，国防委员会委员，湖南省临时省政府主席，湖南军区副司令，中国人民解放军第55军军长，第一届、第二届全国人民代表大会代表，中国人民政治协商会议第一届全国委员会委员，第三届常务委员等职。1955年，在毛泽东建议下，陈明仁被授予上将军衔、一级解放勋章。

1956年10月29日，第55军政治委员王振乾关于团结陈明仁一起工作问题，给广州军区党委写了专题报告。报告谈了军党委常委在同陈明仁相处中存在的缺点，以及为团结他一起工作采取的具体改进措施。通过相见以诚，多次找他个别恳谈和集体交换意见，并改进领导制度，从而增强了团结。陈明仁表示对他帮助很大，希望今后大家常谈心。

11月13日，毛泽东在转发这份报告上批示：“转发各军区、各军事学校以及有同样统战问题的军或师的党委阅读，加以讨论，仿照办理，认真解决团结党外军人问题。”

1966年夏，一场给中国人民带来深重灾难的“文化大革命”开始了。

一时间，寒流滚滚，阴霾密布。作为国民党起义将领的陈明仁难于幸免，受到了冲击。毛泽东得知消息后，当即指示要保护好陈明仁，要好好团结像陈明仁这样的高级爱国将领，一定要做好工作，使他永久有为祖国建功立业的机会。

位于长沙岳麓山的陈明仁将军墓

在这场黑白颠倒的政治风暴中，陈明仁始终坚信党的领导，相信终有一天，党和国家一定会拨乱反正。

但令人遗憾地是，陈明仁没有看到这一天的到来。

1972年，陈明仁患上了癌症，被送入解放军总医院治疗。周恩来、叶剑英十分关心陈明仁的病情，亲自过问治疗方案，竭尽一切努力挽救他的生命。

陈明仁深受感动，在弥留之际，嘱托自己的妻子要坚决跟党走，并留下将家中所存金银（折合人民币一万六千元）全部交给国家的遗嘱。

1974年5月21日，陈明仁怀着对祖国和人民的一颗赤子之心走完了他充满传奇色彩的一生，终年71岁。

陈明仁回忆自己的一生，发自内心地总结说：“共产党教育了我，宽恕了我过去的反动历史，更由于毛主席的正确领导，使我走向了新生。”

毛泽东眼中的陈济棠

——军阀毕竟是军阀

陈济棠

陈济棠，字伯南。生于1890年，广东防城（今属广西）人。国民党陆军一级上将。

1907年，陈济棠入广东陆军小学堂，次年经广东革命先驱、陆军小学教官邓铿介绍加入同盟会。辛亥革命后转入陆军速成学校步兵科。毕业后在广东地方部队任职。1920年11月，时任粤军参谋长的邓铿组建粤军第1师，陈济棠任该师第4团第1营营长。不久，邓铿被刺，陈炯明发动反对孙中山的政变，逼迫第1师将领饮鸡血之盟，为其效忠。陈济棠联同第1师的另外两位将领邓演达、张发奎起兵反抗。1923年，陈济棠升任第1师第2旅旅长。

1925年7月，粤军第1师扩编为国民革命军第4军，即北伐战争中著名的“铁军”，陈济棠任该军第11师师长，率部参加了第二次东征陈炯明和南征邓本殷战役。1926年兼任钦廉警备司令。1927年曾率部在汤坑地区阻击进入广东的南昌起义军。1928年任国民党军第4军军长。1929年任广东各部队编遣特派员、第八路军总指挥，掌握广东军权。在蒋桂战争和蒋冯阎战争中出兵支援蒋介石作战。1931年参与宁粤之争，反对蒋介石，所部扩编为第1集团军，任总司令。1932年宁粤之争弥合后，任国民党中央执监委员会西南执行部和国民党政府西南政务委员会常务委员、广州“绥靖”公署主任。此后，曾任赣粤闽边区“剿共”副司令和赣粤闽湘鄂“剿共”军南路总司令，参加第四、第五次“围剿”中央革命根

时任第八路军总司令的陈济棠（中左）与广东省主席陈铭枢（中右）、蔡廷锴（右高者）等人阅兵留影

据地。1935年被授为陆军一级上将。

1936年，陈济棠联络李宗仁等发动“两广事变”，举兵反对蒋介石，失败后下野前往香港，旋即出洋考察，自此结束了对广东的割据局面。

抗日战争全面爆发后，陈济棠由欧洲回国，任国民政府委员、最高国防委员、战略委员、农林部长等职。

抗战胜利后，出任两广宣慰使，回到广州。1949年任海南特区行政长官兼建省筹备委员会主任委员。1950年海南岛解放前夕去台湾，任“总统府”资政、战略顾问委员会战略顾问。1954年11月3日去世。

陈济棠在20世纪30年代独揽广东军政大权，进行封建割据，保持广东半独立局面长达8年之久，号称“南天王”。

在国民党高级将领中，陈济棠素以骁勇善战而著称。当时，桂系军队强悍无比，又有人称“小诸葛”的白崇禧指挥，更是目空一切，但却数败于陈济棠之手。

1929年蒋桂战争后，败退回广西的李宗仁、白崇禧、黄绍竑倾全桂之兵向广东进攻，粤军徐景唐率第5军在广东起兵响应，直逼广州。陈济棠深感“广东存亡，在此一战”，遂以保境安民为号召，动员全部粤军同桂军决战。他采取各个击破的战略，大败桂军，并乘胜追至广西边境。

一年后，中原大战全面爆发。李宗仁、白崇禧、黄绍竑、张发奎为策应北方的阎锡山、冯玉祥，挥师北上，入湘作战，占领长沙，前锋直抵平江、岳阳。陈济棠率粤军入湘，支援蒋介石作战。

6月10日，粤军攻占桂军战略后方重地衡阳，将其拦腰斩断。桂军首尾不能兼顾，被迫放弃长沙，回师反攻衡阳。衡阳之战，双方皆倾其精锐，战况空前惨烈。桂军横尸遍野，被毙伤俘12000余人。战后，李宗仁沉痛地说："衡阳外攻不下，而敌人援军云集。……不得已，再向广西撤退，情形狼狈不堪。官兵对战事都十分消极，情况的艰窘，实我军作战以来所未曾遇过的。"

陈济棠的勇猛令蒋介石刮目相看，与桂军数度交战更是取得了蒋的信任。尤为重要的是，在反共问题上，他也同蒋介石一样，是毫不含糊的。

1927年蒋介石发动"四一二"反革命政变，正在苏联考察的陈济棠立即回国，亲自向蒋呈报反苏反共的意见，并在"总理纪念周"上作反苏反共报告，称"共产党是本党的反对党，是危害本党的唯一敌人"。

陈济棠麾下的粤军骁勇善战

同年9月，南昌起义部队进入广东，陈济棠与薛岳等粤军将领率部驰赴潮汕阻击，与叶挺、贺龙部主力在汤坑东南的白石遭遇。结果激战三昼夜，起义军伤亡2000余人，被迫退出战斗。

此役后，陈济棠愈加见重于蒋介石，升任国民党军第4军军长，随后任广东各部队编遣特派员、第8路军总指挥，并乘机将粤军整编为5个师，如愿以偿地爬上了"南天王"的宝座。

然而，陈济棠尽管骁勇善战、积极反共，但在善于玩弄权术、一心想削弱地方军阀势力的蒋介石眼中充其量不过是一颗棋子。

在陈济棠之前，掌握广东大权的是他在粤军第1师的老上司——李济深。

李济深政治上属于粤系，但作为广西人，私人感情却偏向桂系。他

人称“南天王”的陈济棠

利用乡土关系，长期与桂系结为一体：广东支援广西军费，广西支援广东兵力。粤桂两省密切配合，使蒋介石无法插手。

常言道：堡垒往往是从内部瓦解的。老谋深算的蒋介石深知其理，决定从派系甚多的粤军内部找出一颗棋子打入其间，拆散粤桂联盟。

这颗棋子便是陈济棠。

陈济棠果然没有辜负蒋介石的期望，在蒋桂战争中取代了李济深，并作为对蒋介石的回报，数败桂系，粤桂从此结怨，联盟土崩瓦解。

能够取代李济深独霸广东，陈济棠自然不是一个只会拼杀的武夫，深知自己不是蒋介石的嫡系，因为拥蒋反桂，才取得了“南天王”的地位。但靠蒋介石搞掉了别人的人，最怕蒋介石再用别人来搞掉自己。故上台伊始，陈济棠与蒋介石之间的貌合神离，便不可避免地出现了。

中原大战后期，随着桂军节节败退，陈济棠陷入了进退两难的境地。一方面，他对蒋介石感激涕零；另一方面，又唯恐蒋介石在收拾了桂军后，回过头来吃掉自己。在反复权衡利弊后，陈济棠决定效仿他的前任李济深，重建粤桂联盟。于是便采取消极避战的策略，任由桂军退守广西，同时派出密使与李宗仁、白崇禧联系，表示修好。

一时间，宁、粤、桂三方势力相互制衡。陈济棠也因此牢牢地坐稳了“南天王”的宝座。1931年，陈济棠扩编所部为第1集团军，自任总司令，并接管驻广东的海、空军，连同陆军，总兵力达15万人之多，独霸广东，成为一方诸侯。

这年2月，蒋介石把国民党元老胡汉民扣留在南京汤山。消息传到广州，军政各界无不震惊。

几天后，蒋介石由南京发来“解释电文”，声称：

“胡先生对国民会议，坚持主张不得议及约法，恐因此引起党内无穷纠纷。28日晚特与详细讨论，胡先生以政见不合，欲辞本兼各职，并欲择地静居，谢见宾客，故于本日往汤山暂住。乃闻谣传扣留，殊觉失实。”

此文欲盖弥彰，反倒证实胡汉民确已被蒋介石囚在汤山了。

陈济棠与胡汉民本有师生之谊，感情自然容易冲动。加之胡派首脑古应芬等人，上蹿下跳，煽风点火。不久，广州等地便掀起反蒋高潮。

4月30日，国民党四位中央监察委员邓泽如、林森、萧佛成、古应芬以通电形式发布“弹劾蒋中正提案”。

5月3日，陈济棠率先发表响应通电。李宗仁、白崇禧、张发奎、唐生智等人亦发出响应通电。孙科以调解宁粤争端为名南下，到香港后与汪精卫合流，相继抵达广州。

1929年广东省党政要员陈济棠、陈铭枢、李扬（右起）在一起

27日，广州组织国民党中央执行委员会非常会议，通过国民政府组织大纲，推汪精卫、孙科、唐绍仪、古应芬、陈济棠、李宗仁、李烈钧、唐生智等为国府委员，成立国民政府。次日，发表宣言并对蒋介石发出最后通牒，限于24小时内即行引退。

12月15日，蒋介石被迫下野。这便是著名的“宁粤分裂”。1932年宁粤之争弥合后，陈济棠与蒋介石“重归于好”，任国民党中央执监委员会西南执行部和国民党政府西南政务委员会常务委员、广东“绥靖”公署主任，以“均权分治”的幌子，行拥兵自重、军阀割据之实，将广东搞成半独立状态，妄想永踞“南天王”宝座。

可惜好景不长。随着红军的日益强盛和苏区的不断扩大，蒋介石接而连三地发动对苏区的“围剿”作战，陈济棠的宝座开始晃动了。

粤北紧邻中央苏区，英勇善战、战术灵活的红军则是陈济棠长期畏惧的力量。

7年前在汤坑与南昌起义军血战的一幕，一直萦绕在陈济棠的脑海里，挥之不去。当时双方为争夺一块高地互相投掷手榴弹，谁也不肯退去。战至第三日黄昏，双方在均付出了上千人伤亡的代价后，同时撤退。如今，红军已发展到十万人，又有了巩固的根据地，其战斗力早已今非昔比。这怎能不叫陈济棠后怕呢?

位于广西东兴市的陈济棠旧居

在内心里，陈济棠既不希望共产党过于强大，也不热衷于参与蒋介石的“围剿”行动。在他看来，正是有闽赣红军拖住蒋介石的主力和隔断蒋介石从江西进攻广东之路，广东才得以偏安一时。从某种意义上讲，共产党的根据地就是他防堵蒋介石的中央军进入广东的一道屏障。

更为关键的是，从第一次“围剿”中央苏区开始，陈济棠就看出蒋介石乘“围剿”红军之机，借刀杀人、兼并异己的毒计。但若公然抗命，不参加“围剿”，就会给蒋介石兴师问罪的把柄。陈济棠自知论政治、军事、经济实力，绝非蒋介石的对手，更知自己对蒋反复无常，由拥蒋、反蒋到“分庭抗礼”，蒋绝不会轻易放过他。因此，陈济棠对蒋介石始终保持高度警惕，采取若即若离态度，避免与蒋翻脸，发生直接冲突。

与其他地方军阀一样，陈济棠能高居“南天王”之位，在粤境地面称老大，很大程度上是赖于他的粤系“子弟兵”。正因如此，他视地盘和实力为性命；也正因如此，他一切行动的准则是以保存实力和地盘为基点的。从这点上讲，在共产党和蒋介石之间，他是既防共又防蒋。

思前想后，陈济棠决定依旧采取“剿共与防蒋并举”的策略，既派兵参加“围剿”苏区，但又绝不能远离广东，同时避免与红军过多纠缠，以防蒋介石的中央军乘虚南下，袭取广东。

1932年2月，红三军团围攻赣州，守城的第34旅一再告急求救。在蒋介石连电督促下，陈济棠极不情愿地派范德星旅驰援。结果范旅遭到红军打援部队的伏击，损失了两个营。而蒋介石的嫡系干将陈诚则率部乘机突破红军拦截，解了赣州之围。

陈济棠陈列馆

陈济棠白白丢了两个营，痛心不已，对部属谆谆叮嘱：“今后与红军作战要特别慎重，各部均以固守为主，不要轻易出击。”

在第五次“围剿”中央苏区时，陈济棠被蒋介石委任为南路军总司令，指挥粤军11个师又1个旅，筑垒扼守赣粤边境之武平、安远、赣县、上犹地区，阻止红一方面军南进及渡江西进，并逐步向筠门岭、会昌地区推进，协同北路军作战。

对陈济棠来说，阻敌“向南发展”的不仅是红军，当然还包括蒋介石的中央军。于是，他一面积极调兵遣将，摆出要与红军决一死战的架势；一面又严令所部要慎重行动，不得轻易出击。

见南线粤军只喊不打，迟迟不出击，蒋介石大为恼火，三番五次严令陈济棠率南路军进剿出击。但陈济棠仍旧我行我素，虚与委蛇，采取“你敲你的锣、我打我的鼓”的应付策略，和红军保持着相对平静，静观其变的态势。

其实早在1934年3月，陈济棠即以南路军总指挥的名义，对所属部队重新进行了调整和部署，以第1军置于西路主要方向，重心在于防止红军向南突围。这种调整和部署颇见他的心机：第1师第1团移驻重石，第2团移驻新田，师部和第3团移驻古陂，教导团移驻版石；第2师主力则仍驻信丰及王母渡方向；第4师驻防赣州及南康；第3师接替桂军第44师驻防

陈济棠退回台湾，陈诚与何应钦到机场迎接

安远；独立第3师驻防韶关、乐昌、连县、南雄等地。在东线的粤赣闽边境，陈济棠则将李扬敬第3军一字排开，最前端伸至与苏区鸡犬相闻的筠门岭。至此，粤军从安远至信丰再到赣州构筑了一条完整的封锁线，并突出了安远、信丰段。

粤军按部署移防后，陈济棠又督令各部大筑坚固工事，依山傍水垒石结寨，摆出一副固守架势，尽可能避免与红军发生大规模的冲突。不仅如此，陈济棠还默许所部与红军在经济上有一些来往。当时蒋介石对中央苏区实施“经济围剿”，苏区所必需的食盐、布匹、药品等物资十分缺乏，价格昂贵。陈济棠的一线部队指挥官看到了其中的商机，便和当地豪绅串通，偷偷将食盐、布匹、药品贩入苏区，牟取暴利，狠狠地赚了一笔。对渴中求水的红军而言，这自然是件巴不得的事。

1934年初，反蒋的福建人民政府垮台，十九路军迅速溃败。蒋介石嫡系部队李玉堂第3师部立即调闽南边界，对广东构成威胁。

这时，蒋介石双管齐下，对陈济棠威逼利诱，一方面以粤糖免税办法为诱；另一方面在军事上进一步威胁，摆出一副出兵粤境的架势。

陈济棠苦思冥想后，认为红军主力元气大伤，且重点布防在北线，南线的红军多为地方部队，不仅人数少，战斗力也较弱，可以打一打，弄出点战绩，也好向蒋介石交差。

4月中旬，陈济棠借北线蒋军大举进攻广昌之机，以李扬敬第3军为骨干，增编为南路军第2纵队，共投入2个军、1个独立师、1个航空大队和1个重炮团的兵力，向寻乌、安远、重石、清溪、筠门岭等地区发动猛烈进攻。

筠门岭，东临福建，南瞰广东，北距会昌55公里，距红色首都瑞金只有100公里，是水陆交通要道，粤赣边区的重镇，也是历来兵家必争之地。

在粤军大举进攻筠门岭时，老奸巨猾的陈济棠深恐驻粤东兵力抽调后，蒋介石嫡系会乘虚突袭，便授意李扬敬夸大驻寻乌、筠门岭地区的红军人数，向蒋虚报。并借机增调第2军第5师加入第2纵队，名为加强前线作战，实为增强粤东兵力，以防蒋军突袭。

坚守筠门岭的是红22师。该师是一支新成立的部队，1933年6月由红23军改编而成，下辖第64、第65、第66团，共8000余人。

在"左"倾冒险主义的错误指挥下，红22师与数倍于己的粤军打起了阵地战、堡垒战。虽浴血奋战数日，但终因伤亡过大，被迫撤出筠门岭，留给粤军一座空城。

进占筠门岭成为粤军参加第五次"围剿"中央苏区以来的第一次"重大胜利"，陈济棠大肆宣扬，向蒋介石请功。

蒋委员长心知肚明，但在"围剿"的关键时刻还需要利用地方军阀为他冲锋陷阵，于是传令嘉奖粤军，赏大洋五万元，并命粤军乘胜追击，直捣会昌，以配合北线夺占广昌。

蒋介石的心思，陈济棠自然也是一清二楚，赏钱收下，至于"直捣会昌"，还是免了吧。

4月下旬，毛泽东携带几名随员离开瑞金，前往粤赣省委所在地会昌视察并指导工作。会昌，对于毛泽东来说，是再熟悉不过的了。早在1929年从井冈山南下时，他就曾到过会昌，以后又经常途经和居住在这里。

毛泽东在会昌通过深入调查，和省委、省军区领导一起制订了南线的作战计划和部署。当得知红22师退出筠门岭、正在开干部会检查战斗失败的教训时，毛泽东立刻打电话给红22师政治委员方强："你们打得很好，你们是新部队，敌人那么多，打了那么久，敌人才前进了那么点，这就是胜利！""现在应该把主力抽下来，进行整训，用小部队配合地方武装和赤卫队打游击、袭扰、牵制敌人。整训中要总结经验，好好研究一下，是什么道理挡不住敌人？是什么道理不能打好仗，不能大量消灭敌人？我们不能按本本主义先生们坐在城市楼房里设计出来的那套洋办法办，什么以碉堡对碉堡，集中对集中，这叫以卵击石。为了保存红军的有生力量，消灭敌人，要从实际出发，不能硬拼消耗。你们要采取游击战、运动战的打法，要严密侦察和研究敌情、地形，在会昌与筠门岭之间布置战场；要在敌人侧翼集中优势兵力，造成有利条件，首先歼灭敌人一个营一个团，继而打更大的胜仗。”

毛泽东一眼看穿了陈济棠“剿共与防蒋并举”的心思，在粤赣省委和省苏维埃政府所在地会昌县文武坝，他明确向省委书记刘晓、省军区司令员兼政治委员何长工指出：

毛泽东与红军战士在中央苏区

“我们要吸取福建事件的教训，善于利用粤军陈济棠和蒋介石的矛盾，粉碎敌人的‘围剿’，壮大自己的力量；同时，也要提高警惕，军阀毕竟是军阀，要‘听其言，观其行’。不过总的讲，我们要摆正‘打’与‘和’的关系，和平局面是巧妙地打出来的。我们要向陈济棠的部队和敌占区人民开展强大的宣传攻势，宣传抗日救国、枪口一致对外，中国人不打中国人的道理，这样才能做到利用矛盾，壮大自己。”

何长工等人按照毛泽东的指示积极开展工作，果然收到了显著成效，使南线的局势趋于缓和。这为日后红军与陈济棠秘密谈判，达成“停战借路”协议，使红军开始长征时顺利突破国民党军的前两道封锁线埋下了伏笔。

4月28日，历时18天的广昌战役结束。此役，国民党军借助碉堡、飞机、大炮的掩护，以伤亡2400余人的代价，攻占了素有中央苏区“北大门”之称的广昌。而中央红军在“左”倾错误指挥下，以“短促突击”与强敌大打阵地战、堡垒战，虽作战英勇顽强，但自身伤亡惨重，高达5500余人，约占红军参战总兵力的四分之一。

占领广昌，也就打通了通往中央苏区腹地瑞金之门，蒋介石欣喜若狂，急忙调整部署，指挥各路“围剿”大军气势汹汹地合围上来，欲全歼红军。

眼见“围剿”作战形势风云突变，陈济棠又坐不住了。综合近期多方情报，他察觉到红军有突围实施战略转移的动向。而蒋介石又不怀好意，想借此时机逼迫红军进入粤境，这一点陈济棠早有思想准备。第五次“围剿”的部署本来就是北重南轻。在北面，蒋介石先后集中了40多个师的重兵，步步为营向南推进，明显是要把红军压入粤境。

如今红军转移的迹象日益明显，被迫入粤的可能性也越来越大。试想如果十万红军倾巢入粤，决非粤军所能力敌。螳螂捕蝉，黄雀在后。蒋介石数十万中央军紧随红军入粤，广东数年之经营成果必然灰飞烟灭，毁于一旦。

想到这些，陈济棠心情不定，越发紧张起来。于是，他请过去的死对头、有“小诸葛”之称的桂军主将白崇禧来粤，共商大计。

位于广州的陈济棠公馆

粤桂之间在历史上素有恩怨，既有李济深时期的联盟，又有陈济棠时期的血战，但在防共防蒋问题上，却一直是同病相怜，可谓“同仇敌忾”。

白崇禧来粤后，马不停蹄，旋作赣南之行，经赣州、南康、大庾（今大余）、信丰、安远等地，最后经筠门岭返回广州，历时月余。

最终，陈济棠采纳了白崇禧的建议，立即停止交战行动，开始寻觅建立与红军的直接联系。

的确，中国人是特别睿智的，如果能够达成适当的安排，是绝不会执意非兵戎相见不可的。中国传统的兵家之道尤其推崇外交，《孙子兵法·谋攻》下篇云："上兵伐谋，其次伐交"。在中国历史上的许多大战中，都始终贯穿着斗智斗谋的激烈角逐，同时还伴随着丰富多彩的外交活动。

大凡出色的政治家、军事家都很清楚：在外交上没有永远的敌人，也没有永远的朋友，只有永远的利害关系。因此，取得外交的成功，对自身的生存和发展都是至关重要的。

陈济棠与家人一起

周恩来，这位新中国成立后的首任外交部长，就是一个天才的外交家。他深知在错综复杂的中国政治棋局中，蒋介石并不是万能的。由地方军阀和政治掮客排列组合成的万千世界，联合也好，结盟也罢，无时不在变化之中。地方军阀们担心蒋介石一旦过于强大，自己的地盘被吞掉，财路就会丧失。对他们而言，无论是蒋介石还是共产党变得过于强大都是他们所不愿意见到的。如果和共产党搞交易可以捞到好处，他们又何乐而不为呢？何况他们中间有些人也很爱国，对共产党建立抗日统一战线的爱国主张表示欢迎。

7月底，周恩来派专使秘密潜入广州，辗转和陈济棠接上了关系，向他宣传“中国人不打中国人，枪口应一致对外”的道理。

陈济棠正巴不得红军有此一举，便爽快答应，表示赞成中共在三个条件下“同全中国武装队伍联合起来共同抗日”的主张，愿意通过谈判来协调双方的关系。

双方经过谈判，很快就达成了停战协议，并建立了秘密通信联系。

9月，国民党北路军、东路军向中央苏区核心地带逼近。陈济棠即派出一个称为“李君”的代表，秘密赴苏区面见朱德，要求举行秘密谈判。

红军此时正在寻找战略转移的突破口，两者一拍即合。朱德立即给陈济棠复信，同意谈判。

9月中旬，周恩来委派颇有谈判经验的何长工、潘汉年作为红军代表，从寻乌、平远两县交界处进入陈济棠的独立第1师第2旅防地。

经过三天三夜的谈判，双方终于达成了五项协议：

1.就地停战，取消敌对局面；

2.互通情报，用有线电通报；

3.解除封锁；

4.互相通商，必要时红军可在陈的防区设后方，建立医院；

5.必要时可以互相借道，红军有行动事先告诉粤军，粤军撤离四十华里。红军人员进入粤军的防区用粤军护照。

为了保密，协议没有形成正式文本，而是由双方代表将协议各自记在了自己的笔记本上。

谈判即将结束时，何长工接到了周恩来的电报：“长工，你喂的鸽子飞了。”

粤军代表对此很敏感，满腹狐疑地问：“是否你们要远走高飞了？”

何长工平静而婉转地回答：“不是，这是说谈判成功了，和平鸽上天了。”

其实，这是何长工与周恩来事先商定的密语：第五次反“围剿”遭到失败，红军已经决定实行战略转移。

何长工、潘汉年随即离开寻乌，返回会昌。当时中央军委机关已从瑞金的白石山转移到雩都去了，周恩来特地派人等候他们，并留下了一封信，要二人立即赶赴雩都。

在雩都，何长工、潘汉年向周恩来详细汇报了谈判情况。

周恩来异常高兴地说："这对于我们红军、中央机关的突围转移，将起重大作用。"

果然，中央红军开始长征后，陈济棠按事先与红军达成的"借道协议"，主动将粤军主力全部撤至大庾、南雄、安远一线转入防御，意图非常明显：既阻止红军进犯广东，又防止蒋介石的中央军借机窜入。

粤军负责的第二道封锁线中心——城口

由于陈济棠为红军让出了前进的通道，10月25日，红军从信丰南北全部渡过桃江，顺利突破了粤军的第一道封锁线。11月8日，红军进抵汝城以南、城口以北地域，又成功突破了粤军的第二道封锁线，进入湘南、粤北地区。

在封锁线内，随处可见修筑在公路两旁、山坡岭头等要害位置上大大小小的碉堡。这些碉堡或砖石或钢筋水泥结构，根据地形、射界，或四方或六角，分为排堡、连堡、营堡，堡内只有一个小门出入，全身像裹着铠甲，可以避弹。堡垒之间形成交叉火力，卡断公路，封锁要隘。若真打起来，对缺乏攻坚武器的红军肯定会造成很大麻烦。但这些碉堡均被后撤的粤军放弃了。

正因如此，红军前锋部队才能以每天近百里的急行军速度开辟通路；后卫部队才能作搬家式、甬道式的前进，把"坛坛罐罐"一直保留到了湘江岸边。

陈济棠不让路，这便不可能。

毛泽东眼中的胡宗南

——阴险恶毒，志大才疏

胡宗南

胡宗南，字寿山，别号琴斋。生于1896年。浙江孝丰鹤落（鹿）溪（今属安吉县）人。国民党陆军一级上将。

胡宗南8岁时入私塾，13岁进入孝丰县城高等小学堂读书。1913年考入湖州公立吴兴中学，毕业后回孝丰县立高小教书。1924年到广州考入黄埔军校第一期。毕业后，被分配到教导第1团第3营第8连任少尉见习，后调任机枪连排长，参加第一次东征，因作战有功，晋升机枪连上尉副连长。随即又参加讨伐杨希闵、刘震寰的战争和第二次东征。在战斗中，胡宗南总是冲在最前，杀敌勇敢，升任第1团第2营营长。北伐前，蒋介石以两个教导团为基础，扩编成第1军教导师，胡宗南改任教导师第2团第2营营长，后晋升为第2团团长。1926年秋，教导师在江西南昌一带与孙传芳部作战，恶战十余天，惨遭溃败，师长王柏龄被撤职。胡宗南却在这次战斗中打得相当出色，指挥第2团打败了孙传芳1个精锐师，俘虏了军长李彦春以下官兵8000余人，深得蒋介石的赞赏。

1927年5月，蒋介石为表彰胡宗南的战功，晋升他为第1师少将副师长，成为黄埔系学生中第一个跨入将军行列的人。其后在协助刘峙攻打蚌埠的作战中，指挥有方，升任第1军第22师师长。1928年4月，胡宗南参加第二期北伐。8月，第22师缩编为第1师第2旅，胡宗南任旅长。11月，所部在蒋介石校阅中因训练成绩突出，被评为“模范旅”。1929年随蒋参加蒋桂战争。次年率部参加蒋冯阎中原大战，战后任第1师师长。1932年2月，蒋介石出任国民党中央军事委员会委员长，决定成立由胡宗南、贺衷寒、康泽等人发起的复兴社。胡宗南成为复兴社的“十三太保”之一。6月，胡宗南指挥所部参加“围剿”鄂豫皖革命根据地。1935年2月派兵到四川松潘一带阻截北上的工农红军。1936年4月任第1军军长。

抗日战争期间，胡宗南历任第17军团军团长、第34集团军总司令、第八战区副司令长官、第一战区代司令长官等职，先后率部参加淞沪会战、武汉保卫战等。期间，曾派重兵包围封锁陕甘宁边区，多次向八路军挑衅，制造摩擦。

1947年3月，胡宗南不负蒋介石“重托”，攻占了毛泽东主动放弃的空城延安。图为胡宗南陪同蒋介石在延安视察

1945～1948年，胡宗南历任第一战区司令长官、西安绥靖公署主任等职，极力推行蒋介石反共反人民的内战政策，指挥所部进犯陕甘宁边区，一度进占中国共产党中央委员会所在地延安。1949年5～7月，所部在人民解放军发动的陕中、扶郿战役中遭受沉重打击后，陆续撤至秦岭、巴山地区。9月兼任川陕甘边区“绥靖”公署主任。12月任西南军政长官公署副长官兼参谋长。在人民解放军发动的成都战役中，所部大部起义或被歼，余部逃往西昌。1950年3月由西昌逃往台湾后，任江浙“反共救国军”总指挥、澎湖防守司令官等职。1962年2月14日病故，被追晋为陆军一级上将。

在蒋介石众多门生中，“小老乡”胡宗南无疑是最受宠爱的，也是升官速度最快的。

1924年11月，胡宗南从黄埔军校毕业后，平步青云，短短三年便升至国民革命军第22师师长，在黄埔一期生中当属第一。同时他还是黄埔系第一个晋衔陆军上将和战区司令长官的。抗战胜利后，胡宗南出任第一战区司令长官、西安“绥靖”公署主任等职，统辖40多个师，总兵力近50万人，控制着陕、甘、宁、青等数省，人称“西北王”，可谓权倾一时、威风八面。这其中自然有很多诀窍，但有一点至为重要，就是对蒋介石无二的忠诚。

毛泽东对胡宗南并不陌生。早在1935年2月，胡宗南奉蒋介石之命率部到四川松潘一带阻截长征北上的工农红军，屡败于红军之手，尤其在包座一役中更是遭受重创。

上下包座位于四川省松潘县的北部，距离巴西、班佑100多里，地处深山峡谷的包座河流域，在今若尔盖县东南端。“包座”藏语意为枪筒，因地形得名。上下包座相距数十里，包座河纵贯其间，松（潘）甘（肃）古道蜿蜒于包座河沿岸，山高路险，森林密布，包座河水深流急，两岸石崖陡峭，地形十分险要，是红军进入甘南的必经之路。

包座战斗遗址

胡宗南部进占松潘后，松甘古道成为其运粮的主要通道。为此，他命令补充旅第2团约2400人进驻包座，另以张孝莱支队约300多人协同前往。

第2团团长康庄派3营驻守上包座大戒寺及其附近山头阵地，团部和1营、2营驻守下包座求吉寺（救济寺），张孝莱支队驻守下包座附近的阿西茸。守军利用山险隘路，修筑集群式碉堡，构成一个防御区。

在得悉红军北上的消息后，胡宗南深恐包座有失，急调伍诚仁的第49师驰援，企图在上下包座至阿西茸一线堵击红军。

攻占包座，开辟北上前进通路，成为红军右路军的当务之急，否则就有被逼回草地的危险。据此，红军决定赶在国民党军援兵到来之前，速战速决，攻取上下包座，然后集中兵力打援。

8月29日傍晚，红264团突然向大戒寺国民党守军发起猛烈进攻。战斗打得非常艰难，敌人凭借险要地势和强大火力，固守待援。激战一夜，红264团歼灭守军2个连，击毙少校营长陈嘘云以下数十人，残部逃至大戒寺后山碉堡继续顽抗。

30日上午，红军除以少量兵力继续包围监视包座守敌外，将第88和89师主力埋伏在第49师必经之路的西南山上，并派 1 个连控制了东山制高点。这座险峻的山冈，西可俯视来援之敌，北可对包座之敌形成包围。当夜，第49师先头团抵大戒寺南。红军略作抵抗后，主动后撤，诱其深入。

31日下午3时，红军各部按部署一齐向进入包围圈的第49师发起全面攻击。红268团首先来了一个“中心开花”，从正面插入河西岸敌军南北两团结合部，并以一部夺取包座桥，切断了东西两岸敌军联系，将敌军一下子分割为三部分。

战斗异常激烈，包座河两岸，枪炮声、喊杀声响成一片。红军指战员英勇奋战，连续猛烈突击。第49师渐渐不支，遂向沿岸森林退缩。激战至当晚，红军将第49师大部歼灭。

得知第49师在包座被围，胡宗南急得在屋里团团转，对参谋长于达说：“派部队救援吧，不但时间上来不及，徒劳无益，而且怕在半途被共军拦路吃掉；不去吧，又恐校长责怪我坐视部队受危不救。”

苦思冥想了一晚上，他才决定派第1旅旅长李铁军率所属3个团前去救援。

不巧的是，部队出发后不久，就遇上了坏天气。大雨倾盆而下，草地上烂泥成浆，第1旅可吃尽了苦头，根本不是在走，而是在“滚”，官兵个个浑身泥污，有的丢了帽子光着头，有的走烂了鞋子光着脚，简直成了一支乞丐大军。足足“滚”了两天，才走了百余里路，不足一半行程。这时，包座方向传来令人震惊的消息：第49师已被红军击溃，装备也损失殆尽。

胡宗南生怕第1旅中途遇袭，急电李铁军：“四十九师在毛儿盖全部被红军缴械，该旅严加警戒，并限星夜赶回松潘原驻地待命。”

包座战役，红军共毙、伤敌4000余人，俘敌800余人，缴获长短枪1500余支、轻机枪50余挺以及大批粮食、牛羊，打开了向甘南进军的门户。

会宁西关

1936年10月9日，红一、红四方面军在甘肃会宁西关会师。22日，红一、红二方面军在会宁和静宁以北的将台堡会师。至此，红军长征全部胜利结束。

10月下旬，蒋介石亲自坐镇西安督战，调集5个军的重兵，分四路向红军发起进攻。

11月21日，红军在山城堡一役中重创胡宗南部第78师，歼其1个多旅，沉重地打击了敌人的嚣张气焰，壮大了红军的声威，对促进逼蒋抗日方针的实现起到了积极作用，为长征画上圆满的句号。

1946年6月26日，国民党军对共产党领导的解放区发动大规模进攻，全面内战爆发了。蒋介石错误地判断了战局的发展，狂妄叫嚣在3个月至半年内扫清关内共军，然后解决东北问题。

然而8个月过去了，到1947年2月，国民党军虽然占领了解放区的105座城市，但同时也付出了惨重代价，被歼灭71万人，且战线越拖越长，兵力越来越分散，补给愈加困难，包袱也越重。

与之相反，在解放区人民群众的大力支持下，共产党领导的革命武装力量越战越强，不断壮大，兵力发展到137万人，装备也得到较大改善。

面对军事、政治、经济的多重失败，蒋委员长焦头烂额、心神不宁。为挽救全面进攻的失败颓势，决定收缩进攻的正面，在东北、晋察冀、晋冀鲁豫战场上改取守势，抽调兵力重点进攻山东和陕北两解放区，企图在战略上首先实施两翼突破，尔后钳击华北。

蒋介石与心腹爱将胡宗南

延安是中共中央所在地，被誉为“革命圣地”，吸引着成千上万的热血青年和爱国人士，一直是蒋介石的眼中钉。此次他把进攻陕北解放区的重任，交给了他的得意门生、心腹爱将——第一战区司令长官胡宗南，命其对“匪军老巢”延安实行“犁庭扫穴，切实占领”。

1947年初，为在3月10日莫斯科召开的苏、美、英、法四国外长会议上捞取政治资本，争取国际支持，蒋介石把胡宗南召回南京议事。

2月上旬，胡宗南飞赴南京。蒋介石迫不及待地召见了他，意味深长地说：“‘共匪’在延安现有兵力不过2万多人，你要集中至少10倍于敌的兵力，一举拿下延安，消灭共产党中央机关，活捉毛泽东，这可是你为党国立的首功啊。”

胡宗南信誓旦旦地向校长打包票：“拿不下延安，学生甘受军法！”

28日，胡宗南飞到西安，立即召集手下诸将开会，商讨进攻延安的具体部署。最终决定调集34个旅25万余人，围攻延安，摧毁中共中央机关、人民解放军总部，消灭陕甘宁解放区部队于黄河以西，或逼过黄河，尔后会同华北国民党军将其歼灭于黄河以东地区。

此时，人民解放军在陕北战场仅有正规军1个纵队和2个旅及3个兼警备区的地方旅，全部兵力加起来不足3万人，而且装备很差。

形势万分严峻。3月2日，中共中央书记处召开会议，研究决定“必须用坚决战斗精神保卫和发展陕甘宁边区和西北解放区”，以从战略上配合其他解放区作战。为此，急调晋绥军区第2纵队王震部2个旅近万人，自吕梁地区西渡黄河，集结于延长附近，加入西北人民解放军序列；西北人民解放军充分利用陕北有利的地形条件和群众基础，诱敌深入，与敌周旋；必要时放弃延安，采用“蘑菇战术”，牵制胡宗南集团主力于陕北战场，陷敌于十分疲惫、缺粮的困境，抓住有利战机，集中绝对优势兵力在运动中各个歼敌，以时间空间换取敌我力量的逐渐改变，最终夺取西北解放战争的胜利。

6日，中央军委电令晋冀鲁豫野战军第4纵队司令员陈赓、政治委员谢富治及太岳军区司令员王新亭，立即率部出击胡宗南侧背，配合延安保卫战。

7日，中央军委电令贺龙尽量支援炮弹，用汽车运送军用物资；同时电令陕甘宁野战集团军司令员张宗逊，在现有防线基础上于劳山与三十里铺之间、南泥湾与三十里铺之间及其以东地区，加筑第三道防线。

8日，中共中央在延安召开战斗动员大会，中央军委副主席彭德怀亲自作动员。

“保卫党中央！保卫毛主席”“保卫延安！保卫边区！保卫胜利果实”的口号声此起彼伏，震天动地。

11日，胡宗南在洛川召集旅以上军官开会，宣布进攻延安的作战计划：以董钊的第1军率领整编第1、第27、第90师为右兵团，由宜川经南泥湾、金盆湾向延安进攻，占领延安东北地区；以刘戡的第29军率领整编第36师和整编第76、第17师各1个旅，由洛川经牛武镇、清泉镇向延安进攻，占领延安西南地区；整编第76师2个旅为总预备队，集结于洛川，进攻开始后，随右兵团后尾前进，策应两兵团作战。在进攻发起前，胡宗南向蒋介石保证：“三日内拿下延安，向校长、向全国、向全世界报捷！”

西北野战部队某部召开保卫延安动员大会

同日，毛泽东以中央军委主席的名义，发布关于保卫延安的作战命令：边区部队迅速调整部署，组成3个防御兵团。第1纵队和警备第3旅7团组成右翼兵团，教导旅和第2纵队组成左翼兵团，新编第4旅为中央兵团兼延安卫戍部队。并明确边区一切部队，统归彭德怀和中共西北局书记习仲勋指挥。

12日，朱德、刘少奇等率一部分中央机关人员自枣园北上子长县的王家坪，毛泽东、周恩来搬到延安王家坪解放军总部办公。

对于中共中央决定放弃延安、转战陕北，不仅广大干部战士想不通，就连许多高级领导人也担心党中央和毛主席的安全。时任中央书记处办公室主任的师哲回忆道：

在延安保卫战打响后的一天晚上，我特地从枣园骑马疾行几十里赶到王家坪去见毛主席。我忧心忡忡地问主席备战工作到底应该怎样做？一定要疏散吗？可否设法保住延安而不撤退？主席点燃了一支烟，转过来微笑着打开了话匣子：你的想法不高明，不高明。不应该拦挡他们进占延安。你知道吗？蒋介石的阿Q精神十足，占领了延安，他就以为自己胜利了。……延安既然是一个世界名城，也就是一个沉重的包袱。他既然要背这个包袱，那就让他背上吧。而且话还得说回来，你既然可以打到延安来，我也可以打到南京去，来而不往非礼也嘛。

毛泽东还说："我们在延安住了十几年，都一直处在和平环境之中，现在一有战争就走，怎么对得起老百姓？所以，我决定和陕北老百姓一起，什么时候打败胡宗南，什么时候再过黄河。我不离开陕北，还有一个理由，现在有几个解放区刚刚夺得主动，如果蒋介石把胡宗南投入别的战场，那里就会增加困难。中央留在这里，蒋介石就会多下些本钱。这样，咱们负担重些，就能把敌人拖住，不让他走，最后还要消灭他。"

13日，国民党军左、右两兵团11个旅8万余人，在数十架飞机的配合下，以密集队形实施多路攻击。

延安保卫战遗址——金盆湾

面对敌人的疯狂进攻，教导旅和警备第7团等部依托既设阵地组织防御，交替掩护，顽强抗击。

转眼三天过去了，国民党军仍被阻滞于马坊、南泥湾、麻洞川一带。胡宗南急得如同热锅上的蚂蚁，董钊和刘戡报告称，共军坚壁清野，找不到任何食物，也得不到关于共军的任何情报；共军占据有利地形，采取"节节撤退、节节抵抗"战术，国军重型武器优势无法发挥，加之阵地前遍布雷区，每前进一步都要派工兵进行扫雷，又经常受到民兵袭击，分不清是否共军主力；国军伤亡惨重，人心惶惶，前进缓慢。

至16日，国民党军在付出巨大代价后，进抵甘泉县麻子街至金盆湾一线，随即改变战术，谨慎推进。

位于延安东南90余里的金盆湾，是敌人进攻延安的必经之地，战略位置十分重要。战前，彭德怀专程赶到金盆湾，对负责防守的教导旅旅长兼政治委员罗元发说："你们教导旅要想尽一切办法，争取守一个星期。你们防守的时间长，党中央和延安机关、群众就能安全转移。"

罗元发响亮地回答："保证完成任务！"

残酷的阻击战打响了。进攻金盆湾的是右兵团整编第90师。师长陈武倚仗空中飞机支援和地面炮火轰击，发起整连整营冲锋。

教导旅阵地上，硝烟弥漫，火光冲天。指战员们依托临时构筑的工事，顽强抗击，一连打退了敌人的数次进攻。

恼羞成怒的陈武亲自组织上百人的敢死队，以每人10块大洋的赏钱，命令敢死队员冲击教导旅阵地。

面对一次次疯狂进攻的敌人，教导旅本来就不充足的弹药很快便所剩无几了，伤亡也不断增大，但官兵们仍以无所畏惧的战斗意志，死死坚守着阵地。

彭德怀、习仲勋即令第1纵队、新编第4旅加入战斗。西北野战部队利用有利地形，实行积极防御，适时组织反击，并利用夜暗灵活出击，袭扰、迟滞国民党军的进攻。

17日，国民党空军又出动45架飞机分别从西安、郑州、太原机场起飞，对延安地区再次进行了疯狂轰炸，一共投下59吨炸弹。

延安顿时变成一片火海。轰炸中，一颗重磅炸弹在毛泽东居住的窑洞前爆炸了，巨大的气浪冲进屋里，将桌上的一个热水瓶给冲倒了。而毛泽东仍若无其事地坐在桌前批阅文件。

当日，董钊调整部署，以第90师为右纵队，沿金盆湾向延安大道以北地区攻击前进；第1师为左纵队，在大道以南地区攻击前进；第27师为兵团预备队，由临真镇推进至金盆湾，策应兵团作战。

在猛烈的炮火及飞机掩护下，国民党军以密集队形向新4旅九股山阵地、教导旅2团金盆湾阵地发起攻击。激战至中午，攻占了松树岭南部的磨盘山阵地，向延安城步步逼近。

18日，董钊传达胡宗南的指示"首先攻入延安的部队，赏法币一千万”，命令整编第1、第90师全力猛攻。

重赏之下必有勇夫。整编第90师第61旅旅长邓钟梅亲自跑到前线督战。下午，教导旅主动后撤，整编第90师全部进至狗梢岭以西地区，第61旅先头部队距延安只有15里了。

这时，整编第1师的先头部队进至杨家畔地区，落后整编第90师约15里。陈武兴高采烈地对手下人说：“这下子我们可以得占领延安的首功了。”

谁知，夜半时分接到董钊的一道命令：90师在明日午前九时由现在的位置开始攻击，其攻击目标为宝塔山至清凉山之线及其以东地区。

这明摆着是要让第1师赶到第90师前面，首先进入延安城。陈武气得破口大骂：“我们90师从17日起连续两天担任强攻，牺牲很大，而第一师未遇激烈战斗，并且行动迟缓，落后15里。这时眼看延安唾手可得，却来限制90师的行动，偏袒第一师要它去立功，真他妈岂有此理！”

仗还没打完，就先为争功钩心斗角，闹得不可开交。

黄昏时分，延安城里已可清晰听到枪炮声。彭德怀急坏了，因为毛泽东还没有走。

看到彭德怀喘着粗气跑进窑洞来，毛泽东不紧不慢地说：“不要紧，来得及。大路朝天，各走一边。他走他的，我走我的。他在那个山头，我在这个山头，怕什么呀？”

进攻延安的胡宗南部战车营

彭德怀也有些火了，对警卫排长下了死命令：“主席再不走，你们弄副担架，抬也要把他抬走”。

此时，延安的党政机关、学校已安全转移，群众也疏散完毕。在大家的一再劝说下，毛泽东率中央机关和人民解放军总部，依依不舍地告别了居住十年的延安。

这样，经过6个昼夜的激战，西北野战部队共歼敌5000余人，完成了预定任务，主动撤出延安。

19日下午3时，第1师占领了空无一人的延安城。胡宗南谎报战绩：“我军经七昼夜的激战，第一旅终于19日晨占领延安，是役俘虏敌5万余人，缴获武器弹药无数，正在清查中。”

一批国民党兵在边区政府前升旗，以示“光复延安”

“捷报”传来，国民党陕西省主席祝绍周立即命令西安市的商店、居民一律要在当天晚上悬挂国旗，燃放鞭炮，以庆祝“陕北大捷”。

正在南京城召开国民党三中全会的蒋介石也难以抑制兴奋和激动，神采飞扬地宣布：“我可以向大家保证，再用三个月，我们就可以彻底消灭‘共匪’，实现真正的和平！”

国军“光复延安”，蒋介石龙颜大悦，授予胡宗南“二等大绥云麾勋章”、晋升中将加上将衔，并发去贺电：

宗南老弟：

将士用命，一举而攻占延安，功在党国，雪我十余年来积愤，殊堪嘉尚，希即传谕嘉奖，并将此役出力官兵报核，以凭奖叙。戡乱救国大业仍极艰巨，望弟勉旃。

中正

既然是空前“大捷”，南京国防部发动所有的新闻工具进行大肆宣传，并组织京沪一带的中外记者前往西安参观战绩，采访战地新闻。

这下，胡宗南着急了，立即召集“绥靖”公署有关处长以上人员举行紧急会议，积极进行准备，首先研究确定让这些记者到哪里参观。大家认为前方易于捏造情报，以在延安现地参观较为稳妥。

胡宗南当即指定“绥靖”公署第2处处长刘庆增、新闻处处长王超凡负责筹备成立一个“战绩陈列室”。

到达延安采访的中外记者

二人绞尽脑汁、冥思苦思，决定在延安周围20里内分设10个战俘管理处，从第27师中挑选伶俐的士兵1500人，连同在边区乡村抓来的青壮年500多人，混编成几个俘虏队，穿上杂色服装，冒充共军俘虏，并强迫他们按照事先规定的一套“对答”，以应付参观的新闻记者。参观期间，这些“俘虏”每人每天发1元津贴，以示恩惠。由于假俘虏队人数与战报所公布的数目相差悬殊，只好在参观时，临时由各战俘管理处互相抽调来充数。

“俘虏”总算是有了，可“缴获”的武器装备又去哪里找呢？不过，这也难不住两位处长：步枪抽调第17师的三八式和汉阳造来抵充，轻重机枪则从延安警备部队中抽调。白天将枪支送到“战线陈列室”，晚上再偷偷送回部队。为了把这出戏演得更真实些，二人还抽调一部分人力连夜在延安东北延水两岸建造了许多假坟墓，并用木牌标明国军阵亡烈士或共军阵亡人员的姓名。

进占延安后，胡宗南陶醉在“赫赫战果”中，认为陕甘宁解放区部队已“不堪一击”，急于寻找与之决战。

然而，西北野战军主力如同人间蒸发般，消失得无影无踪。

时间一天天过去，蒋介石催促的电话一个接着一个。胡宗南更是心急火燎，仅十几万大军的粮草、弹药补给就成了大问题，只好一次次催促第1军军长董钊、第29军军长刘戡加强搜索。董钊、刘戡二人指挥大军，天天在山里转，如同武装游行般，四处扑空，疲惫不堪。

其实，西北野战部队并没有消失，在中央军委副主席彭德怀和中共西北局书记习仲勋的指挥下，以一部诱敌北上安塞；主力隐蔽集结在延安东北甘谷驿、青化砭等地待机。

胡宗南果然上当了，判断解放军主力位于安塞以东、蟠龙以西地区，立即命令董钊率第1军所属整编第1、第90师共5个旅由延安向安塞方向疾进“扫荡”，尔后由安塞以北地区向东迂回，企图协同第29军围歼西北野战部队主力于蟠龙以西、延安以北地区；命令刘戡率第29军所属整编第36、第76师共4个旅向延安东北、蟠龙以西地区“扫荡”；命令整编第27师主力戍守延安，该师第31旅旅部率第92团由延安东南的临真镇前出青化砭，保障其主力翼侧安全。

敌人被调动了，战机也就出现了。

3月25日，西北野战军在彭德怀、习仲勋的指挥下发起青化砭战役。经两小时激战，全歼国民党军第31旅旅部及第92团共2900余人，生擒旅长李纪云，缴获近30万发子弹和大量粮食。

此役是西北野战军撤出延安后的第一个胜仗，狠狠地打击了胡宗南的嚣张气焰，极大地鼓舞了陕甘宁解放区军民的斗志。

彭德怀（左2）、习仲勋（左3）在青化砭战役的前沿阵地上

26日，毛泽东致电彭德怀、习仲勋：“庆祝你们歼灭31旅主力之胜利。此战意义甚大，望对全体指战员传令嘉奖。”

青化砭战役后，急于寻找解放军决战的胡宗南，急令第1、第29军共11个旅，由安塞、延安、临真镇出发，兵分三路，采取国民党国防部制定的所谓“方形战术”，即两个兵团排成数十里宽的方阵，行则同行，宿则同宿，经延长向延川、清涧地区进行“大扫荡”。

西北野战军于4月14日发起羊马河战役，全歼国民党军第135旅，活捉旅长麦宗禹。

15日，毛泽东致电彭德怀、习仲勋和其他战略区，指出：“这一胜利给胡宗南进犯军以重大打击，奠定了彻底粉碎胡军的基础。这一胜利证明，仅用边区现有兵力（六个野战旅及地方部队），不借任何外援，即可逐步解决胡军；这一胜利又证明忍耐等候、不骄不躁可以寻得歼敌机会。”

新华社也发表了题为《战局的转折点——评蒋军135旅被歼》的社论：“135旅的全部歼灭是西北战局的转折点，同时就是全国战局的转折点”。

占领延安仅仅过了一个月，胡宗南就在青化砭、羊马河连输两阵，损失了两个旅，真是又气又急，不知如何是好。

这时，国民党军统帅部判断中共中央机关及西北野战部队主力在绥德地区并正在东渡黄河，遂令胡宗南的第一战区部队急速北上，并令驻守榆林的邓宝珊第22军等部南下，企图南北夹击，消灭共军于葭县（今佳县）、吴堡地区，或将其逼过黄河。

羊马河战役战场遗址

胡宗南决定以整编第1、第29军共9个旅的兵力，于4月26日由蟠龙、永坪地区分两路向绥德地区疾进。

彭德怀和习仲勋决心乘胡宗南集团主力北上绥德，回援不及之机，进攻孤立据点蟠龙。5月4日，西北野战部队攻克蟠龙镇，全歼守军6700余人，俘虏旅长李昆岗，缴获面粉1.2万余袋、服装4万余套及大批武器、弹药。

至此，西北野战部队三战三捷，共歼国民党军1.4万余人，从而稳定了陕北战局，为转入战略反攻奠定了基础。

12日，新华社发表了题为《志大才疏阴险虚伪的胡宗南》社评：

蒋介石最后的一张王牌，现在在陕北卡住了，进又进不得，退又退不得，胡宗南现在是骑上老虎背。……事实证明，蒋介石所依靠的胡宗南，实际上是一个“志大才疏”的饭桶。

西北野战部队某部搭人梯攻上蟠龙城墙

1947年7～9月，中国人民解放军晋冀鲁豫野战军主力、陈赓谢富治集团和华东野战军西线兵团挺进中原，完成战略展开，迫使国民党军在战略上处于被动地位。

8月18日，担任右翼钳制国民党胡宗南集团任务的西北野战军，在司令员彭德怀的率领下发起沙家店战役。战至20日黄昏，歼灭胡宗南部三大主力之一的整编第36师6000余人。

沙家店战役成为西北野战军转入战略反攻的转折点。战斗结束后，毛泽东来到野战军司令部，高兴地说：“胡宗南是个没有本事的人，阴险恶毒，志大才疏。他那么多军队，打我们没有一点办法！”

随后，毛泽东指示彭德怀：“沙家店一战，把敌人的嚣张气焰完全打掉了！形势对我们非常有利，我们要找机会再打几个这样漂亮的胜仗，到那时候，陕北的敌人就没有立足之地了。”

果然，胡宗南被毛泽东的“蘑菇”战术搞得焦头烂额，几十万大军在陕北的黄土高坡上被只有三万人的西北野战军牵着鼻子走，屡战屡败，早就没有半年前进占延安时的豪情壮志了。

眼见自己的部队被共军一口口吃掉，才半年不到就损失了两万多人，胡宗南真是又心痛又害怕。鉴于手里可以机动的部队越来越少，继续对陕北共军发动全面攻势已不现实，胡宗南冥思苦思，最后决定由攻转守。

10月，胡宗南从陕北、晋南抽调所部整编第1、第30、第36师至潼关及其以东地区，采取重点机动防御的战术，据守延安、洛川、宜川各要点，阻止西北野战军南进。

部署完毕后，胡宗南即从延安返回西安，将陕北的烂摊子丢给了整编第29军军长刘戡。

1948年初，西北野战军经过1947年冬季开展新式整军后，根据中央军委关于以主力转至外线作战的指示，为南下陕中，威胁西安，彭德怀决定向延安、宜川线出击，得手后再向该线以南、渭水以北进击，以建立渭北根据地，歼灭胡宗南集团主力和调动其在潼关及以东的部队回援，配合晋冀鲁豫野战军和华东野战军西线兵团在中原地区作战，并打通陕甘宁与晋南解放区的联系。

2月底，西北野战军发起宜（川）瓦（子街）战役，歼灭胡宗南部1个整编军军部、2个整编师师部、5个旅共2.9万余人，其中毙伤7500多人。这是西北野战军转入战略进攻后的第一个大胜仗，粉碎了胡宗南集团阻止西北野战军南进的企图，取得了西北战场上的空前大捷，并迫使位于陇海铁路潼关以东及郑州地区的国民党军回撤西安，有力地策应了晋冀鲁豫野战军、华东野战军西线兵团在中原地区的作战。

毛泽东在为解放军总部发言人起草的评论《评西北大捷兼论解放军的

西北野战军重返延安

新式整军运动》中写道："这次胜利改变了西北的形势，并将影响中原的形势。""西北野战军的战斗力，比之去年是空前地提高。西北野战军在去年作战中，还只能一次最多歼灭敌人两个旅，此次宜川战役，则已能一次歼灭敌人五个旅。"

4月21日，西北野战军收复了被国民党军侵占1年零1个月的延安。

胡宗南连遭受重击，自此一蹶不振。一年后，他麾下的数十万大军被解放军全部吃掉。1950年3月，当胡宗南仓皇从西昌乘飞机逃到台湾时，已是名副其实的"光杆司令"了。

毛泽东眼中的阎锡山

——不顾民族国家之存亡，甘心依附仇人

阎锡山

阎锡山，字百（伯）川，号龙池。生于1883年，山西五台河边村（今属定襄）人。国民党陆军一级上将。

阎锡山在9岁时入私塾读书，16岁到县城吉庆昌钱铺学商。在一年多的学徒生活里，他把投机商人那套精打细算、唯利是图、投机钻营的手段统统学到了手。1900年因生意蚀本，逃到太原避债。1902年考入山西武备学堂，从此走上了职业军人的道路。1904年去日本，先入东京振武学校，学习日语和近代科学知识，后入陆军士官学校，为第六期生，对日本教官鼓吹的实行军国主义、征兵练武、称雄世界的思想极为赞同。期间结识了孙中山，并加入中国同盟会。1909年毕业回国，担任山西陆军小学教官，旋任监督。同年在清政府陆军举行的留日归国学生会试中，以上等成绩被授为陆军步兵科举人。次年任山西暂编陆军第43混成协第86标标统。

1911年辛亥革命爆发后，阎锡山率部参加太原起义，被推为山西都督。1912年投靠袁世凯后，秉承袁的指令，解散山西全省国民党，捕杀革命党人。1914年任同武将军，督理山西军务。1915年拥袁称帝，被封为一等侯。1916年袁死后，阎不择手段，铲除异己，从此独揽山西军政大权。同年依附北洋军阀核心人物、时任国务院总理的段祺瑞，改称山西督军，招兵买马，将晋军扩建为4个混成旅，下辖12个步兵团、4个炮

兵营、1个机枪营。1917年秋派兵入湘与护法军作战。9月暂行兼署山西省长。北洋军阀混战时期，阎锡山为了个人封建割据的利益，两面三刀，见风使舵，先是联冯（玉祥）拥段倒直（吴佩孚），后又联直、奉（张作霖）攻冯，恃强凌弱，借以扩充实力，将势力范围由山西扩大到绥远，并把部队扩编至17个师又8个炮兵团，改名为晋绥军。

1927年“四一二”反革命政变后，阎锡山在山西“清党”反共，大肆捕杀共产党员和革命群众。6月，将所部改编为国民革命军北方军，任总司令，悬挂青天白日旗。与此同时，又进行了第三次扩军，以北方军总司令名义收编了冀南的陈光斗、刘桂堂，山东的范澄秋，冀东的张膺芳等部，将其部统编为7个军。在遭到张作霖奉军的大举进攻后，与冯玉祥联名请求下野留居日本的蒋介石回国，主持“北伐”战事。1928年2月蒋将北伐军改编为4个集团军，阎锡山任国民革命军第三集团军总司令，率部进攻奉军，相继攻占石家庄、保定等地。他暗中与日本驻屯军司令新井勾结，在其帮助下占领北京、天津，被蒋介石任命为平京卫戍总司令，从而将势力由晋、绥扩展到冀、察和平津地区。

1929年1月，蒋介石在南京召开“编遣会议”，以中央政府的名义要求各集团军“奉还大政”“归命中央”，企图削弱蒋军以外的地方军阀实力派。阎锡山虚与委蛇，暗地里在山西进行第四次扩军备战，将部队扩编为10个军，辖30个师；4个保安纵队，辖12个步兵旅、4个骑兵师、7个炮兵旅。1930元旦自任“中华民国”陆海空军总司令，是年春联合冯玉祥、李宗仁等起兵讨蒋。5月蒋冯阎中原大战爆发，9月失败后逃往大连。1932年与蒋介石“捐弃前嫌”，出任太原“绥靖”公署主任，不久当选为国民党中央执行委员，再度统治晋绥两省。1935年4月被授为陆军一级上将。10月，中央红军长征到达陕北，阎锡山积极执行蒋介石的反共政策，一面派兵西渡黄河协助陕西国民党军“进剿”红军；一面在山西境内筹备防共事项。12月任军事委员会副委员长。1936年春派兵阻击北上抗日的红军，遭到惨败后，在中国共产党抗日民族统一战线政策推动下，采取联共抗日政策。9月支持进步人士组织山西统一战线性质的抗日救亡群众组织——牺牲救国同盟会，自兼会长。11月，命令傅作义指挥晋军收复被日军占领的绥北要地百灵庙。

中原大战前，蒋介石与冯玉祥(左)、阎锡山合影

抗日战争全面爆发后，阎锡山接受薄一波等共产党人建议，组建山西青年抗敌决死队，称为新军。1937年8月任第二战区司令长官，指挥由晋军改编的第6、第7集团军和由共产党领导的八路军改编的第18集团军等部抗击日军，先后组织了太原会战、忻口保卫战、太原保卫战等。1938年临汾失陷后，阎锡山开始对抗日丧失信心，准备妥协投降日本。在日本诱降策略的引诱下，限制进步活动，制造摩擦。1939年公然制造“十二月事变”，令旧军进攻新军，屠杀共产党员和进步分子，摧残抗日民主政权，致使山西抗日力量遭受重大损失。1941年3月，阎锡山与日军达成互不侵犯的初步协议，决定“双方首先消除敌对行为，互相提携，共同防共”，并商定“防御进剿”任务。8月正式签订了《汾阳协定》，10月进一步达成履行该协定的细则。12月太平洋战争爆发，阎锡山的降日行动被迫暂缓。1942年5月，阎锡山亲自在吉安县安平村与日军代表举行会谈，商讨降日问题。会议未获结果，日方便将《汾阳协定》及安平会议的照片印刷，用飞机投撒西安，公布于世。后因共产党领导的抗日根据地日益扩展，日军于1943年秋提出与阎锡山开展所谓“政治、经济的试办合作”。阎表示同意，于次年派一批人到太原，由日伪

政权委任为局长、县长、县保安团长，配合日伪军疯狂进攻抗日根据地，屠杀人民群众。1945年夏，阎锡山与日军华北方面军参谋长高桥密谈，向日方提出“寄存武力”，共同反共。他在获悉日本帝国主义将宣布无条件投降的消息后，立即部署抢夺抗战胜利果实，并与日本山西派遣司令官达成秘密协议，在日军保护下返回太原，强调要精诚合作，紧密团结，高举枪杆，共同对付共产党。他以留用技术人员为名，留用日军战俘和技术人员5000余人，其中有战斗力的3000多人，编为6个大队。

阎锡山收编的部分日军。最前面戴眼镜者为第十总队少将副队长李诚（原名山田岩）

抗日战争胜利后，阎锡山积极参加蒋介石的反人民内战，9月命令第19军军长史泽波率13个师的重兵进犯上党解放区，结果被歼3万余人。在解放战争中，经过临汾、晋中、太原等战役，所部被歼。1949年3月阎锡山逃到南京，其在山西长达38年之外的统治彻底覆灭。6月在广州任行政院院长兼国防部部长。12月逃往台湾。1950年任“总统府”资政和国民党中央评议委员，闲居台北，著书进行反共宣传。1960年5月23日去世。

1935年10月19日，历尽千辛万苦的中国工农红军陕甘支队（由红一方面军第1、第3军和军委纵队改编），到达陕甘革命根据地的保安县吴起镇，胜利结束长征。随后与红15军团在甘泉附近会师，恢复红一方面军番号，下辖第1、第15军团，共1万余人。

11月21日，红一方面军发起直罗镇战役，歼灭国民党军团1个师又1个团，击毙第109师师长牛元峰以下1000余人，俘虏5300余人，缴获各种枪支3500余支（挺），打破了国民党军对陕甘苏区的第三次“围剿”，为党中央把全国革命大本营放在西北举行了一个奠基礼。

随着陕北苏区的日渐扩大和红军势力的日益增强，盘踞山西多年的“土皇帝”阎锡山再也坐不住了。

在民国时期的诸军阀中，阎锡山一向以狡诈奸猾、善于钻营、见风使舵著称，人称“九尾狐狸”。

1909年3月，阎锡山从日本陆军士官学校毕业回国后，就已敏感地意识到推翻清政府的革命运动将迅猛兴起，便一面讨好清廷顽固派和立宪派，获取信任，攫取兵权；一面加强与同盟会的联系，并大力培植私人势力，以图在关键时刻掌握革命领导权。

辛亥革命爆发后，太原革命人士积极响应，举行武装起义。时任新军第43混成协86标标统（相当于团长）的阎锡山又玩弄起两面手法，一面调动部分兵力协助清军守卫抚署；一面密令余部击溃抗拒起义部队的清军巡防马队营，自己却躲到一边，暗中操纵，成则居功，败则诿过。当起义胜局已定时，阎锡山才出面率部起义，被推选为山西都督。

民国初年的阎锡山

袁世凯窃取革命果实，当上临时大总统后，阎锡山立即投靠。因与袁素无交往，他就想尽办法讨好，除重金贿赂袁的亲信、总统府秘书长梁士诒，任命袁的亲戚陈钰为山西民政长、袁的拜把兄弟董崇仁为晋南镇守使外，甚至不惜将自己的父亲阎书堂送到北京长住，作为人质，以博取袁的信任。当袁下令解散国民党时，他立即声明脱离国民党，并秉承袁的指令，在三个月内将山西国民党部一律解散。当袁想复辟称帝时，他就投其所好，密奏“国本大计”，倡议“废共和而行帝制”，并再三电请袁登基称帝。当蔡锷等在云南发起护国讨袁战争时，他又通电指责其为“破坏大局，不顾国家”。

工夫不负有心人。阎锡山的用心良苦，终于赢得了袁世凯的信任和赏识，被封为一等侯。

袁世凯死后，阎锡山看到国务院总理段祺瑞拥有实权，成为北洋军阀的中心人物，便又使出讨好袁世凯的手段，多方与之接近，甚至拜其为师。

时北京政府内部分裂，大总统黎元洪与段祺瑞矛盾很深，他第一个追随段反对国会，并在段被撤掉总理后，宣布脱离北京政府。随后他又和段一起声讨进京复辟的辫子军张勋。在段兴兵镇压孙中山发起的“护法运动”时，他立即致电表示听从段的命令，并派兵入湘与护法军作战。

就这样，阎锡山一步步取得了段祺瑞的信任，当上了山西省长，自此独揽山西军政大权。

当时的中国，各路军阀之间矛盾加剧，混战成了家常便饭。为确保自己在山西的封建割据地位，阎锡山施展两面三刀的功夫，见风使舵，恃强凌弱，不断扩充势力。

北伐战争时的阎锡山

1924年9月，第二次直奉战争爆发，交战双方都派人与阎锡山联系，争取支援。老谋深算的阎锡山认为此战胜负难料，便借口力量薄弱，表面上保持中立态度，暗地里派人到北京、天津探听情况。当冯玉祥发动北京政变，曹锟、吴佩孚败局已定时，阎立即出兵联冯，拥护段祺瑞主持国事。

两年后，直奉联手发起反对冯玉祥的“讨赤”战争，阎锡山采取两面应付之策，一面拉拢冯玉祥，对其表示继续友好态度；一面又勾结吴佩孚，进攻驻守京汉铁路河南段的冯玉祥国民军郑思成部，并出兵隔断国民军河南与直隶的联系，使冯玉祥处于直、奉、晋军三面包围之中。经三个多月的激战，国民军被击败，冯玉祥退守西北地区，阎锡山趁机将势力扩大至绥远，并收编了冯军韩复榘、石友三、陈希圣等部，将晋绥军扩充到17个师又8个炮兵团，成为颇具实力的一方诸侯。

北伐战争开始后，阎锡山伺机观变，以便乘机扩充势力，巩固自己在晋绥的统治。北伐军攻占武汉后，他应广州革命政府之邀，派老同盟会员赵丕廉前去商讨战事。临行前，他再三叮嘱赵："秘密未揭开前，由你负责，揭开以后，是我的事。"

赵丕廉先到武汉，后至南昌面见蒋介石。蒋称阎是"老前辈"，希望他能早日举事，并以国民军委会名义授其为北方国民革命军总司令。老奸巨猾的阎锡山不愿立即表明态度，也不就任总司令一职。直到一年后，他才在"国民党山西省党部"提议的名义下就职，开始悬挂青天白日旗。

阎锡山比蒋介石大4岁，又同在日本振武学校和陆军士官学校留学，可以说是蒋的大师兄。说起来，两人也曾有过很好的合作。

1927年7月宁汉合流后，蒋介石被迫下野出游日本。不久，阎锡山与冯玉祥即联合电请蒋回国，主持"北伐"战事。他在电文中称："公留党在，公去国危，个人之去留事小，党国之存亡事大，爰用春秋责贤之义，再挽浪中已去之舟"，竭力表示拥蒋之至诚。

投之以桃，报之以李。蒋介石回国复职后，下令第二次"北伐"。1928年2月15日，他在徐州召开军事会议，决定改编军队，成立4个集团军。次日与阎锡山相会于开封，当即任命阎为第3集团军总司令。在占领北京、天津后，阎又被蒋任命为平京卫戍总司令、国民党中央政治会议太原分会主席和北平分会代理主席、内政部长、晋冀察绥赈灾委员会主席、蒙藏委员会委员等职。蒋阎二人的关系达到了顶峰。

然而，辉煌过后便是衰败。

蒋介石对非嫡系的地方军阀一向视为异己，欲剪除之而后快，阎锡山当然也不例外。更何况这位晋绥军的掌门人羽翼已丰，势力由晋、绥扩展到冀、察和平津地区，成为强大的地方实力派，一旦拥兵自重，蒋介石又如何放心得下？而阎锡山对蒋介石打压地方势力的那套伎俩也早有耳闻，处处小心提防。于是，蒋阎二人由互不信任日渐激化为矛盾，最终演变为战场上的殊死拼杀。

1929年1月，蒋介石在南京召开"编遣会议"，大幅裁减地方军队，并以中央政府的名义强调统一和集中，要求各集团军"奉还大政""归命中央"，企图收拾中央军以外的地方军阀实力派。

20世纪二三十年代的中国是个军阀多如牛毛的战乱时期。那时，有兵有枪就能割据一方，就意味着权势、金钱和美女。因此，这些大大小小的军阀们首要任务就是保住自己的部队，不被敌人吞掉。因此，编遣命令一出立即遭到各派军阀的强烈反对，继而大打出手。

先是蒋桂战争爆发，随后冯玉祥通电讨蒋，接下来张（发奎）桂联军、唐生智、石友三也相继加入反蒋行列，但均被蒋介石一一分化瓦解。

工于计谋的阎锡山深感威胁，认为早晚也要轮到自己头上，便决定先下手为强。他先是与唐生智约定，以阎为首共同倒蒋，并答应接济唐60万元军饷。谁知，唐生智背弃前约，提出拥汪（精卫）反蒋的主张。阎锡山极为不满，转而串通张学良等人通电拥蒋反唐，并率晋绥军出兵郑州。

蒋介石对这位“师兄”出尔反尔的把戏早已察知，讨唐作战行动结束后，即授意韩复榘在郑州摆下鸿门宴，准备捉阎。

能够在中国近现代政治舞台上叱咤风云，独霸山西多年，统率数十万晋绥大军的阎锡山绝非庸碌之辈，心知蒋介石对自己不会安什么好心，便仓促化装逃离郑州。

跑回太原的阎锡山越想越生气，干脆于1930年2月致电蒋介石，称：“戡乱而不如止乱，不止乱而一味戡乱，国内纷乱，将无已时”，要求蒋下野。蒋介石也不甘示弱，当即回电笔伐。就这样，蒋阎二人之间爆发了一场所谓的“国是”之争。

不久，参加倒蒋的国民党各派系及大大小小军阀的代表云集太原，商议举事。

3月14日，鹿钟麟等57人发出倒蒋通电，拥护阎锡山为陆海空总司令，冯玉祥、李宗仁、张学良为副总司令。一周后，阎、冯公开发表倒蒋通电。

4月1日，阎锡山在太原就任总司令，并召开所有倒蒋军阀代表会议，决定组成8个方面军，沿平汉线、陇海线和津浦线三路分进。蒋介石则以“国民政府”名义，下令免除阎锡山本兼各职，通令缉拿，并组成讨阎军。中国近现代史上一场最大规模的军阀混战就此拉开了帷幕。双方共投入百万以上的兵力，在中原大地展开鏖战。

9月18日，张学良通电拥蒋，率东北军大举入关，直插倒蒋联军的后路。阎、冯军纷纷败逃。10月8日，阎锡山、冯玉祥宣布下野。阎本人则化装潜入大连，在日本人的庇护下过起了寓公生活。中原大战以蒋介石的大获全胜而告终。

1931年8月5日，阎锡山在日本飞机护送下潜回大同，隐居在老家五台县河边村。后经他多方托关系在蒋介石面前疏通，于1932年2月出任太原“绥靖”公署主任。不久又恢复了国民政府委员、军事委员会委员等职务，并当选为国民党中央执行委员，从此与蒋介石“重归于好”，再度统治晋绥两省。

在那个军阀连年混战、世事变幻无常的特殊时期，战场上同生共死的关系瞬间变成兵戎相见的关系，早已屡见不鲜。蒋介石与阎锡山、冯玉祥、白崇禧、李宗仁、李济深、陈济棠、唐生智等人打打和和，和和打打，关系就像一只万花筒，令人捉摸不透。

其实道理也很简单，说穿了，就是相互利用。不过，在反共方面，蒋、阎二人却是出奇的一致。

1927年7月，也就是阎锡山就任北方国民革命军总司令、开始悬挂青天白日旗一个月后，就在山西实行“清党”行动。他忠实执行蒋介石“宁可错杀三千，不可放走一人”的反共政策，提出“今日的清党，清其人，尤须清其法”，疯狂捕杀共产党员、工农革命群众和进步青年学生。他还亲任军法审判庭长，杀害了共产党员王瀛等人。

红军长征到达陕北后，阎锡山暗暗叫苦不迭，生怕共产党进到自己的地盘上来。冥思苦想后，决定大搞“军事防共”“政治防共”“经济防共”和“民众防共”，并以地主和富农为核心，成立所谓的“主张公道团”，实行“民众防共”。

虽然没有与红军交过手，但红军的英勇顽强，阎锡山早有耳闻，便召集黄河沿岸从河曲到永济共21个县的县长开会，进行训话：“晋陕毗连，陕北红军之活跃，实威胁山西之安全”，“‘剿共’必须七分政治，三分军事；而防共更应该是九分政治，一分军事。”会议还决定成立“防共委员会”“防共保卫团”。

会后，阎锡山一面派兵西渡黄河协助陕西国民党军“进剿”红军，一面在山西境内积极防共备战。

1935年冬，日本帝国主义在华北地区加紧扩大侵略，全国人民抗日救亡运动高涨，而国民党政府仍旧继续推行“攘外必先安内”的反动政策。为贯彻抗日民族统一战线政策和把国内革命战争同抗日民族战争相结合的战略方针，发展红军和苏区，中共中央发表停止内战、枪口对外的声明，要求阎锡山允许红军通过山西开赴抗日前线。

阎锡山公然拒绝，以所属晋绥军4个旅又1个团部部署在黄河东岸黑峪口至禹门口300千米地段，构筑起连绵不断的堡垒线，企图利用黄河天险阻止红军东渡；以5个旅“进剿”陕北，驻防于吴堡、葭县、神木地区，以1个旅位于河东柳林镇机动；以18个旅又1个团及骑兵军主力分散驻守太原、汾阳、临汾、长治、应县、大同地区及绥远省境内。

东征战役期间，徐海东、彭德怀、彭雪枫、郭述申在一起

1936年2月，中共中央以中央工农民主政府和中国抗日红军军事委员会的名义，发表《东征宣言》，并决定红一方面军以“中国人民红军抗日先锋军”的名义从陕甘苏区东渡黄河，进入山西，发起东征战役。

18日，红一方面军司令员彭德怀、政治委员毛泽东下达东征作战命令。20日，东征红军1.3万余人迅速渡过黄河，突破了晋绥军防线。经石楼、隰县、关上村等战斗，共歼灭、击溃晋绥军5个团，俘1200余人。

3月中旬，为扩大战果，以红1军团并指挥红81师主力为右路军，以红15军团主力为左路军，分别向南北两个方向发展进攻；以红15军团一部及红30军和山西游击队为中路军，在石楼、中阳、孝义、永和、隰县之间地区牵制晋绥军主力，支援左右两路军。

20日，毛泽东在给东北军将领王以哲并转张学良的电文中指出：“敝军迭次宣言，全国红军、白军亟应停止内战，一致抗日，乃阎锡山置若罔闻，不顾民族国家之存亡，甘心依附仇人，而与同胞为敌，诚不识是何居心？诸公深明大义，抗日救国早具同心，应请仗义执言，责阎锡山以叛国之罪，劝其即刻悔悟，撤其拦阻红军之兵，开赴张家口，与红军一同执行抗日任务。敝军本民族大义，绝不追究其既往。”

红军自东征以来，势如破竹，很快就控制了石楼、中阳、孝义、隰县之间的吕梁山区，至4月1日，占领了霍县、赵城、洪洞、临汾、襄陵、曲沃等县的广大农村，并攻占襄陵县城，犹如一把把钢刀插在了“阎老西”的心头，令他坐立不安，深感红军势不可当，唯恐老巢太原不保，便急电蒋介石派兵增援。

蒋介石接到电报后欣喜若狂，因为他信奉“攘外必先安内”的政策，而“安内”不光包括“围剿”红军，也包括收拾地方实力派。

阎锡山在太原官邸

自1928年12月29日，张学良宣布东北易帜以后，蒋介石在名义上统一了中国，但实际上一天也未统一。经过几年浴血奋战，他先后打垮了两湖的唐生智和中原的冯玉祥、阎锡山，损耗了两广的陈济棠、李宗仁、白崇禧，赶跑了贵州的王家烈，就连一向针插不进、水泼不进的云南和四川也已在自己的掌控之中。唯有阎锡山这只老狐狸，虽屡败于自己手下，但一直把持着山西军政大权，采取闭关自守之策，使中央军的势力无法进入山西，成为他的心头大患。

万幸的是，自红军长征以来，“追剿”红军便成为中央军进入地方势力派实力范围的最好的敲门砖。这次阎老西主动电请中央军入晋，真是天赐良机。于是，蒋介石当即派重兵分路入晋，以3个师又3个旅分别集结在同蒲路南段和晋东南地区，阻止红军向晋东南发展；以5个师编成3个纵队协同晋绥军4个纵队防范红军进攻。同时，他还强令驻陕西的东北军和西北军向延长、延川进攻，截断红军退路，企图围歼红军于晋西地区。

针对敌情，红一方面军决定左右两路军向中路军靠拢，集中兵力相机歼敌。4月4日，右路军开始西移，于15日攻占吉县县城，全歼守城的保安团，接着夺占平渡关至清水关各渡口，主力进至大宁、蒲县、隰县之间地区；左路军则由康宁镇地区南下，在圪洞镇、金罗镇和师庄、三角庄地区三战三捷，共歼敌1个多团，于14日进至大麦郊休整。

这时，国民党军7个纵队从三交镇、中阳、孝义、灵石、临汾、新绛、河津之线，向红军逼近。为避免不利决战，红军于5月2日～5日从清水关、铁罗关西渡黄河，回师陕北苏区，东征战役就此结束。

见红军并未在山西扎根便西渡黄河而返，阎锡山着实高兴了几天。不料，日本人又蠢蠢欲动，在这年7月侵占察北六县后，准备进犯绥远。阎锡山刚刚放下的心又悬了起来，他知道日本人窥视绥远已久，思前想后，决定采取“抱着弱国的态度，守土抗战，踢破经常范围，加紧自强”的方针，成立了山西统一战线性质的抗日救亡群众组织——“牺牲救国同盟会”（简称“牺盟会”），并邀请他的山西老乡薄一波等共产党人来太原，担负领导“牺盟会”的责任。

1937年7月7日，是每个中华儿女都不可忘却的日子。就在这一天深夜，北平西南距广安门只有20多里的卢沟桥，突然响起隆隆炮声，日本帝国主义发动了全面侵华战争。

七七事变的隆隆炮声，镇惊了世界，也惊醒了中国人民；日本法西斯的种种暴行，更激起了4万万同胞的民族义愤。抗日战争自此全面爆发。

在关系到中华民族生死存亡的历史关头，中国共产党迅速作出反应，事变的第二天即发表《通电》：全国同胞们！平津告急！华北告急！中华民族告急！只有全民族实行抗战，才是我们的出路……

毛泽东、朱德致电蒋介石，要求全国总动员，并代表红军将士请缨杀敌。7月15日，周恩来将《中共中央为公布国共合作宣言》递交蒋介石，郑重声明：愿取消红军番号，改编为国民革命军，准备随时奔赴抗日前线。

8月22日，国民党政府军事委员会发布命令，宣布红军主力改编为国民革命军第八路军（后改为第18集团军，仍习惯称为八路军）。朱德任总指挥，彭德怀任副总指挥。下辖第115、第120、第129师，共4.6万人。10月21日，又宣布将南方八省十三个地区坚持游击战争的红军和游击队，改编为国民革命军陆军新编第四军，简称新四军。北伐名将叶挺出任军长，项英任副军长。下辖第1、第2、第3、第4支队，共1万余人。

在中国共产党的不懈努力和全国人民日益高涨的呼声中，以第二次国共合作为基础的抗日民族统一战线终于形成了。

为解救华北危局，八路军不待改编就绪，即在总指挥朱德、副总指挥彭德怀率领下誓师出征，由陕西三原、富平经韩城地区东渡黄河，日夜兼程，挺进山西抗日前线。

八路军第115师主力开赴平型关前线

这时，阎锡山已被国民政府委任为第二战区司令长官，负责指挥由晋绥军改编的第6、第7集团军和八路军。为适应当时抗战形势需要，统一后方工作，加强军民抗战力量，在中国共产党、八路军的建议下，阎锡山组织成立了第二战区“民族革命战争战地动员委员会”，并组建了实际上由中国共产党领导的山西新军——山西青年抗敌决死队。

由于防守宣化、张家口等地的国民党军纷纷退却，秩序混乱，华北大片国土沦陷敌手，战况万分危急。在中国共产党和山西人民的大力支持下，阎锡山立即组织太原会战。

9月中旬，由平绥路东段向西南进犯的日军华北方面军板垣第5师团在察哈尔派遣兵团的配合下，肆无忌惮地向内长城线逼近，先后侵占阳原、蔚县、广灵并向山西省的浑源、灵丘进攻，企图突破平型关、茹越口要隘，进而向阎锡山第二战区扼守的晋西北长城防线进攻。

为配合太原会战，八路军第115师于9月25日在平型关设伏，一举歼灭日军板垣师团千余人，沉重打击了日军的嚣张气焰，粉碎了“日军不可战胜”的神话，增强了全国军民抗战必胜的信心。

10月，日军在侵占大同后继续向南进犯太原。阎锡山下令主力经五台退守第二道防线——忻口，由第二战区副司令长官卫立煌为前敌总司令，集中8万兵力，组织忻口防御战役。

忻口战役中的国民党军

为配合国民党友军在忻口的防御作战，八路军第120师在雁门关两次设伏，毙伤日军500余人，击毁汽车30余辆，切断了大同至宁武、忻口的交通线。八路军第129师夜袭代县阳明堡机场，炸毁飞机24架，大大削弱了日军进攻忻口的空中力量。

一直承受着日军空袭压力的卫立煌致电周恩来：代表忻口正面作战的将士对八路军表示感谢！

然而由于平汉线国民党军撤至石家庄以南地区，日军主力川岸师团直扑娘子关，威胁太原，阎锡山被迫放弃忻口，向太原撤退。日军尾随而至，攻陷太原。

11月8日，阎锡山率部撤至临汾，进行整军。面对日军的疯狂进攻，晋绥军在战场上接连受挫，内部的失败主义情绪和各种亡国论调随之高涨，阎锡山更是六神无主，不知所措。

太原失守后，国民党军纷纷南撤，华北的主要交通线和黄河以北大部分地区被日军占领，从而宣告在华北以国民党军为主体的正规战结束，取而代之的是以八路军为主体的游击战争。于是，华北战场就出现了一种奇特的景象：日军大举进攻，步步进逼；国民党军屡战屡败，节节后退；八路军则大踏步挺进敌后，开辟抗日战场。

到敌人后方去，开辟敌后战场，这就使中国抗日战争形成了两个相互配合的战场：一个是由国民党军队担负的正面战场；另一个则是由共产党军队开辟的敌后战场。

所谓开辟敌后战场，就是挺进敌后，建立根据地，并以根据地为依托，开展抗日游击战争。

9日，毛泽东致电朱德、彭德怀、任弼时并告周恩来等，指出：在华北正规战争业已结束，游击战争转入主要地位的形势下，日军不久即将转移主力向着内地各县之要点进攻。在华北国民党各军大溃，阎锡山亦无主。八路军“应在统一战线基本原则下，放手发动人民，废除苛杂，减租减息，收编溃军，购买枪支，筹集军饷，实行自给，扩大部队，打击汉奸，谅纳左翼，进一步发挥独立自主精神，如此作去，期于一个月内收得显著成绩，以便准备充分力量对付敌向内地各县之进攻。”

11日，朱德、彭德怀在山西和顺县石拐镇召开军事会议，对八路军挺进敌后开辟抗日根据地作了具体部署。

15日，毛泽东关于目前山西工作原则，复电周恩来并告朱德、彭德怀、任弼时，指出：“目前山西工作原则是‘在统一战线中进一步执行独立自主’。因为国民党及阎、黄、卫在日寇打击之下，已基本上丧失在山西继续支持的精神与能力。我们须自己作主，减少对他们的希望与依靠，故‘独立自主’之实行，须比较过去‘进一步’，这是完全必要的。但仍然是在统一战线中的独立自主，不是绝对的独立自主。在大的方面仍应与国民党及阎、黄、卫商量，例如周电所述各条及朱、彭要求补充等是完全对的。仅仅不要希望与依靠他们，因为他们答应的东西很多不能兑现。我们计划要放在他们不答应、不兑现、不可靠时我们还是能够干下去这样一个基点上。”

八路军各路健儿遵照中共中央和毛泽东主席的指示，挥师挺进敌后，一方面开展创建山西抗日根据地的斗争，以建立华北游击战争的军事后方；另一方面派出有力部队向日军占领区实施战略挺进。到1938年7月，八路军以山西为军事后方，先后创立了10个战略区，华北敌后战场基本形成。

这年3月，临汾失陷。失败主义情绪和各种亡国论调再次在阎锡山集团内部弥漫开来，包括晋绥军的一些高级将领也怂恿阎锡山放弃抗战，西渡黄河到陕西逃难。而共产党领导的“牺盟会”、山西新军等组织，纷纷转入敌后，积极发动群众，组织抗日武装，建立敌后政权，发展抗日游击根据地。

阎锡山见此情形，深恐大权旁落，便采取“内部分化”“制造摩擦”“派兵监视”等手段，制造分裂，限制进步活动。

5月14日，毛泽东同张闻天、刘少奇致电八路军第120师并总部、北方局等，指出：目前山西日军被击退，阎锡山的旧势力极力想恢复他们的统治，在晋西北、晋东南均极力向八路军及新军抗日势力进攻。为巩固统一战线，改善我们与阎的关系，并继续发展抗日力量起见，请朱德、彭德怀及贺龙、萧克、关向应在集合更多、更大、更忍无可忍的材料之后，用适当的措辞公开致电有关方面抗议，将各种破坏八路军的谣言、电文印送各有关方面，并请阎对这类破坏行为加以制止。

这年10月武汉沦陷，标志着抗日战争由战略防御进入战略相持阶段。

此时，日军一面加紧对国民党诱降；一面把重点转向解放区战场。而蒋介石虽说已放弃了“攘外必先安内”的反对政策，但容共、灭共之心不死，因此，在消极抗日的同时又企图妥协谋和，实行既联共又反共的两面政策。这样，日本侵略者与国民党当局在反共这个交叉点上便找到了共同语言。国民党大批将领率部投敌，一时间，降将如毛，降官如潮，大搞“曲线救国”，其实质就是反共。在阎锡山的支持和授意下，晋绥军不断在晋西地区制造摩擦。

毛泽东非常重视这一地区的反摩擦斗争，指出：“晋西斗争我们如失败，则影响整个华北。”

与其他地区不同的是，阎锡山还没有公开反共，晋西的摩擦斗争是以新军和旧军（指正规军）冲突的形式出现的。据此，毛泽东要求八路军必须支持和帮助新军，但暂时不要提反对叛军的口号。对还没有下最后决心投降日本的阎锡山，毛泽东主张仍要积极争取他继续抗日，“在拥阎之下反阎”。

12月23日，日军进攻山西吉县，阎锡山率部仓皇西渡黄河，向陕西宜川撤退。阎锡山对抗战已完全失去信心，发出了“不能抬上棺材抗战”的谬论。

这时，和平妥协的危险已成为严重的危险。几天后，阎锡山在宜川秋林镇召开晋绥军政民高级干部会议上公开叫嚷：“天快下雨了，赶快准备雨伞。”

中共山西党组织派人到延安向党中央报告。毛泽东果断地指出：“阎锡山准备‘雨伞’，你们也赶快准备嘛。”

1939年1月，国民党五届五中全会公然制定了“容共、限共、防共、反共”的反动方针。紧接着又秘密颁布了《共产党问题处置办法》等多项旨在限制和迫害共产党的政策措施。

3月，阎锡山在秋林镇召集晋绥军师长、独立旅旅长和所属各区专员、保安司令以上的军政官员会议，为他准备投降日寇大造舆论。

阎锡山公然表示：“一切事情都不能做得太绝对了，抗日要准备联日，拥蒋要准备反蒋，联共要准备反共”“抗战与和平是个政治问题，不能说主张抗战就对，主张和平就不对”“存在就是真理”“在三个鸡蛋上跳舞，踩破哪一个都不行”。他还得意扬扬地把这套理论命名为“二的哲学”“唯中哲学”。

在这次会议上，新军和旧军之间发生了很大的争执与摩擦。新军负责人提出：“不应以防‘左’的口号排斥了上千成万热心参加抗战的青年。”

阎锡山极为不满地说：“我们是讲对错，不分左右。十五的月亮是中，是对，过与不及是‘左’是右。今日中国，应该在‘抗战到复兴’上求十五的月亮，不要找上旬或下旬之右或‘左’。抗战是手段，复兴是目的，求抗战的十五月亮，更进一步求复兴的十五月亮，才是今日对错的标准。”

由于山西新军已成为他降日道路上的最大障碍，阎锡山欲除之而后快，便在会上提出改编新军，沿用旧军番号，取消新军中的政治委员，解除共产党员军权，派亲信到新中充任“联络员”“观察员”，并秘密制订了“讨伐”新军的作战计划。

会后，阎锡山迫不及待地传见各区军政人员和“公道团”系统的人员，授意他们搞摩擦斗争。同时在“牺盟会”、新军和比较进步的专员、县长中间进行争取和分化，并组织“突击队”“精建会”等反动团体大肆散布谣言，破坏新军，打击“牺盟会”。

对阎锡山这一系列“降日反共”的举动，中共中央进行了针锋相对的斗争。

5月11日，毛泽东出席中共中央书记处会议，听取时任八路军驻山西办事处处长王世英关于阎锡山部情况的报告。

王世英汇报说：阎锡山最近召开的晋绥军政民高级干部会议基本上是右倾的，阎在报告中批评军队的政治工作，撤换进步分子等。

毛泽东指出：阎锡山态度的变化，除整个摩擦趋势增大外，还有日本的挑拨离间，山西旧派的不满，国民党中央的压力等。我们对阎锡山仍应有条件的拥护，可以对他进行必要的批评。

中共中央向华北各区党委和八路军总部发出指示，鉴于阎锡山转向反共，山西新旧派的斗争可能会加剧，要求准备应付可能受到的部分打击与限制，同时要维持山西各派力量的团结。

然而，阎锡山对中共的批评和警告置若罔闻，在降日反共的泥潭里越陷越深。10月，他召集手下的反共将领说：共产党、八路军势力日益壮大，再加上“牺盟会”、新军的合作，我晋军将无立足之地，只有消灭“牺盟会”和新军，接受日本所提出的中日提携办法，才能达到生存的目的。并授权第13集团军总司令王靖国、第6集团军总司令陈长捷等人准备进攻新军。

这时，反共乌云在华北上空四处翻滚，军事摩擦屡有发生。国民党顽固派先后在山东博山太河镇、河北深县、河南确山竹沟镇、湖南平江和湖北新集等地，发动武装袭击，制造了一系列流血惨案。

“风起于青萍之末”。国民党制造的一系列流血惨案和武装“摩擦”，预示着更大规模的反共逆流即将掀起。11月，国民党六中全会进一步确定了将政治限共为主转为以军事限共为主的方针，抗战以来第一次反共高潮随之而起。

11月，阎锡山命令陈长捷指挥第61、第19军等部，分南北两路向驻晋西南的山西新军决死第2纵队和八路军第115师晋西独立支队发动进攻。

12月1日，阎锡山诡称晋绥军要对日军占领的同蒲铁路发动破击战，命令决死第2纵队向灵石、霍县进击。当这一企图被决死第2纵队识破后，阎锡山于3日通电全国，污蔑决死第2纵队为“叛军”，并令旧军袭击决死第2纵队第196旅旅部和隰县、蒲县、永和、石楼、洪洞等县抗日民主政权，残杀“牺盟会”干部和晋西独立支队隰县后方医院的伤病员，“十二月事变”就此爆发。

事变发生后，毛泽东认为这反映了山西旧派准备投降日寇的表面化，它的性质是对抗日的叛变，要“认清此种冲突可能扩大”“对叛军进攻绝不让步，坚决有力地给予还击，并立即由新派提出反对叛军的口号，但不要反对阎。”

八路军某部召开反顽祝捷大会

9日，他在给八路军总部、第120师、第129

师、晋西独立支队的电报中，再次指出：阎锡山发动晋西事变，“其目的在向我们示威，取得我们让步，以便他能确实掌握晋西南、晋西北两区，压倒新派与我们力量，以准备实行投降时的比较有利阵地”。但目前阎本人“对实行投降与公开反共，似尚未下最后决心”“整个说来，现时局是布置投降的时期，未至实行投降的时期。”“晋西南、晋西北两区为华北与西北间之枢纽，必须掌握在抗战派手里，绝不能让投降派胜利，否则是很危险的。”

毛泽东在电报中提出了斗争方针：“坚决反击阎之进攻，力争抗战派的胜利。”应利用阎尚未至下最后投降决心时机，应利用旧派内部的矛盾。“估计到新军可能打些败仗，发生叛变，并要准备打些败仗与一部分叛变。”“新军中、政权中、牺盟中的统一与决心第一要紧，一切真正不稳定分子，必须开除出去。”

根据毛泽东的指示精神，为维护抗日民族统一战线，中共中央指示八路军对国民党顽固派军队的猖狂进攻，采取“人不犯我，我不犯人；人若犯我，我必犯人”的原则和“有理、有利、有节”的斗争策略，开展自卫斗争，粉碎了阎锡山企图消灭“牺盟会”和山西新军的阴谋，巩固了晋西北、晋东南、晋东北的抗日民主根据地。

1940年1月18日，毛泽东出席中共中央书记处会议，指出：在山西的反摩擦斗争中我们取得了胜利。现在阎锡山有三万余旧军在吕梁山脉，将来有两种可能，一种是旧军依靠中央军进攻我军；另一种就是和平解决，减少摩擦。我们现在正准备派人去谈判，争取和平解决，但我们也准备不惜与中央军打，只有反摩擦才能取得存在与发展。

中共中央从抗日大局出发，为继续争取晋绥军抗日，派萧劲光、王若飞到秋林镇同阎锡山进行谈判。

3月5日，毛泽东为中共中央和中央军委起草致朱德、彭德怀、杨尚昆等并告新军各领导人电，指出：萧劲光、王若飞在秋林镇住四天，受到极大欢迎，谈判是成功的。今后我们的基本政策是，继续团结阎锡山，巩固山西旧军力量在阎的指挥下，保存阎在吕梁山脉的地盘，恢复新军和阎的指挥隶属关系，以利华北和西北的抗战。

同日，关于对阎锡山发函电及宣传联络应采取的态度问题，毛泽东致电八路军、北方局、第120师的负责人等并告新军各领导人，指出：目前尊重阎锡山的一定地盘，保存这个国共之间的中间力量，对于抗战与国共合作是有大利益的。我们及新军应乘此次同阎锡山谈判取得成功的机会，极力争取阎系一切人员，使他们团结成为一个中间单位，彻底打击蒋介石企图消灭阎系取而代之以便直接反共的恶毒政策。

1945年8月15日，日本帝国主义宣布无条件投降。八年抗战终于取得了胜利，但亿万中国人民的苦难日子是否将一去不复返？今后的中国又将走向何方？

卧榻之侧，岂容他人酣睡！在蒋介石看来，日益壮大的中国共产党和人民革命武装是他的眼中钉、肉中刺，必须不惜一切代价、不择一切手段加以消灭。然而摆在他面前的困难确实不少：

在国内，要求和平、重建家园的呼声日益高涨；国际上，美、英、苏等国各有各的如意算盘，不主张此时在中国发生大规模的内战；更为重要的一条是，国民党军精锐主力仍远在西南大后方，调往“剿共”前线再快也需要几个月的时间。

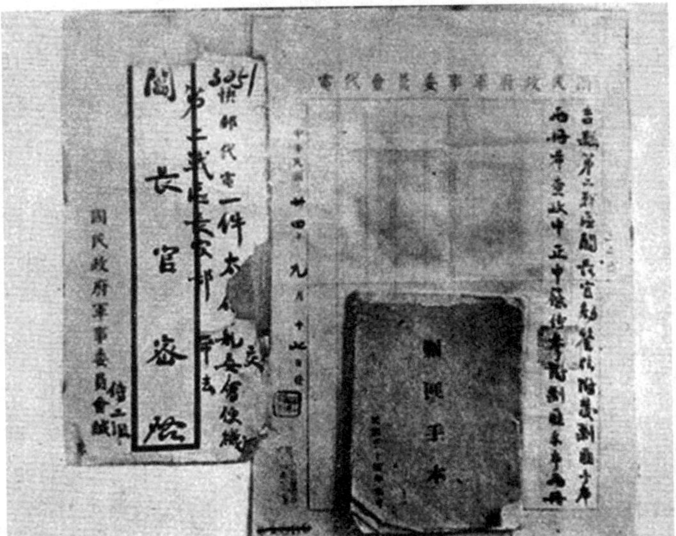

日本投降后，蒋介石即秘密颁发《剿匪手本》，积极部署内战。这是我军缴获的蒋介石给阎锡山的密函和《剿匪手本》

美国总统杜鲁门在回忆录中曾这样写道，“蒋介石的权力只及于西南一隅，华南和华东仍被日军占领着，长江以北则连任何一种中央政府的影子也没有……事实上，蒋介石甚至连任何在占领华南都有极大的困难。要拿到华北，他就必须同共产党人达成协议”。

老谋深算的蒋介石自然不愿现在就冒天下之大不韪发动内战，看来只有和谈方能赢得时间，掌握主动权。于是，便玩弄起反革命伎俩，表面上装出一副“和平建国”的模样，公开宣称要与共产党“和平谈判”；暗地里积极备战，以受降为名，调集大批军队向解放区发动进攻，企图消灭共产党领导的解放区和人民军队。

阎锡山秉承蒋委员长旨意，在日本宣布无条件投降的第二天，即8月16日，就命令第19军军长史泽波指挥4个步兵师、1个挺进纵队（相当于师）和部分伪军共1.7万人，大举入侵晋东南。

长治地区，古称上党郡，位于晋东南，辖以长治为中心的长子、屯留、襄垣、潞城、壶关等10多个县。这里山势高峻，峰峦耸立，东据太行，西临太岳，清漳、浊漳、沁水等河萦流其间，扼据雄关要塞，资源丰富，自古为兵家必争之地。1937年11月，太原失守，阎锡山部撤离晋东南，上党地区遂相继沦陷。后来，八路军第129师在此创建了抗日根据地，分属太行、太岳两个行政区管辖，统归晋冀鲁豫边区领导。

史泽波将进攻的矛头直指长治，至8月25日先后占领了八路军从日伪军手中解放的襄垣、潞城以及被人民武装包围的长治、长子等县城。他率第19军军部、3个师及炮兵一部驻守长治，其余部队和地方团队分别守备襄垣、长子、屯留、潞城和壶关等县，企图以此为依托，进一步打通白（圭）晋（城）铁路，最终占据整个晋东南。

为保卫抗战果实不被掠夺、准备应付国民党军的大举进攻，8月20日，中央军委决定成立晋冀鲁豫军区，刘伯承任司令员、邓小平任政治委员，统一领导冀鲁豫、冀南、太行、太岳军区。

23日，毛泽东坐在延安杨家岭的窑洞里，认真读着来自重庆的电报。这已是蒋介石在十天内发来的第三封邀请毛泽东赴重庆“共定大计”的电报了。

8月14日、20日，蒋介石连发两封电报邀请毛泽东，称：“倭寇投降，世界永久和平局面，可期实现，举凡国际国内各种重要问题，亟待解决，特请先生克日惠临陪都，共同商讨，事关国家大计，幸勿吝驾。”

很显然，这是蒋介石的“一箭三雕”之计：其一，如果毛泽东拒绝到重庆，就给共产党安上拒绝谈判、蓄意内战的罪名，借机发动内战，把战争的责任推到共产党身上；其二，如果毛泽东到重庆来，就给共产党几个内阁职位，迫使共产党交出解放区、交出军队；其三，蒋介石可以用谈判来取得调兵遣将、准备全面内战的时间。

1945年8月，张治中、毛泽东、赫尔利、周恩来在延安机场（左起）

两封电报发出后，见毛泽东没有丝毫要到重庆来的迹象，蒋介石就更来劲了，一面发动所有的宣传工具大肆鼓吹要与中共和谈，进行“和平建国”；一面又发出了第三封邀请电，并把与周恩来等中共领导人交好的国民党军事委员会政治部部长张治中找来，准备派他去延安接毛泽东到重庆来谈判。

蒋介石未免高兴得太早了，中共中央早就识破了这一阴谋诡计。毛泽东一针见血地指出：“这是蒋介石迫于国内国际形势，迫不得已做出的‘假和平、真备战’的缓兵之计”，无非是企图用“和平谈判”麻痹共产党，欺骗人民群众，同时为他调兵遣将、部署内战争取时间。

绝不能让蒋介石的阴谋得逞。23日，也就是蒋介石发出第三封邀请电的当天，毛泽东在中共中央政治局扩大会议上明确指出：“蒋介石想消灭共产党的方针没有改变也不会改变。”

为了尽一切可能争取和平，也为了在争取和平的过程中揭露蒋介石的反动真面目，团结和教育广大人民，面对蒋介石在重庆摆下的“鸿门宴”，毛泽东大手一挥，“可以去，必须去”“这样可以取得全部主动权”。

25日，刘伯承、邓小平乘美军观察组飞机回太行。他们离开时，毛泽东说：我们的口号是和平、民主、团结，首先立足于争取和平，避免内战。我们提出的条件中，承认解放区和军队为最中心的一条。中间可能经过打打谈谈的情况，逼他承认这些条件。今后我们要向日本占领地进军，扩大解放区，取得我们在谈判中的有利地位。你们回到前方去，放手打就是了，不要担心我在重庆的安全问题。你们打得越好，我越安全，谈得越好。别的法子是没有的。

26日，中央军委电示晋冀鲁豫军区，要求太行军区应立即集结主力，进行自卫反击，“收复上党全区，采取一切有效手段彻底消灭伪顽，逼敌投降”。就这样，国共双方在晋东南剑拔弩张，大战一触即发。

28日，毛泽东在国民党军事委员会政治部部长张治中和美国特使赫尔利的陪同下，乘坐专机飞赴重庆。

重庆谈判是一场复杂而艰苦的斗争，其经过时间之长，过程之曲折复杂，气氛之极度紧张都是国内外会谈中少有的。

由周恩来、王若飞等人组成的中共代表团与由张群、王世杰、邵力子和张治中组成的国民党代表团，围绕着和平建国方针、政治民主化、国民大会、人民自由、党派合法问题、特务机关、释放政治犯、地方自治、军队国家化、解放区地方政权、汉奸伪军问题、受降问题等12项问题进行了多次针锋相对的斗争。谈判的核心在双方军队整编、解放区政权和人大代表问题的处理。

谈判在艰苦曲折的道路上缓慢前进，斗争依旧十分激烈。最初由于双方距离很远，很多人认为是根本达不成什么协议的。谈判中多次出现剑拔弩张、唇枪舌剑的场面，几乎陷于破裂。为打破谈判僵局，促成和平协议的签订，中共代表团以民族大义为重，以国家和平安定为重，做出很大的让步。如在军队问题上，同意将共产党领导的军队缩编为24个师乃至20个师，并表示愿意接受中央政府的领导，实行三民主义等，以实际行动向全国人民表明了共产党在和平谈判上的诚意。

俗话说：文官把笔守天下，武将提刀定太平。国共两党代表团在重庆的谈判桌前进行唇枪舌剑的斗争时，国共两军则在晋东南战场上真刀真枪地大打出手了。

蒋介石想在战场上占得便宜，借此向中共大施淫威，增加谈判的砝码，迫使中共屈服。于是密令重新印发了他在十年内战时期手订的《剿匪手本》，要各部在“剿灭共匪”的作战中“切实遵行”。

面对蒋介石杀气腾腾的攻势，毛泽东胸有成竹。萧劲光曾回忆道：“毛泽东在离开延安前，对我们这些即将奔赴前线的同志说，同志们担心我去谈判的安全。蒋介石这个人我们是了解的。你们在前线打得好，我就安全一些，打得不好，我就危险一些。你们打了胜仗，我谈判就容易些，否则就困难一些。”

刘伯承在晋冀鲁豫军区动员大会上鼓励战士们奋勇作战，保卫解放区

刘伯承、邓小平自然心领神会，针对史泽波部孤军深入、守备分散的特点，决心以太行、冀南、太岳军区各1个纵队及地方武装共3.1万余人，在5万民兵的配合下，由北向南逐个夺取长治外围各城，吸引史泽波第19军主力从长治出援，力求在运动中予以歼灭，尔后收复长治。

为打好上党战役，8月28日，晋冀鲁豫军区召开直属机关干部大会，刘伯承作上党战役动员报告，指出这是中华民族两条道路、两种命运的又一次生死搏斗的开始，号召大家为保卫抗战胜利果实而战，坚决打好这一战，以实际行动“支援重庆谈判”。

这天恰好是毛泽东飞赴重庆与蒋介石谈判的日子，大家心里都不免为毛主席的安全担心。

邓小平指出：“上党战役打得越好，歼灭敌人越彻底，毛主席就越安全，在谈判桌上就越有力量。”

上党战役于9月10日打响，至10月12日结束，历时43天。此役是抗日战争胜利后解放区部队反击国民党军进攻所进行的第一个较大规模的歼灭战，共歼阎锡山部3.5万余人，其中俘虏3.1万人，包括史泽波等将级军官27人，缴获山炮24门、迫击炮30多门、轻重机枪2000余挺、长短枪1.6万余支，不仅巩固了晋冀鲁豫解放区的后方，而且加强了中国共产党在重庆谈判中的地位。

果然不出毛泽东的所料，在战场上屡遭重击的蒋介石，不得不在谈判桌前收敛起嚣张的气焰，同意了中共的提议。

就在上党战役结束前两天，10月10日，经过43天的商谈，国共双方终于签署了《国民政府与中共代表会谈纪要》（即《双十协定》），宣布必须以和平、民主、团结为基础，坚决避免内战，建立独立、自由和富强的新中国。

17日，刚刚由重庆返回延安的毛泽东在干部大会上作《关于重庆谈判》的报告，对上党战役给予了高度评价，指出：

太行山、太岳山、中条山的中间，有一个脚盆，就是上党区。在那个脚盆里，有鱼有肉，阎锡山派了十三个师去抢。我们的方针也是早定了的，就是针锋相对，寸土必争。这一回，我们“对”了，“争”了，而且“对”得很好，“争”得很好。就是说，把他们十三个师全部消灭。他们进攻的部队共计三万八千人，我们出动三万一千人。他们的三万八千人被消灭了三万五千人，逃掉两千人，散掉一千人。这样的仗，还要打下去。我们解放区的地方，他们要拼命来争。这个问题好像不可解释。他们为什么要这样地争呢？在我们手里，在人民手里，不是很好吗？这是我们的想法，人民的想法。要是他们也是这样想，那就统一了，都是“同志”了。可是，他们不会这样想，他们要坚决反对我们。不反对我们，他们想不开。他们来进攻，是很自然的。我们解放区的地方让他们抢了去，我们也想不开。我们反击，也是很自然的。两个想不开，合在一块，就要打仗。……事情就是这样，他来进攻，我们把他消灭了，他就舒服了。消灭一点，舒服一点；消灭得多，舒服得多；彻底消灭，彻底舒服。中国的问题是复杂的，我们的脑子也要复杂一点。人家打来了，我们就打，打是为了争取和平。不给敢于进攻解放区的反动派很大的打击，和平是不会来的。

毛泽东眼中的蒋鼎文

——身为军人不懂军事

蒋鼎文

蒋鼎文，字铭三，生于1895年，浙江省诸暨人。国民党陆军二级上将。

蒋鼎文10岁入象乡私塾，15岁转入浬浦镇翊忠学堂。辛亥革命爆发后，他投笔从戎，在杭州参加学生军。次年入绍兴大通陆军中学堂，后转入浙江陆军讲武堂。1914年毕业后入浙江督署守备队，历任排、连长。1915年去广东，供职于援闽浙军总司令部。1919年投广东护法军政府。1921年任非常大总统府参谋副官。1923年任大元帅大本营兵站总监部上校参谋。1924年任黄埔军校第一期第二学生队区队长、教导第1团副营长兼第2连连长，参加平定广州商团叛乱。后参加第一次东征陈炯明、北伐战争，因作战勇猛升任营长、副团长、团长、师长。1929年率部参加蒋桂战争，任第2军军长。1930 年参加蒋冯阎中原大战。1931年7月任第4军团总指挥，参加对中央革命根据地第三次“围剿”。1933年任北路军前敌总指挥兼第二路军总指挥，参加第五次“围剿”中央苏区。期间参加镇压反蒋抗日的福建人民政府，后改任东路军总指挥，继续“围剿”中央苏区。中央红军长征后，改任驻闽“绥靖”公署主任，“围剿”留在南方的红军游击队。1935年被授予陆军二级上将军衔。西安事变中，蒋鼎文为蒋介石的安全奔走于西安、南京之间，更加受重于蒋介石。

抗日战争全面爆发后，蒋鼎文任第4集团军总司令，国民党政府军事委员会西安行营主任，陕西省政府主席、保安司令，第十战区司令长官等职。主政西北期间，蒋鼎文徇私枉法，贪污成性，狂嫖滥赌，成为有名的“腐化将军”。1942年1月任第一战区司令长官兼冀察战区总司令，驻洛阳。消极抗日，积极反共。1944年春，日军发起贯通大陆交通线的作战。在豫中会战中，蒋鼎文指挥失当，遭受惨败，被迫引咎辞职，任军事参议院参议。此后淡出军界，专心经商。

1948年，蒋鼎文出任总统府战略顾问委员会顾问。1949 年出任国防部东南区点验整编委员会上将主任委员。8月逃到台湾。退役后任“总统府”“国策”顾问、“光复大陆”设计委员会委员。1974年1月2日病逝。

国民党军高级将领中，蒋鼎文与何应钦、刘峙、钱大钧、顾祝同并称蒋介石的“五虎上将”，深受蒋介石的喜爱和器重。

早年，蒋鼎文追随孙中山闹革命，在孙中山的大元帅府参谋部担任上校参谋。那时，蒋介石是少将参谋长，军衔只比蒋鼎文高一级，合称孙中山身边的“两蒋”。恰巧二人都来自浙江，操一口宁波官话，人们误把他们俩当成了亲戚。实际上，蒋介石的老家浙江奉化离蒋鼎文的家乡诸暨并不很远。

1924年，孙中山在苏联和中国共产党帮助下，在广州建立陆军军官学校，即黄埔军校，蒋介石出任校长。蒋鼎文也辞去大元帅府上校参谋之职，跑到黄埔军校屈就第一期第二学生队中尉区队长，后改任上尉军事教官。

蒋鼎文有早起习惯，经常被蒋介石碰见。时间一长，蒋校长对这位浙江老乡产生了好印象。不久，学校举行野外学习，蒋鼎文担任连指挥。观操的苏联顾问加伦将军当场向蒋鼎文提问，蒋对答如流。加伦对蒋介石说：此人可重用。于是，蒋鼎文逐步得到了蒋介石的赏识。

蒋鼎文自16岁从军起，经历大小战事数百次，客观地讲，就具体的战斗来说，他的作战经验还是相当丰富的，尤其是做中下级军官时，执行命令坚决、应对灵敏周到，擅长机动战，精熟于部队敌前运动和编组，作战也十分勇猛。

1925年2月，蒋鼎文参加第一次东征陈炯明。3月，东征军与陈部激战于棉湖。时任营长的蒋鼎文身先士卒，勇猛冲击敌阵。战斗中，他胸部中弹，被勤务兵从死尸堆中背出，送到医院抢救。蒋介石得知后，当即犒赏5000元。而何应钦则怀疑蒋鼎文是怯敌逃跑时被流弹所伤，后派人验明，子弹是从左肋穿入的。蒋鼎文遂以战功任教导第1团副团长，不久又升任第2师第5团团长，深得蒋介石的信任，自此官运亨通。

参加东征的官兵

1926年3月，蒋介石制造了“中山舰事件”。蒋鼎文奉蒋介石密令率部包围苏联顾问团住地和省港罢工委员会，强行收缴枪械，并扣留了黄埔军校和国民革命军第1军中的党代表及政治工作人员。7月，蒋鼎文参加北伐，率部随蒋介石总司令部行动。9月在攻占南昌的战斗中再次受伤，得到蒋介石的赞赏。

1927年1月，蒋鼎文升任总司令部直属伤兵团少将团长，4月改任南京警卫团团长，10月升任第1军第1师师长。时国民革命军渡江追击孙传芳部在凤阳受挫，北上各军受张宗昌、孙传芳联军压迫，接连后撤，形势危急。蒋鼎文指挥第1师夜渡明光河，直扑凤阳，吸引敌军注意后突率主力脱离，转而攻下蚌埠，一举扭转了战局，这是蒋鼎文在几十年的军事生涯中最为出色的一战。

1929年4月，蒋鼎文升任第2军军长兼第9师师长。中原大战爆发后，蒋鼎文率部奔走于陇海、津浦两线及其中间地带，行动迅捷，飘忽不定，被称为“飞将军”。

别看蒋鼎文在北伐战争和军阀混战中，威风八面，屡立战功，颇受蒋介石赞赏。但当他走上“围剿”红军的战场上时却屡遭重创。

1931年6月，蒋介石调集23个师又3个旅30万大军对中央革命根据地发动第三次“围剿”。此次“围剿”，蒋介石不惜血本，将其嫡系部队陈诚的第14师、罗卓英的第11师、赵观涛的第6师、蒋鼎文的第9师、卫立煌的第10师，共10万人调到江西前线，企图毕其功于一役。

对此，蒋介石信心十足，曾对手下人说：“这次‘围剿’如不获全胜，死也不回南京。”并严令各路将领：“限三月之内‘肃清’江西共军，如不成功则成仁；如不获胜，自刎首级。”

红一方面军主力在毛泽东、朱德指挥下，采取“诱敌深入”的方针，“避其主力”，待敌深入苏区中心区，再集中兵力“打其虚弱”。结果，国民党军又一次劳而无功，冤枉路没少跑，甚至连红军的踪迹也摸不着，武力“围剿”变成了“武装游行”，锐气挫去一半。

中央苏区第三次反“围剿”方石岭战斗遗址

8月初，红军实施反攻，在莲塘、良村、黄陂三战三捷后，主力又神秘地“消失”在赣南的崇山峻岭中。此时，国民党军已在中央苏区里来往奔波两个月，除被消灭3个师外，一无所获。全军上下牢骚满腹，怪话连连，“胖的拖瘦，瘦的拖病，病的拖死”。

9月7日、15日，红军又先后取得老营盘、方石岭等战斗的胜利，全歼蒋鼎文第4军团所辖第52师和第9师1个旅，要不是第十九路军蔡廷锴部拼死援助，蒋鼎文也要死在战场上了。

从此，蒋鼎文颇有些消沉，“今后打算积资百万，在上海消磨二十年岁月，就可结束此生”，指挥作战也逐渐趋稳，更喜欢步步为营的平行推进。

1933年11月20日，第十九路军在福州举起“联共反蒋抗日”的大旗，宣布脱离国民党，成立“中华共和国人民革命政府”。

蒋介石立即入闽，坐镇建瓯，从“围剿”中央苏区的北路军中抽调了9个师，连同从宁沪杭后方拼凑的2个师，共计11个师，十万大军，从海陆空分数路向福建猛扑过来，意在一举消灭第十九路军。蒋鼎文出任第三路军总指挥，率李玉堂第3师、李延年第9师，由赣东进入闽北。出发前，蒋介石暗示蒋鼎文，如按期拿下福建，则以福建省主席之职相许。

重赏之下，必有勇夫。蒋鼎文不顾第十九路军曾对其有救命之恩，不遗余力，施展各种手腕，军事政治并举，只用了不到一个月时间，就占据福建全境，搞垮了福建人民政府。

不过，蒋介石并没有立即将福建省主席的肥缺赏给他，而是派他改任东路总司令，继续对中央苏区进行第五次“围剿”。

1934 年10 月，中央红军长征后，蒋鼎文任驻闽“绥靖”公署主任，继续在福建“围剿”留在南方的红军游击队。1935 年2 月，瞿秋白在福建长汀被蒋鼎文所部宋希濂的第36师俘获。蒋鼎文奉蒋介石旨意，下令将瞿秋白枪杀。

1936 年12 月初，蒋鼎文被蒋介石召至西安，出任为西北“剿匪”军前敌总指挥，再次到内战前线与红军作战。但他尚未离开西安，即爆发了震惊中外的“西安事变”。

12日，国民党东北军将领张学良和西北军将领杨虎城在西安发动兵变，拘捕了蒋介石，并通电全国，提出了停止一切内战、实现抗日等八项主张。蒋鼎文与陈诚、卫立煌等10 余人也一同被拘禁扣押起来。

17 日，张学良让蒋鼎文带着蒋介石给宋美龄和何应钦的信函，从西安飞回南京，传递信息。随后，他又陪同宋子文、宋美龄飞赴西安谈判。张学良亲往机场迎接，拍着蒋鼎文肩膀说：“铭三兄，你是好汉，果然不怕死，又回来了。”蒋鼎文答道：“副司令是大好汉，我是小好汉。”

事变发生后，中国共产党以国家和民族利益为重，力主和平解决，并派周恩来等人组成代表团飞赴西安。由于中共的协助和调解，在各方努力下，蒋介石最终接受了停止内战等六项条件，西安事变和平解决。

25 日，张学良送蒋介石回南京，途中在洛阳停留。刚下飞机，蒋介石立即要求张学良放回蒋鼎文、陈诚、卫立煌等人。两天后，蒋鼎文等被释放回南京。

蒋鼎文在西安事变中，为蒋介石的安全奔走于西安、南京之间，“赴汤蹈火，在所不辞”，表现了对蒋介石的一片忠心，更加得到蒋介石的器重。

这时，中国全面抗战的大机器终于隆隆发动了，国共两党开始就陕甘宁边区政权、红军改编、两党合作的组织与共同纲领等问题，先后进行了6次谈判。但由于国民党当局缺乏诚意，甚至企图通过谈判达到削弱以至消灭共产党和红军的罪恶目的，因而谈判几度陷入僵局。

全面抗战爆发后，中日两国矛盾空前激化，中华民族到了生死存亡的攸关时刻。在此严峻形势下，几乎所有的中华儿女都义无反顾地踏上了抗日救亡的道路。但国共两党却在如何抗战的问题上存在严重分歧。

由于国民党代表着大地主大资产阶级的利益，这就决定了在如何抗战的问题上国民党必然推行单纯由政府和军队抗战的片面抗战路线，对共产党和人民抗战力量总是持怀疑态度，甚至千方百计予以遏制和打击，这也必然导致正面战场的屡屡失利，于是国民党转而将抗战胜利的希望寄托在国外援助和国际形势上。而代表人民大众根本利益的中国共产党，相信战争的伟力存在于民众之中，从战争一开始就提出了与国民党片面抗战路线截然不同的全面抗战路线。

在洛川会议上，中共中央旗帜鲜明地提出了全面抗战路线，要求国民党在全国范围内进行必要的政治经济改革，废除一党专政，给予人民充分的抗日民主权利。会议通过的《抗日救国十大纲领》便是对全面抗战路线的具体阐述。

抗日战争不仅需要正确的政治路线，同样也需要正确的战略方针。早在瓦窑堡会议上，毛泽东就强调指出：“要打倒敌人必须准备作持久战”。而且八路军、新四军所面临的政治军事形势同国内战争时期迥然不同，新的敌人是日军，旧的敌人成了友军，作战地域也是以前几乎从未涉足的华北。新情况、新变化就迫切需要适应新形势的战略方针。

中共中央对此极为重视。1937年8月，毛泽东在致电周恩来等人时指出：我军新的战略方针应是“在整个战略方针下执行独立自主的分散作战的游击战争”。

在八路军的行军路线与作战方向上，国共双方同样也发生了严重分歧。

时任国民党政府军事委员会第一部部长的黄绍竑和国民党军副参谋总长白崇禧提出：八路军以两个师由渭南上车，经风陵渡、同蒲路至代县附近下车，到蔚县一带集中。另一师沿陇海路转平汉路，在徐水下车，到冀东玉田、遵化一带，开展游击战争。

毛泽东敏锐地看出这个所谓的“黄白案”包含着企图使八路军“分割出动”“强使听命”，最终达到“受命出动后即就为蒋之属下”的极大阴谋，指出：坚决不能同意，我军主力（不是全部）决定由韩城渡河，绝不走陇海线和平汉线。

国民党见一计不成，又施二计。时任国民党政府军事委员会西安行营主任的蒋鼎文强横地要求八路军所属三个师全部开赴前线，并划定活动区域。

对此，毛泽东驳斥道：“游击战争与按照情况使用兵力，是朱（德）、周（恩来）在京与蒋（介石）、何（应钦）、白（崇禧）、黄（绍竑）决定之战略方针与指挥原则。红军主力已上前线，多兵堆于狭地不合游击战使用，因此一二九师留驻待机是完全正当的。蒋鼎文身为军人不懂军事，还应加强学习我们的兵法，依照他的无知妄想是要打败仗的。”

为解救华北危局，八路军不待改编就绪，即在朱德、彭德怀的率领下誓师出征，由陕西三原、富平经韩城地区东渡黄河，日夜兼程，挺进山西抗日前线。

八路军部分领导人左权、任弼时、朱德、邓小平（左起）赴抗日前线途中在黄河渡船上

与之形成鲜明对比的是，国民党军在消极防御的战略方针指导下，丧师失地，节节败退。防守宣化、张家口、大同等地的国民党军此时正纷纷退却，秩序混乱，华北大片国土沦陷敌手。而突然出现的整齐威武、斗志昂扬、纪律严明的八路军，勇敢地迎敌而进，宣传抗日救国纲领，号召各阶层人民组织起来抗战，犹如黑暗中的一缕光明，照亮了三晋人民。人们奔走相告，扶老携幼夹道欢迎，都将希望寄托在英勇挺进的八路军身上。

八路军并没有辜负民众的期望，入晋不久便取得了震惊中外的平型关大捷。

9月22日，日军精锐第5师团第21旅一部从灵丘向晋东要塞平型关进犯。驻守平型关的国民党军势单力薄，难以阻止日军。危急时刻，刚刚开抵晋东北前线的八路军第115师在林彪、聂荣臻的率领下，于24日夜冒雨在平型关东北公路两侧高地设伏。25日晨，日军进入伏击地域，第115师突然发起猛攻。激战竟日，歼灭日军千余人，击毁汽车百余辆，缴获各种枪支上千支及大批军用物资。

平型关大捷是中日战争全面爆发后，中国军队取得的第一个大胜利，沉重打击了日军的嚣张气焰，粉碎了日军不可战胜的神话。捷报传出，举国欢腾！向八路军致敬和慰问的电报如雪片般飞向延安和八路军总部。

忻口保卫战打响后，八路军以机动灵活的游击战配合国民党军正面防御。

10月间，第120师在雁门关南北频繁设伏，歼敌数百人，击毁日军汽车、坦克和装甲车50余辆，切断了大同至宁武、忻口的交通线。

19日夜，第129师769团夜袭代县阳明堡机场，击毁日机20多架，大大削弱了日军进攻忻口的空中力量。

至此，八路军3个师均首战告捷，全国军民抗战的信心大增，共产党和八路军的威望也与日俱增。

1938年5月，毛泽东发表了《论抗日游击战争的战略问题》，根据抗日战争的特点和规律，把自古就有的、通常只是正规战的辅助形式的游击战争，从战略高度进行了考察，有力地推动了全党全军由国内正规战争向抗日游击战争的战略转变。

八路军第115师一部向晋东北挺进

11月，太原失守后，国民党军纷纷南撤，华北的主要交通线和黄河以北大部分地区被日军占领，从而宣告在华北以国民党军为主体的正规战结束，取而代之的是以八路军为主体的游击战争。

华北战场出现了一种奇特的景观：日军大举进攻，步步进逼；国民党军屡战屡败，节节后退；八路军则大踏步挺进敌后，开辟抗日战场。

到敌人后方去，开辟敌后战场，这就使中国抗日战争形成了两个相互配合的战场：一个是由国民党军队担负的正面战场；另一个则是由共产党军队开辟的敌后战场。

所谓开辟敌后战场，就是挺进敌后，建立根据地，并以根据地为依托，开展抗日游击战争。

11月11日，朱德、彭德怀在山西和顺县石拐镇召开军事会议，对八路军挺进敌后开辟抗日根据地作了具体部署。

八路军各路健儿随即挥师挺进敌后，一方面开展创建山西抗日根据地的斗争，以建立华北游击战争的军事后方；另一方面派出有力部队向日军占领区实施战略挺进。北上察绥，挺进燕山；南下豫北，挺进苏鲁豫边；东出太行，挺进华北大平原。到1938年7月，八路军以山西为军事后方，先后创立了10个战略区。第115师聂荣臻部，以五台山为依托，创建了晋察冀根据地，同时发展冀东游击区；第115师主力创建了吕梁山根据地，一部挺进冀鲁边，创建了山东抗日根据地；第120师以管涔山为依托，创建了晋西北根据地，同时发展了晋察绥边游击区；第129师以太行山为依托，创建了晋冀豫根据地，同时发展冀南、豫北、冀鲁边3个游击区。至此，华北敌后战场基本形成。

此时，在江南的新四军也正在进行艰苦卓绝的创建抗日根据地斗争。在韦岗初战告捷后，新四军第1、第2支队挺进苏南，第3支队开赴皖南，第4支队展开于皖中，相继取得新丰、句容、永安桥、马家园、棋盘岭等战斗的胜利，并粉碎了日军对小丹阳地区的“扫荡”。至1938年10月，新四军不仅顺利完成了改编、集中和整训任务，而且挺进大江南北，开展游击战争，初步建立起苏南、皖南、皖中抗日根据地，开辟了华中敌后战场。

从1937年9月八路军首战平型关，到1939年10月广州、武汉沦陷，八路军、新四军在异常艰难的条件下与日伪军展开殊死搏杀，共作战1780次，歼敌5.4万余人，创建了晋察冀、晋绥、晋冀豫、晋西南、冀鲁边、冀鲁豫、山东、苏南、皖南、皖中等抗日根据地，华北、华中战场基本形成。

而那位被毛泽东讥笑为“身为军人不懂军事”的蒋鼎文果然在抗日战场上屡吃败仗，在豫中会战中更是指挥失当，一败涂地，举国震惊。

1942年1月，蒋鼎文到洛阳出任第一战区司令长官，副司令是被河南百姓称之为“水、旱、蝗、汤”四大害之一的汤恩伯。能与水灾、旱灾、蝗虫之灾并列，汤恩伯的为人可想而知。虽然蒋鼎文与汤恩伯素来不和，但在对河南人民的横征暴敛上是一致的。

早在抗战初期，蒋鼎文在西北期间就滥用职权大发国难财。他深知蒋介石对下属“只准腐化，不准恶化”的政策，徇私枉法，贪污成性，狂嫖滥赌，成为有名的“腐化将军”。通过贪污受贿、投机经商，蒋鼎文聚敛的私产数额巨大。

在国民党高级将领中，蒋鼎文以滥赌闻名。这与他的家庭有关。其父蒋子朗“嗜赌如命”，以致家境日渐破落。从军后，蒋鼎文恶习不改，经常聚兴豪赌。中原大战后，蒋鼎文与顾祝同、上官云相会师于郑州，一夜间竟输光了所部官兵三个月的薪饷。次日，当军需处长发饷时，蒋鼎文两手空空，只好硬着头皮去见蒋介石。蒋介石大怒，立即命他向顾祝同等讨回输款。但顾推说，钱已作为犒赏发给官兵了。蒋介石无奈，只得给蒋鼎文一张5万元的支票，帮他渡过难关。

蒋鼎文生活极度腐化，喜好嫖娼，虽有一妻两妾，还强占了西安京剧名角粉牡丹。长期的淫乱，使蒋鼎文染上了严重的性病，由花柳病专家杨槐堂作为贴身医生，专给他治性病，杨槐堂也因此受宠，一直做到少将军医处长，成为军中笑柄。

主政河南后，蒋鼎文纵容部下不仅剥夺了农民手里最后一点粮食，而且还强行征用农民的耕牛以补充运输工具。于是，河南农民自行武装起来，反抗国民党军队的横征暴敛。当时，日军在黄河北岸济源县一带，到处张贴蒋鼎文一手抱美人一手提钞票的宣传画，可谓对他刻画得入木三分。

1943年，同盟国反法西斯战争转入战略反攻和进攻，日军在太平洋战场上屡遭挫败，使南洋各地军队的海上交通线受到威胁。日本大本营为保持本土与南洋的联系，决定打通从中国东北直到越南的大陆交通线，同时摧毁沿线地区的中美空军基地，以保护本土和东海海上交通安全，遂调集约51万兵力发动豫湘桂战役。

1944年4月，日军华北方面军司令官冈村宁次指挥近15万人，以攻占平汉铁路南段为目标，向郑州、洛阳地区发动进攻，豫中会战就此打响。

当时，第一战区拥有8个集团军1个兵团共17个军约40万人，156架飞机，并得到第八战区一部的支援。战前，蒋鼎文在洛阳召集高级将领开会，决定以第28集团军依托黄河南岸既设河防阵地抗击日军；第4集团军在河南汜水县、密县间山区构成防御地带，进行坚守防御；第31集团军集结于禹县、襄城、临汝地区，待机歼敌。

豫湘桂战役中，中国守军在日军迫近衡阳空军基地时炸毁地面设施

会上，第36集团军总司令李家珏提出主动出击的建议，但未获批准。蒋鼎文认为，自1941年5月中条山大血战后，日军与第一战区隔河相峙3年之久，皆因他部署的坚强防线，使日军不敢轻举妄动而越雷池半步。因此第一战区的防线没有必要调整，更不必四处出击，只要稳坐钓鱼台就行了。

18日，日军第37师团配属独立混成第7旅团从中牟新黄河东岸向第28集团军暂编第15军河防阵地发起攻击。次日，日军第110、第62师团由郑州黄河铁桥南端向第28集团军第85军邙山头阵地发起攻击。至23日，相继攻陷郑州、新郑、尉氏、汜水、密县。30日，日军集中3个师团又2个旅团向许昌发起猛攻。5月1日，许昌失守。

尽管蒋鼎文与汤恩伯有隙，大敌当前本应同舟共济。但当汤恩伯部在中牟、许昌地区与日军血战周旋，几乎吸引了全部日军主力的20天时间里，蒋鼎文却率第一战区主力按兵不动，一直在黄河南岸边静待日军进攻。

令人费解的是，蒋鼎文将第一战区主力20多万人马，迭次配备于约200公里的黄河南岸，广大后方几乎无机动兵力。更让人感到诧异的是，蒋鼎文竟然将自己的战区长官部置于黄河岸边的洛阳城。

蒋鼎文以为这样便于在第一线指挥河防作战，自己同第一线将士安危同在，可以鼓舞士气。但这却是一个很初级的错误。蒋鼎文混淆了指挥员与指挥机关的界限。如果指挥部被敌人打掉，指挥系统将陷入瘫痪，数十万名将士在数百公里的范围内如何统一协调的作战？

果然，日军攻占许昌后，即以一部沿平汉铁路南进，主力转向西进，渡过黄河，寻找第一战区主力决战。

蒋鼎文的指挥部因离前线太近，有被日军包围的危险，于5月6日撤往新安。第31、第4集团军分别撤往伏牛山、韩城。

至9日，西进日军进抵龙门附近，随即以一部分进逼洛阳，大部向伊河、洛河河谷进攻。

10日夜，惊慌失措的蒋鼎文带着幕僚和参谋人员，从新安向西南撤退，通过洛宁进入伏牛山的深山密林中，眼睁睁看着日军围攻孤城洛阳。25日，洛阳失陷。

至此，仅仅38天，国民党军在豫中会战中大溃败，丢失了开封至潼关间约400公里、新乡至信阳间约350公里的广大中原地区。

此役是整个豫湘桂战役的开端，失败的原因是多方面的，但其中最主要的一条，就是蒋鼎文的指挥不当。就连他自己也认为这次失败是“治军从政四十年来最大挫折”。

蒋介石对此极为震怒，责令蒋鼎文辞职，并撤了汤恩伯第一战区副司令长官和鲁苏豫皖四省边区总司令之职。

1944年7月初，交割了司令长官职务的蒋鼎文回重庆，到军事参议院任参议。不久，不甘心坐冷板凳的蒋鼎文，索性脱下陆军二级上将的戎装，迁居上海经商赚大钱去了，从此淡出军界。

纵观蒋鼎文的一生，毛泽东评点他“身为军人不懂军事”，是很深刻的。

毛泽东眼中的傅作义

——我们是姑舅亲戚，难舍难分

傅作义

傅作义，字宜生。生于1895年，山西荣河安昌村（今属临猗）人。国民党陆军二级上将。

1910年，傅作义考入太原陆军小学堂。次年辛亥革命爆发，参加太原起义，任学生军排长，在娘子关等地与清军作战。1912年被保送北京第一陆军中学堂。1915年升入保定陆军军官学校。1918年毕业，回山西在晋军服役，因治军有方，由排长递升至师长。1927年率第4师参加对奉军作战，10月乘虚袭占涿州后，孤军苦守三月余，以不足万人之师，抗击数倍于己之兵力，采用在城墙内外挖掘壕沟阻敌攻城、主动出击等办法，打退奉军多次进攻，终因粮尽援绝，于次年1月撤出涿州城，接受奉军改编。傅作义因拒绝张作霖委任，被软禁于保定张学良指挥部，5月初出逃至天津。第二期北伐击败奉军后，任第三集团军第5军团总指挥兼天津警备司令。1930年蒋冯阎战争期间，任阎锡山的第3方面军第2路军指挥官，率部在津浦铁路沿线与蒋军作战。阎军战败后被南京国民党政府收编。1931年任第35军军长兼绥远省政府主席。

1931年“九一八”事变后，傅作义通电坚决抗日。1933年所部编为第7军团，任总指挥，率部在密云、怀柔一线参加长城抗战，施近战、夜战、白刃战，给日军以打击。1935年4月被授为陆军二级上将。1936年指挥绥远抗战，采用集中优势兵力各个击破、出其不意等战法奇袭日伪军，获百灵庙大捷，收复失地。抗日战争期间，相继任第7集团军总司令兼第35军军长、第八战区副司令长官、第十二战区司令长官，指挥所部转战晋、冀、察、绥等省，先后参加南口张家口战役、忻口会战、太原保卫战诸役。还灵活运用阻击、偷袭等战法打击日军有生力量，取得包头、绥西、五原等战役的胜利。1941年初，提出民养军、军助民、军民合作发展粮食生产的具体措施，解决军民食粮问题。

任第35军军长的傅作义

抗战胜利后，傅作义任张垣“绥靖”公署主任兼察哈尔省政府主席、华北“剿总”总司令，执行蒋介石的内战政策。1949年1月天津解放后，接受中国共产党提出的和平解放北平（今北京）的条件率部起义，对完整地保留文化古都做出重大贡献。随后，又受毛泽东、周恩来委托，和邓宝珊促成绥远起义。

中华人民共和国成立后，傅作义曾任绥远军政委员会主席、绥远军区司令员、国防委员会副主席、水利部部长、中国人民政治协商会议全国委员会副主席等职。1955年被授予一级解放勋章。1974年4月19日病逝。

1948年深秋，国民党统治区的政治、军事、经济、社会生活面临全面崩溃，蒋介石的统治已是穷途末路，处于风雨飘摇之中。中国人民解放事业正以不可阻挡之势迎来了收获季节。

在东北，历时52天的辽沈战役刚刚胜利结束，东北野战军取得了歼灭国民党军47.2万人的辉煌战绩，一举解放了东北全境；在华东、中原地区，淮海战役激战正酣，华东和中原两大野战军并肩作战，歼灭了黄百韬兵团，正在围歼黄维兵团，驻守徐州的刘峙、杜聿明集团不久就会成为两大野战军的囊中之物；在西北战场，胡宗南集团主力被西北野战军压缩在关中地区，军心动摇，眼见厄运难逃；在华北，傅作义集团屡遭重创后，固守在北平、天津、张家口等地区，失去了南北两面的依托，陷入了孤立无援的混乱境地。

全国军事形势发生了新的转折，人民解放军总兵力上升到300万人，国民党军总兵力则下降到290万人。11月14日，毛泽东在《中国军事形势的重大变化》一文中指出：“中国的军事形势现已进入一个新的转折点，即战争双方力量对比已经发生了根本的变化。人民解放军不但在质量上早已占有优势，而且在数量上现在也已经占有优势。这是中国革命的成功和中国和平的实现已经迫近的标志。”并骄傲地向全世界宣布：再有一年左右的时间，就可能将国民党反动政府从根本上打倒了。

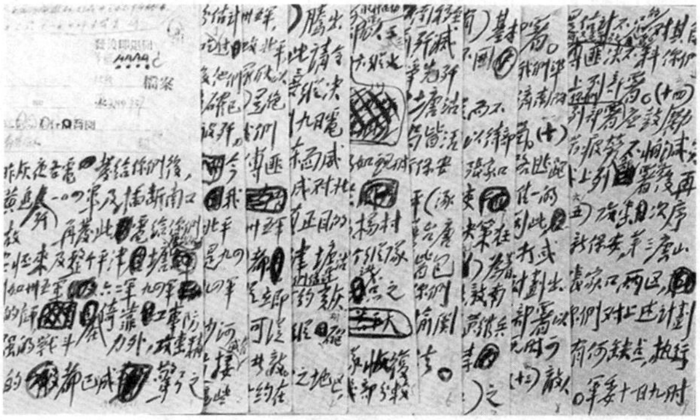

毛泽东起草的关于发起平津战役的电文

为夺取人民革命战争的彻底胜利，坚决、彻底、干净、全部地消灭国内一切反动势力，不给国民党军以喘息的时间，中共中央决定在华北战场上发起一场规模巨大的平津战役。

当时，据守华北的傅作义集团，有4个兵团、12个军、42个师，连同地方保安部队，共计50余万人，面临着东北野战军和华北军区部队的联合打击。是撤是守，蒋介石和傅作义一时都拿不定主意。

在蒋介石看来，一方面，东北既失，华北孤危，而淮海战场上黄百韬兵团已全军覆灭，黄维兵团身陷重围，凶多吉少，徐州的刘峙、杜聿明集团也已如惊弓之鸟。如果徐、蚌有失，则南京、上海就将暴露在共军的直接攻击下。他自然不想看到出现这种局面，唯一出路就是放弃北平、天津等地，将傅作义集团南撤，增强徐蚌战场的兵力，同时加强长江防线，与共军在淮河以南地区一决死战。另一方面，不战而弃守华北，在政治上必将产生重大的影响，他在美国盟友面前就会颜面扫地。此外，50多万大军不是说撤就能撤的，从陆上南撤要经解放区，难度太大；从海上撤退则运力有限，所需时间又太长。

傅作义同样也处在进退维谷之中。他深知老蒋的为人，自己是长期活动于绥远地区的地方实力派，毕竟不是嫡系。一旦南撤，“人为刀俎，我为鱼肉”，自己半辈子积攒起来的这点本钱定会血本无归；若西逃绥远，又怕势孤力单，难以生存。同时，傅作义认为东北野战军在辽沈战役后至少要休整3个月，才会大举入关，因此“华北不致遭受威胁”。他可以充分利用这段时间，扩编部队、调整部署，说不定能在华北创出一个新局面；万一支撑不住，再率部西撤老巢绥远或从海上南撤。

11月初，蒋介石电召傅作义到南京商谈华北作战方针。经过磋商，蒋介石决定暂守北平、天津、张家口，并确保塘沽海口，以支撑华北，牵制人民解放军东北、华北部队，使其不能南下。

傅作义与蒋介石在一起

据此，傅作义制定了“暂守平津，保持海口，扩充实力，以观时变”的方针，于11月中下旬调整兵力部署，放弃承德、保定、山海关、秦皇岛等地，除归绥、大同两个孤立地区外，以4个兵团12个军共42个师（旅），连同非正规军共50余万人，在东起滦县、西至柴沟堡（今怀安）长达1000里的铁路沿线上，摆出了一个长蛇阵。

其中，以蒋系的3个兵团8个军共25个师，防守北平及其以东廊坊、天津、塘沽、唐山一线；以傅系的1个兵团4个军共17个师（旅），防守北平及其以西怀来、宣化、张家口、柴沟堡、张北一线。

这种部署反映了蒋介石和傅作义虽然在方针上已统一于暂守平津，但仍各有打算，即战局不利时，蒋、傅两系部队将分别向南和向西撤退。

毛泽东以其战略家的远见卓识看到了傅作义集团犹豫不决、撤守难定的矛盾心理，判断随着淮海战役的胜利发展，位于平津地区的蒋系部队向南撤退的可能性增大，一旦蒋系部队南撤，傅系部队亦必将西逃。而将其留在平津地区，对整个战局比较有利。这样，人民解放军可以集中华北、东北主力，将傅作义集团全歼于平津地区，使蒋介石难以组成江南防线。但若傅作义集团西逃或南撤，我军虽可不战而得北平、天津等大城市，但国民党军加强了长江防线，对于尔后渡江作战不利，势必影响整个解放战争的进程。

为此，中共中央、中央军委决定提前调东北野战军主力入关，包围天津、唐山、塘沽，在包围态势下继续休整，以防止国民党军南撤。11月17日，中央军委明确提出抑留并歼灭傅作义集团于华北地区的作战方针，命令华北军区第1兵团停攻太原，华北军区第3兵团撤围归绥，以稳住傅作义集团，不使其感到孤立而早日撤逃；利用蒋介石、傅作义对东北野战军入关时间的错误判断，指示新华社多发东北野战军在东北地区祝捷庆功、练兵开会及东北野战军领导人在沈阳活动的消息，迷惑、麻痹敌人；命令华北军区第3兵团首先包围张家口，切断傅作义集团西逃绥远的道路，吸引傅作义派兵西援；命令华北军区第2兵团和东北野战军先遣兵团出击北平至张家口一线，隔断北平与张家口的联系，以便抓住傅系部队，拖住蒋系部队，为东北野战军入关作战争取时间；命令东北野战军主力在开进中夜行晓宿，隐蔽入关，迅速隔断北平、天津、塘沽、唐山间的联系，切断傅作义集团南逃的道路，以便尔后逐次加以围歼。

平津战役中，人民解放军某部登上丰润县城城墙

18日，鉴于傅作义集团已成惊弓之鸟，为防其西窜或南逃，中央军委下令正位于沈阳、营口、锦州地区休整的东北野战军主力迅速入关，在华北军区主力协同下提前发起平津战役。

23日，东北野战军主力80余万大军由锦州、营口、沈阳等地出发，隐蔽向北平、天津、唐山、塘沽地区开进，以迅雷不及掩耳之势隔断了唐山、塘沽、天津和北平之间的联系，切断了傅作义集团南逃的道路。

与此同时，华北军区第3兵团司令员杨成武、政治委员李井泉率第1、第2、第6纵队由集宁地区东进。

29日，华北军区第2兵团在司令员杨得志、政治委员罗瑞卿的率领下向张家口外围的国民党军发起进攻。震惊中外的平津战役就此打响了。

12月5日，东北野战军先遣兵团在行进途中攻克密云，尔后主力继续南进；华北军区第2兵团进至涿鹿以南待机。

傅作义得知密云失守后，感到北平受到威胁，急令第35军主力由张家口星夜东返；令第104军主力及第16军由怀来、南口向西接应；令第94军主力及第92、第62军由杨村、崔黄口、芦台地区开往北平，加强防御。

6日，第35军主力乘坐400多辆美制十轮大卡车东撤。华北军区第2兵团第12旅在冀热察军区部队配合下节节阻击，将其滞留于新保安地区。第2兵团主力随后赶到新保安以东，打退了第35军及第104军主力的东西夹击，将第35军包围于新保安。

与此同时，华北军区第3兵团解放宣化，完成对张家口的包围。东北野战军主力第1梯队6个军，由喜峰口、冷口越过长城，到达河北蓟县、玉田、丰润地区。

这时，人民解放军虽已切断傅作义集团西逃的道路，但尚未切断其南逃的道路。与此同时，在淮海战场上，人民解放军继歼灭黄百韬兵团之后，正在双堆集围歼黄维兵团，又在徐州西南陈官庄包围了杜聿明率领的3个兵团，并歼灭了企图突围逃跑的孙元良兵团，胜利已成定局。

11日，毛泽东指示平津前线领导人：目前唯一的或主要的是怕傅作义率部从海上逃跑。为了不使蒋介石、傅作义定下迅速放弃平津向南逃跑的决心，在两星期内的基本原则是“围而不打”，如对新保安、张家口；

有些则是“隔而不围”，即只作战略包围，不作战役包围，如对北平、天津等地，以待把傅作义摆下的一字长蛇阵切成数段后，采取“先打两头，后取中间”和“先吃小点，后吃大点”的攻击次序，即先打张家口、新保安、塘沽，后打天津、北平；先攻占小城市，后解放大城市，从容歼灭各点之敌。

傅作义部固守平津地区，成为“笼中之鸟”。图为守卫铁路线的士兵

毛泽东还指示，尤其不可将南口以西诸点都打掉，以免南口以东诸点之敌狂逃。同时命令淮海前线人民解放军在歼灭黄维兵团后，留下杜聿明集团在两星期内不作最后歼灭的部署；命令山东军区集中若干兵力，控制济南附近一段黄河，并在胶济铁路线上预做准备，防止傅作义集团沿津浦铁路经济南向青岛逃跑。随后又指示华北军区抽调部队，控制保定、石家庄、沧州一线，准备搜捕由平津溃散南逃之敌。

根据上述指示，华北军区第2、第3兵团以防止新保安、张家口之敌向东、向西突围为重点，构筑多道阻击阵地，待命攻击；东北野战军主力克服疲劳、寒冷等困难，向北平、天津、唐山、塘沽等地疾进。

傅作义发现人民解放军骤然逼近，自己已陷入欲逃不能、欲守亦难的困境，便匆忙放弃南口、涿县、卢沟桥、通县及唐山、芦台、廊坊等地，向北平、天津、塘沽收缩兵力，并将北平和天津、塘沽划为两个防区，实行分区防御。

战局急速发展，至15日，东北野战军先遣兵团占领南口、丰台、卢沟桥，从北面和西南面包围了北平；东北野战军第1兵团及华北军区第7纵队占领通县、采育镇、廊坊及黄村（今大兴），从东北面和东南面包围了北平，17日又攻占南苑飞机场。

当解放军百万大军云集北平郊区，将北平城包围得像铁桶一般时，傅作义如梦初醒，没想到共军行动如此之快。但为时已晚，东北、华北野战军在西起张家口、东迄塘沽的千里战线上，将傅作义集团全部分割包围于张家口、新保安、北平、天津、塘沽等地，封闭了其西逃和南逃的一切道路。

这样，傅作义集团由“惊弓之鸟”变成了“笼中之鸟”，陷入东逃无路、西窜无门、欲战无力、欲守不能的困境。固守孤城的傅作义感到空前的迷惘、惶惑和恐惧。

想当年，傅作义正是以坚守孤城而一举成名。

1926年，晋军与国民军宋哲元部大战于平绥线。晋军主力败退雁门关后，独留傅作义率1个团死守天镇城。国民军围攻三月不克，遂撤围而去。

傅作义坚守涿县一战成名

次年10月，时任晋军第4师师长的傅作义率部响应北伐，从晋北突袭奉军腹地要地——涿县。不久晋军主力战败，撤回山西，涿县守军孤悬于奉军重围之中。

奉军集中五万之众，动用了步、骑、炮、工各种兵种和飞机、坦克、毒气等武器，猛攻涿县城。傅作义以八千疲惫之孤军，内无粮草外无救兵，竟苦守三个月，令奉军无计可施。此役使傅作义一举成名天下知，“国内报章以至海外人士，无不惊服，传颂不置”。

1937年11月上旬，日军大举进犯山西。傅作义临危受命，率第35军固守太原。战前，他激昂慷慨地对部属说：“我们今天守太原，就像活人躺在棺材里，只差钉上棺材盖了。如果我们齐心协力守住太原，就能把棺材盖子给顶开了，大家也就得救了。否则，棺材盖子就被敌人给咱钉死了。困兽犹斗，我们抗日军人，为何不能和敌人决一死战呢？”

在顽强坚守太原城三天后，傅作义奉命率部突围。这一系列坚守孤城的防御战，为傅作义赢得了“守城名将”的美誉。

然而，事过境迁。当傅作义身负北平防务之责时，可谓兵多、将广、粮足、城固，但却茫然失措。因为傅作义清楚地看到了民心之背向，大势之所趋。

孙子曰：不战而屈人之兵，善之善者也。用和平方式解决战争问题，对革命对人民最为有利。

中共中央分析，傅作义在抗日战争时期主张抗日，并和共产党有过友好往来。虽在内战中执行蒋介石“戡乱”的反共政策，但随着国民党军的节节失利，已对蒋介石的反动统治失去了信心。在兵临城下、面临绝境的困境下，傅作义有两种可能：一是傅作义曾经是抗日爱国将领，与蒋介石独裁卖国、排除异己有着比较深的矛盾，现在蒋介石政府行将覆灭，有可能选择和平的道路；另一种可能是，傅作义长期反共，与共产党打了多年的仗，在整个华北统率着50多万国民党大军，不到万不得已时，是不会轻易接受和谈的。

绥远抗战时的傅作义（前排左起第1人）

鉴于北平是驰名世界的文化古城，为保护文化古迹和200万人民的生命财产，中央军委在立足于打一场大仗的同时，又力争和平解放，为胜利后在北平建都创造比较好的条件。

早在11月初，中共中央华北局城市工作部即指示北平地下党组织，通过多种渠道直接与傅作义及其周围的人员进行接触，争取他走和平道路。

当时北平地下党有四条渠道与傅作义发生联系：第一条是傅作义的女儿傅冬菊和她的丈夫周毅之（中共地下党员，公开身份是天津《大公报》记者），受北平地下党组织安排，来到傅作义身边，以照顾他身体为由，进行形势开导；第二条是傅作义的中将参议刘厚同（傅作义的老师和高参），地下党人王甦通过关系与刘厚同结识，在说服刘后，由他直接做傅的工作；第三条是杜任之（华北大学教授），他是傅作义同乡，两人交情很深，关键时刻出面劝说傅走和平之路；第四条是李炳泉（北平《平明日报》新闻部主任），通过其堂兄李腾九（傅作义保定军校校友，长期担任傅作义联络处长，与傅交情颇深），直接游说傅作义。

平津战役开始后，北平地下党首先通过刘厚同向傅作义陈说利害，建议他走和平之路。

傅作义接受了建议，并草拟一封给中共中央、毛泽东主席请求和谈的电报。电文大意是：为了国家和平统一，不愿再打内战。过去幻想以国民党、蒋介石为中心挽救国家危亡，现在认识到是错误的，今后决定以共产党、毛泽东主席为中心来达到救国救民的目的。

电报是由傅冬菊通过在《平明日报》工作的中共北平学委负责人王汉斌发出的。

不久，傅作义又要傅冬菊直接约请中共地下党面谈。北平地下党负责人派李炳泉代表北平党组织面见傅作义，建议他派代表同解放军谈判。

此时，在中共地下党组织的领导下，北平城内要求和平解放的呼声日益高涨，使傅作义集团内部越来越多的人认识到：仗绝不能再打下去了，也无法再打。出路在哪里，只有与共产党进行和谈。

蒋介石眼见华北大势已去，决心放弃华北，退保江南，便致电力劝傅作义突围。他在电文中称：平津在战略上已失去意义，目前共军刚刚合围，立足未稳，愚意以突围为上策，望兄激励所部奋力向塘沽突围，中正当派海空军全力掩护，撤离险地，希早下决心。

傅作义接电后顾虑重重，举棋不定。但没过几天，战局就急转直下。

傅作义见自己的嫡系部队第35军被围新保安，危在旦夕，而北平城又迅速被解放军团团包围，于12月14日决定派《平明日报》社长崔载之为代表，在李炳泉的陪同下，与解放军洽商和谈。傅作义此举无非是想探清共产党的态度，若被国民党特务机关侦悉，也可以推到新闻界身上。

第二天一大早，崔载之、李炳泉携带电台及报务员、译电员等一行5人，秘密出城。

参加第一次谈判的苏静（左2）与崔载之 、李炳泉（左3）

中共中央获悉后立即给平津前线司令部发电，指出：

“对傅作义代表谈判内容以争取敌人放下武器为基本原则，但为达到这个目的可以运用某些策略。我们应试图利用傅作义及其集团内大批干部，对于自己生命财产的恐惧，可以考虑允许减轻对于傅作义及其干部的惩处，允许他们保存其私人财产为条件，而以傅作义下令全军放下武器为交换条件。我们的第一个目的是解决中央军。你们应向傅的代表试探，有否命令中央军缴械之权力，如无，则可向他提出让路给我军进城，解决中央军。傅所提条件不像是真正的条件。这是一种试探性行动。傅作义如有诚意谈判，还会派代表出来。”

平津前线司令部参谋长刘亚楼派参谋处长苏静为代表，与崔载之在北平城外八里庄进行谈判，希望傅作义集团自动放下武器，人民解放军可保证其生命财产的安全。

崔载之对苏静说：“我们是代表傅作义先生来谈判的，纯属诚意，绝非阴谋把戏，过去曾有谈判之蓄意，这次军事情况是直接推动，愿意谈解放问题的方案。”

接着，崔载之又提出：傅作义希望解放军放回被围困于新保安的嫡系部队第35军，以便加强傅作义在北平城内的力量，共同对付蒋嫡系部队。若有必要，还可以掺杂一部分人民解放军战士一起进城。组建华北联合政府，自己的军队可以交给联合政府，等等。

傅作义的意图是以华北五省二市作筹码，参加联合政府，将平、津、保、察、绥划为“和平区”，所部改称“人民和平军”，归联合政府领导，其目的是想在军事上保存实力。显然，傅作义认为尚有实力，可再坚持3个月，观望全国形势的变化。这显然是中共中央所不能答应的，谈判未获结果。

战场上的胜败左右着傅作义对和谈的态度。

为了打破傅作义依靠自己的实力，建立所谓华北联合政府的幻想，按照毛泽东制定的“先打两头，后取中间”的攻击次序，华北军区第2兵团第3、第4、第8纵队共9个旅，于12月21日发起了新保安战役。战至17时，全歼新保安守军1.6万人，军长郭景云自杀。

中央军委估计到在攻击新保安之后，张家口的国民党军可能向西突围，同时考虑到华北军区第3兵团在兵力上与张家口守军相比不占优势，遂令东北野战军第41军在攻击新保安之前，由南口西进，归华北军区第3兵团指挥，加强对张家口的包围。

张家口守军为傅系第11兵团司令官孙兰峰所部第105军等共7个师（旅）。22日下午，傅作义急电孙兰峰：“郭军在新保安被歼，希冀研究可否及时突围，经察北、绥东与董其武军靠拢”。

23日拂晓，张家口守军弃城向北逃窜。华北军区第3兵团指挥所属第1、第2、第6纵队及东北野战军第41军共11个旅（师），在北岳、内蒙古军区部队配合下，冒风雪严寒，展开堵击和追击。至24日晨，将突围之敌压缩包围于大境门外的西甸子至朝天洼一条长约10公里、宽不足1公里的狭窄沟内。随即实施穿插分割、猛打猛冲，展开全面围歼。

战至16时，解放军仅以900人的伤亡，歼灭第11兵团部、第105军等部共5.4万人，生俘第105军军长袁庆荣，孙兰峰率少数骑兵逃脱。塞外名城——张家口重新解放。

至此，北平、天津、塘沽已被解放军分割包围，傅作义赖以支撑下去的实力基本遗失殆尽，到了四面楚歌、山穷水尽的绝境。

傅作义戎马大半生，所倚仗的就是第35军。可万万想不到自己苦心经营了半辈子的第35军竟然在几天内就化为乌有，在傅系中引起极大震惊。

这使傅作义既痛心又害怕，心情非常沉重，一连数日吃不下饭，睡不着觉，双手插在棉裤裤腰里（傅作义的习惯动作），在办公室里转来转去，坐立不安，甚至自己打自己的嘴巴，痛心疾首地说："哎！我的政治生命完了！"

12月23日，也就是解放军攻打张家口的同一天、新保安解放的次日，傅作义给毛泽东发出一封电报，电文如下：

毛先生：

一、今后治华建国之遣，应交由贵方任之，以达成共同的政治目的。

二、为求人民迅速得救，拟即通电全国，停止战斗，促成全国和平统一。

三、余决不保持军队，亦无任何政治企图。

四、在过渡阶段，为避免破坏事件及糜乱地方，通电发出后，国军即停止任何攻击行动，暂维持现状。贵方军队亦请稍向后撤，恢复交通，安定秩序。细节请指派人员在平商谈解决。在此时期，盼勿以缴械方式责余为难。过此阶段之后，军队如何处理，均由先生决定。望能顾及事实，妥善处理。余相信先生之政治主张及政治风度，谅能大有助于全国之安定。

傅作义

12月23日

25日，中共中央宣布蒋介石等43人为罪大恶极的头等战犯，傅作义赫然名列其中。

毛泽东之所以要这样做，颇有深意：一是揭露蒋介石的假和平阴谋；

二是在客观上加强傅作义等国民党高级将领在蒋介石一方的地位，防止蒋介石谋害他们。但为解除傅作义的顾虑，毛泽东指示在宣布战犯名单同时，配发了一篇短论，称像傅作义这样的战犯不可能不惩罚，但减轻惩罚还是可能的，唯一出路就是保证不再杀害革命人民，不再破坏公物、武器，缴械投降，立功赎罪。

平津战役中，人民解放军攻克新保安

但傅作义对毛泽东的意图并不理解，本来就怕和平解决后得不到共产党的谅解，而且自己的主力部队在新保安、张家口连续被歼，情绪非常低落。所以，当共产党把他列为战犯时，傅作义精神上受刺激很大，思想上更想不通。就连他的亲信人员也说："这样不违背中共的宽大政策吗？这一定是中共一批青年干部做的，毛先生一定不知道。"

此时，崔载之给傅作义连发几封电报，劝他考虑解放军的条件，军队要放下武器，否则谈不下去，并请他及早复电。

就在宣布战犯名单的第二天，傅作义发出急电，令崔载之立即返回北平。崔载之将傅作义的电报转交给苏静，由苏静将这一情况报告了平津前线司令部。

平津前线司令部随即以林彪的名义同时发了两封电报，一封是发给苏静的："望傅之代表稍待，然后再回北平"；另一封是发往中共中央军委的："傅之来电转上，该电似非真意，似另有企图，我们拟准其回去，并告以傅本战犯，现如能下令缴械，则对其本人及其部属可予优待，军委有何指示，盼复之。”

但苏静还未接到林彪的电报，崔载之就已走了，而李炳泉和报务员、译电员则仍留在谈判所在地的八里庄，电台也留下了。

27日，林彪将崔载之已回北平的情况报告了中央军委。傅作义与中共的第一次和谈就这样结束了。

在傅作义同中共秘密接触、进行和谈之际，蒋介石已有所察觉。为了保住他在平津的军事实力，阻挠破坏北平和谈，蒋介石立即派国民党军令部部长徐永昌飞赴北平，对傅作义进行拉拢利诱。

此时，傅作义正深深陷入各种错综复杂的矛盾之中。解放军兵临城下，嫡系部队第35军等主力被全歼，首次派人出城和谈未果，自己又被中共列为战犯，同时还受到蒋介石的胁迫，思想斗争十分激烈。

是战，是和，傅作义一时难以决断。于是，他一面下令在城内动工修筑环城马路，在东单、天坛修建临时机场，积极备战；一面召集幕僚心腹商量，准备继续与中共进行和谈。与此同时，傅作义又给毛泽东发去一封电报，大意是：傅作义主张起义，并公开发表和平通电，他本人不去参加南京蒋介石召开的第二次高级军事会议，再派人进行谈判。

此间，傅作义还约见中国民主同盟副主席、燕京大学教授张东荪，要其找中共，表示他自己无任何要求，只希望给他一个台阶下野，并用协商办法处理北平的国民党军队和政权问题。

对于傅作义的思想脉搏，毛泽东可以说是了如指掌。为实现和平解放北平这一目的，毛泽东及时采取措施，大力加强对傅作义的政治争取工作。

战犯名单公布后，毛泽东发电指示北平地下党：傅作义虽列为战犯，但与蒋介石有矛盾，仍要争取。讲清只要傅作义使北平和平解放，就是为人民立了大功，人民一定不会忘记他的。

遵照毛泽东的指示，北平地下党通过各种渠道，及时向傅作义传递了这一信息，向他及其幕僚宣传共产党的统一战线政策，宣传和平解放北平符合人民的利益。

12月31日，中央军委电示北平地下党转告傅作义，请他派有地位能负责的代表和张东荪一道出城到平津前线司令部进行谈判。

1949年1月1日，中共中央和毛泽东电令林彪、罗荣桓、聂荣臻等，派一可靠之人，向傅作义当面讲清楚我党的意见。电报主要指示有四点意见：

（一）傅作义不要发和平通电。因为电报一发傅即没有合法地位了，他本人及其部属都可能受到蒋系的压迫，甚至被解决。傅的此种做法是很不切合实际的，也是很危险的，我们不能接受他的这一想法。

（二）傅作义跟随蒋介石反共多年，我方不能不将其与刘峙、白崇禧、阎锡山、胡宗南等一同列为战犯。况且我们这样一宣布，傅作义在蒋介石及蒋军面前地位也加强了。傅作义也可借此大做文章，表示只有坚决打下去，除此之外别无出路。但在实际上则和我们谈好，里应外合，从而和平解放北平。傅氏立此一大功劳，我们就有理由赦免其战犯罪，并保有其部属。北平城内全部傅系直属部队，均可不缴械，并可编为一个军。

（三）希望傅派一有地位能负责之代表携同崔载之及张东荪一道秘密出城谈判。

平津战役期间的傅作义

（四）傅作义此次不去南京是正确的，今后也不要去南京，否则有被蒋介石扣留，做第二个张学良的危险。

平津前线司令部收到中央军委电示后，立即研究，确定派李炳泉回城，当面向傅作义传达中央军委的意图。

傅作义听了这四点意见后，如释重负，消除了不少疑虑。但是并未表示完全接受中共所提的条件，只是说：“为了保全北平文化古城，还要继续谈判，希望谈得更具体一些。”

5日，林彪、罗荣桓公开发表《告华北国民党将领书》，严正指出：“北平、天津、塘沽均已被包围，你们的陆上通路已完全断绝，从海上和空中，纵然有少数人逃跑，但你们绝大多数仍无法逃脱被歼灭的命运。现在只有一条路，就是立即下令全军，向本军投降，我们一律宽大待遇，对于你们全体将领官兵眷属的生命财产，一律加以保护。傅作义本人虽然罪为战犯，只要能够迅速率你们全体投降，本军也准其将功折罪，保全他们的生命财产。如果你们同意这种办法，即望速派代表前来本司令部接洽。本军总攻在即，务望当机立断，勿谓言之不预。”

在人民解放军强大的政治攻势和军事压力下，傅作义决定派华北“剿总”土地处少将处长周北峰为代表，与张东荪秘密出城，到平津前线司令部进行第二次和谈。

周北峰与中国共产党的渊源颇深，早在1937年他就曾受傅作义之托，赴延安谒见过毛泽东主席。抗战胜利后，周北峰担任傅作义的代表，在集宁、丰镇、张家口同八路军进行停战谈判。多年来，傅作义与中共的接触，大部分都是由周北峰代表他参加的。

6日凌晨，周北峰与张东荪一起前往平津前线指挥部，与中共代表聂荣臻谈判。

聂荣臻问周北峰：“这次你来了，我们很欢迎，你看傅作义这次有诚意吗？”

周北峰坦率地回答：“我看老总（傅作义的部下对傅作义的称呼）已经看清了形势，这次叫我来主要是看解放军对和平解放的条件。”

聂荣臻又问：“条件很简单。我们要求他停止抵抗。不过你是单谈北平问题呢？还是傅的全部统辖的部队和地区呢？”

周北峰说：“我是奉命来谈全面的问题，包括平、津、塘、绥的一揽子和谈。”

聂荣臻点了点头，问道：“傅先生是否还准备困兽犹斗，用当年守涿县的办法在北平负隅顽抗？”

周北峰诚恳地说：“这次叫我出城商谈，我看是有诚意的。这是大势所趋，人心所向，只有走这一条路。当然在具体问题上，还可能费些周折，老总还有不少顾虑。我们这次商谈是要比较具体点的。”

聂荣臻说：“好吧！我们仔细谈谈。”

7日，中共中央军委致电林彪、聂荣臻，要求向傅方代表严正表示下列诸点：和平让出平津；傅系军队以解放军名义编为一个军，不能有其他名义；其他军队一律缴械；迅速解决，否则我军即将举行攻击。

8日，聂荣臻与周北峰、张东荪举行第二次正式谈判。双方就如何改编，傅作义总部所属军队如何解放军化，所属地方如何解放区化，行政机关如何改组，军政人员如何安排等事项进行了会谈。

9日，双方最终形成了一个《会谈纪要》，并规定务必在1月14日午夜前作出答复。聂荣臻立即将会谈情况电告中央军委。

傅作义最终选择了和平道路。图为1949年1月，人民解放军与国民党军进行北平城防交接仪式

同日，毛泽东电示平津前线司令部：“为避免平津遭受破坏起见，人民解放军方面可照傅方代表提议，傅作义军队调出平津两城，遵照人民解放军命令，开赴指定地点，用整编方式，根据人民解放军的制度，改编为人民解放军。”并明确了谈判的基本方针：傅作义只有和平让出北平、天津，才能赦免其战犯罪；和平解放后，傅作义部可以改编为一个军，他的私人财产，可以保全，其部属眷属的安全、财产均可保障。

11日，周北峰回到北平向傅作义作了详细汇报。

傅作义听后信心倍增，但当看完了《会谈纪要》后，只是唉声叹气，摇摇头说：“谈的问题还不够具体。这个文件，过两天再说。”

显然，傅作义仍持观望态度，协议未能达成。原来，外受解放军政治、军事双重压力，内受蒋介石要挟逼迫的傅作义，内心十分矛盾，思想斗争激烈。他既不想关闭与解放军已经开启的谈判大门，又不愿接受“缴械投降”的条件；既不愿率部南撤成为蒋介石的殉葬品，又不想与国民党彻底决裂背上“叛将”的名声，更不愿血战到底做共军的俘虏。危急关头，傅作义想起了老朋友邓宝珊。

邓宝珊不仅资历深、地位高、有政治头脑，而且与共产党有过很长一段时间的友好合作。1944年12月，毛泽东致信邓宝珊，称赞道：“先生支持北线，保护边区，为德之大，更不敢忘。”傅作义知道只有邓宝珊才能不辱使命，于是派专机将他接到北平。

1948年12月28日，邓宝珊乘坐的专机降落在天坛临时机场，对前来迎接的傅作义说：“宜生兄，我是和你共患难来了。”

是夜，两人促膝长谈，分析时局，一致认为，蒋介石政权大势已去，和平解决华北问题是人心所向。

邓宝珊这时已经看清形势，愿为北平的和平解放尽力。针对傅作义怕把他以战犯对待的顾虑，邓宝珊开导说：“只要你决心和平解决，其他一切具体问题，包括你个人前途问题，都由我去谈判解决。”

放下武器的国民党军欢迎解放军

中共中央在对傅作义进行争取工作的同时，指示中共地下党组织对国民党的其他部队加紧争取工作。

经过一系列耐心细致的工作，国民党第17兵团司令官侯镜如、第92军军长黄翔等人准备起义；西直门、崇文门的守军也同意在解放军攻城时，来个“里应外合”，开城门迎接解放军进城；甚至连傅作义的嫡系第35军（原35军在新保安被歼后，傅作义重新在北平组建了35军）副军长丁宗宪也准备率部在德胜门、安定门一带单独起义。

1949年1月10日，历时66天的淮海战役胜利结束，人民解放军歼灭了刘峙、杜聿明集团55余万人。消息传来，世界为之震惊，特别是平津的国民党军队更是惶惶不可终日。

14日，解放军约定答复的最后期限到了。傅作义决定派邓宝珊作为全权代表，在周北峰的陪同下，前往解放军平津前线司令部谈判。

当日下午1时，邓宝珊、周北峰等人来到北平通县西五里桥的一个大院子。林彪、罗荣桓、聂荣臻等在院子门口亲自迎接。

罗荣桓说：“你们先休息休息，等一会儿再谈。”

邓宝珊连忙摆手说：“不累。是不是现在就可以谈？”

聂荣臻郑重地对周北峰说：“周先生，我们前次谈得很清楚，14日午夜是答复的最后限期，现在只剩下几个小时了，我们已下达了进攻天津的攻击令了。这次谈判就不包括天津了，你们有什么意见？”

邓宝珊对周北峰说：“用你的名义打个电报，将这情况报告总司令请示。”

天津，是华北第二大城市和最大的工商业城市，有200万人口，与上海、广州、武汉合称中国四大商埠。地处水陆要冲，海河经市区流入渤海，西上约120公里是北平，东下约70公里可经塘沽出海，为南北交通的重要枢纽。明清两朝定都北平后，天津就有京畿门户之称，战略地位十分重要。

驻守天津的为国民党军第62军（欠1个师）、第86军等部10个师及非正规军共13万人，附山炮、野炮、榴弹炮60余门。警备司令陈长捷同傅作义一样出身晋军，又同为保定军校毕业，与傅作义有多年的袍泽之谊。傅作义主政华北后，念及旧谊，就将陈长捷从兰州调到天津。

天津城防工事坚固，经过日本侵略军和国民党军的长期修缮，形成了完整的防御体系，共筑有各种大小明碉暗堡千余座，仅大型碉堡就有380余座。同时还结合市内高大建筑，构成了若干个既能独立坚守，又能以火力互相支援的防御要点。

对天津的城防，陈长捷颇为自负，自诩为“固若金汤”，企图凭恃“大天津堡垒化”的防御体系，进行固守，并多次向部下吹嘘：“这样坚强的设堡阵地，充足的弹药器材，比起傅老总当年仅仅一师守着涿县城，不知优越到多少倍。涿县的防守三个月，创造战史上的伟绩，我们现在傅总司令的指挥下，也必要坚持胜利。”

傅作义仍不放心地问：“共军围城，你能独立撑多久？”

陈长捷信心十足地回答：“不会比长春差，起码也耗他半年。”

于是，傅作义的心底又萌生了一丝希望：如果陈长捷能坚守天津几个月，那么他的和谈砝码必将大大加重，故一再命令陈长捷：“只要坚定地守住，就有办法！”

平津战役中，中国人民解放军攻击国民党军天津警备司令部

东北野战军领导人决定集中5个军共22个师，连同特种兵总计34万人，附重炮538门、坦克30辆，以绝对优势的兵力和兵器夺取天津。1月2日，各攻击部队进至天津周围，至13日基本肃清了外围据点。14日10时，总攻天津的战斗打响了。

同日，毛泽东发表了《关于时局的声明》，明确指出：现在的情况是“只要人民解放军向着残余的国民党军再作若干次重大的攻击，全部国民党反动统治机构即将土崩瓦解，归于消灭”。但是，“为了迅速结束战争，实现真正的和平，减少人民的痛苦，中国共产党愿意和南京国民党反动政府及其他任何国民党地方政府和军事集团，在‘八项条件’的基础上进行和平谈判”。

时刻关注新华社电讯的傅作义，在听到毛泽东的这一重要声明后，马上意识到：人民解放军用武力解决平津的一切条件都已具备，只待一声令下就可攻城，以前所幻想保存自己的军事实力是不现实的，拖延时间也是不可能的，眼下唯一的出路只有通过谈判实现和平解放。于是，他给周北峰复电：“请和邓先生相商，酌情办理。”

然而，战局的发展大大出乎傅作义的意料！

天津战役打响后，各攻城部队仅用40分钟就在东西南三面9个地段突破了国民党守军号称“固若金汤”的天津城防。15日晨，东西主攻集团于金汤桥会师，将守军分割成数块。尔后采取击弱留强，先吃肉后啃骨头的战法，经过29小时激战，全歼守军13万人，俘虏陈长捷、第62军军长林伟俦、第86军军长刘云瀚、天津市市长杜建时等人。

东北野战军某部会师天津金汤桥

天津解放后，据守塘沽的国民党军第17兵团部及第87军等部5个师共5万余人乘船南逃。这样，驻北平的国民党军华北“剿匪”总司令部，第4、第9兵团部及第13、第16、第31、第

92、第94、第101军和重建的第35、第104军等部，共8个军25个师，连同特种兵和非正规军总计25万人，陷入了绝境。

邓宝珊、周北峰深感新保安、张家口、天津相继解放后，北平已成孤城，只有促成和平解决北平问题，才是最佳的上策。于是，双方很快达成了北平和平解放的初步协议，主要内容是：北平和平解放，国民党驻平郊部队开赴指令地点，听候改编为人民解放军；释放被俘人员，对被俘人员不以战俘看待；双方在北平成立联合办事处，处理过渡问题等。

形势急迫，邓宝珊决定立即带协议回北平交给傅作义。临行前，林彪让他给傅作义带一封信。信是毛泽东亲自执笔，以解放军平津前线司令员林彪、政治委员罗荣桓的名义写给傅作义的，敦促他当机立断，早日下定决心，接受“八项条件”，放下武器，站到人民方面来，以保全北平文化古城。信中还提到，天津已经解决，平津战役只有北平一城了，中央军委已下达攻城命令，希望傅作义将军不要再拖延，及早抉择为好。

17日，邓宝珊返回中南海傅作义的住处，详细汇报了会谈经过和达成协议的情况。事已至此，傅作义终于下定了走和平道路的决心。

根据第三次谈判所取得的结果，双方代表对和平解决北平的具体实施方案进行商讨，于19日草拟了《关于北平和平解决问题的协议书》。

北平和平解放已成定局，但蒋介石仍不死心，一面以恫吓、暗杀、封官许愿等手段极力阻挠和破坏傅作义的和谈行动；一面派次子蒋纬国带着他的亲笔信飞抵北平，面见傅作义，要其坚守北平或南撤。

傅作义婉言相拒：“请向总统致意，时至今日，一切全晚了……”

蒋纬国忙说：“不晚不晚，千军易得，一将难求，希望总司令能顾全大局。”并代表蒋介石许诺，只要傅作义撤到青岛，则由美军援助南撤，届时一定任命傅作义为东南军政长官，统领所有的国民党军队。

傅作义当然知道蒋介石的用意，便郑重地说：“我半生戎马，生死早已置之度外，至于个人荣辱，更不在意。国家大局高于一切。我是炎黄子孙，只要对国家民族有利，对人民有利，个人得失又何足道哉！”

蒋纬国见无可挽回，只好回南京复命。

21日，东北野战军前线司令部代表苏静和傅作义方面代表王克俊、崔载之在协议书上签字。双方议定成立北平联合办事处。

同日，傅作义发布文告，对外正式公布了北平和平解放的实施方法细则。各报刊纷纷登载，国民党中央社也发表了这份文告。

北平城的男女老少涌上街头，奔走相告。越来越多的人围在文告前，一遍又一遍地朗读着，有的聚集在广播喇叭下一句句地细听，各报馆的号外也被抢购一空，到处都在谈论解放军，谈论和平解放。

22日，傅作义在华北“剿总”机关及军以上人员会议上，宣布北平城内国民党守军接受和平改编，发出了《关于全部守城部队开出城外听候改编的通告》。当天，国民党军开始陆续撤离北平城，接受改编。至31日，20余万国民党军全部开出城去，听候改编。古城北平宣告解放！

2月3日，人民解放军举行了隆重的入城仪式。上午10时，4颗信号弹腾空而起，解放军入城部队以坦克部队为先导，浩浩荡荡、威武雄壮地从永定门进入北平。

解放军盛大的入城仪式使古老的北平城焕发了青春。整个北平城沸腾了！到处人山人海，载歌载舞，欢庆解放。

北平的和平解放，创造了将国民党军和平改编为人民解放军的“北平方式”，成为执行毛泽东提出的以“八项条件”解决国民党军的第一个榜样，争取了大批国民党军高级将领和建制部队站到人民方面来，是中共中央战略指导的一大成功。

傅作义通过广播听到了群众热烈欢庆解放的呼声，听到了人民解放军进城时高呼的口号，不禁心潮澎湃，久久不能平静，为自己选择了正确的道路而感到无比的欣慰。

北平解放后，傅作义原本应立即发表通电，并由周北峰等人组成“通电起草委员会”开展工作。但文稿草就近一月，傅作义却迟迟没有定稿，反而闷闷不乐，精神不振。

原来，傅作义的思想负担非常大。虽然他抗战有功，曾受到毛泽东的赞扬，但毕竟追随蒋介石与解放军真刀真枪地打了三年，对此傅作义深感内疚，认为自己应当负全部责任，接受人民的惩处。于是，傅作义渴望早日见到毛泽东，聆听他的教诲。

北平和平解放后，人民解放军列队入城

一天，傅作义对周北峰说：“我打算亲自去拜见毛主席，你向叶剑英说一下，是否可以？”

周北峰立即报告了北平市军管会主任叶剑英，由他电告毛泽东请示机宜。

毛泽东致电叶剑英，表示欢迎。

此时正值上海民众和平代表团颜惠庆、邵力子、章士钊、江庸、黄启汉等人由上海乘机飞抵北平。

2月21日，叶剑英告知周北峰：“中央欢迎与傅先生会见。请告诉傅先生，明天上海民从和平代表团颜惠庆等人飞石家庄，即请傅先生和邓宝珊偕一名随员同乘这架飞机去。”

22日，傅作义、邓宝珊及随员阎又文在石家庄机场一下飞机，就受到从西柏坡专程赶来的中央办公厅主任杨尚昆、统战部部长李维汉的热情迎接。傅作义一行在石家庄稍事休息后，换乘吉普车，前往西柏坡。

在西柏坡后沟招待所，周恩来对傅作义、邓宝珊的到来表示热烈的欢

抗战时期，傅作义（左）与赵承绶在绥远集宁

迎。

傅作义面带愧色地说："作义戎马半生，除抗日战争外，我是罪恶累累，罪该万死。今后我要在共产党的领导之下，立功赎罪，以求得人民宽恕。"

周恩来语重心长地说："傅先生以人民的利益为重，和平解决了北平问题，避免了一场灾难性的战争。否则，就会给人民带来巨大的损失。"

接着，周恩来又说："我们欢迎你与我们合作。我们的合作是有历史根源的。在抗日战争中，我们在敌后合作打日本。那个时候我们合作得不是很好吗？今后，我们还要继续合作。原来准备在解放区召开民主党派和无党派人士的会议，成立临时中央政府。现在北平和平解放了，就可以在北平召开这样的会议。你可以参加这次会议啊！你既是有党派，也是有功将领，参加会议，是有代表性的。"

当天下午，周恩来将傅作义到达西柏坡的情况向毛泽东作了汇报，说："我已经和傅作义交谈过了，看来情绪还好。"

毛泽东听后很是高兴，笑呵呵地说："情绪好就好，我们希望的就是他有一个好情绪。不要让他来，而是我去看他。"

初春的太行山区，仍旧是天寒地冻。毛泽东穿上皮大衣，戴上皮帽子，乘吉普车前往傅作义下榻的招待所。

傅作义早已在门口等候，未等车子停稳，便快步迎上前，伸出双手，紧紧地与毛泽东握手。

毛泽东风趣地说："过去我们在战场上见面，清清楚楚；今天我们是姑舅亲戚，难舍难分。蒋介石一辈子耍码头，最后还是你把他甩掉了。”

傅作义深怀内疚，以负荆请罪的语气说：“我半生戎马，除抗日外，罪恶不小。”

“你有功！我要谢谢你，中国共产党要谢谢你。你做了一件大好事。人民是永远也不会忘掉你的！”

毛泽东这几句话感人至深的话语，使傅作义几个月来积聚在心头的疑虑冰融雪化。

在会客室里，毛泽东亲切地对傅作义说：“北平和平解放得很好，对你的部下也是一件大好事，保护了他们的生命财产和家庭团聚。北平是举世闻名的文化古都，英法联军欺负我们，烧毁了圆明园，破坏了许多名胜古迹。如果我们中国人自己把紫禁城打毁了，都城被破坏了，子孙后代会骂我们的。”

说着，毛泽东点燃了一支烟，真诚坦率地说：“我将困难估计得多一些，万一中央军闹事，我们也做好了准备，结果中央军完全服从傅将军的命令，接受北平和平起义，拉指定地点去接受改编。在军队改编的过程中，我始终不放心，每隔两小时，我就给林彪、罗荣桓打去一次电报，问中央军听不听指挥，到指定地域去改编，工作进行得是否顺利？他们从北平前线给我回电说，中央军除有小部分不听话想闹事，但没有闹起来外，整个改编工作进行得很顺利。”

毛泽东吸了口烟，话锋一转，扳着指头从傅作义守涿县一直说到绥远抗战、百灵庙大捷，桩桩件件，如数家珍。

“傅将军在抗战时期是一位爱国将领，一直没有向日本帝国主义屈服，察哈尔抗战和绥远抗战，傅将军有战功，这些人民都没有忘记。八年抗战，傅将军抗日也是坚决的，是我们的友军。”

说到这里，毛泽东弹了弹烟灰，深邃的双目透过袅袅的烟雾，仿佛又回到了烽

抗战时期的傅作义

火连天的抗战年代。

抗日战争期间，毛泽东曾经数次致信傅作义，高度评价了他率部英勇抵御外侮的功绩。

1936年8月14日，中共代表、陕西省政府秘书长的南汉宸持毛泽东的亲笔信到绥远，面见绥远省政府主席、晋绥“剿匪”军总指挥兼第1路军司令官傅作义。

毛泽东在信中写道：“先生北方领袖，爱国宁肯后人？保卫绥远，保卫西北，保卫华北，先生之责，亦红军及全国人民之责也。今之大计，退则亡，抗则存；自相煎艾则亡，举国奋战则存。弟等频年呼吁，要求全国各界一致联合，共同抗日，组织国防政府，抗日联军。幸人心未死，应者日多，抗日图存，光明渐启。近日红军渐次集中，力量加厚，先生如能毅然抗战，弟等决为后援。亟望互派代表，速定大计，为救亡图存而努力，知先生必有同心也。”

11月25日，中共代表彭雪枫携毛泽东的亲笔信去绥远。信中对傅作义积极抗日给予了高度评价，“日寇西侵，国难日荧。先生统率师旅捍卫边疆，今夏小试锋芒，已使敌人退避三舍。……四万万人闻之，神为之旺，气为之壮，诚属可贺可敬。”

毛泽东两次致信，更加坚定了傅作义抗战的信心。

同年12月，傅作义率第35军等部3万余人取得了绥远抗战的胜利，收复了百灵庙等失地，狠狠地打击了日本侵略者的嚣张气焰，在尚未实现全面抗战的当时，立即引起全中国乃至全世界的瞩目。

毛泽东从陕北发出贺电，高度评价了傅作义取得绥远抗战的伟大胜利。电文称：绥远抗战“是中国人民抗战的先声，为支持你们抗日，中国工农组织成抗日先遣队，只要绥远需要，立即奔赴前线”。接着，毛泽东又派南汉宸率慰问团赴绥，赠送“为国御侮”的锦旗，极大地鼓舞了傅部抗日将士。

1937年，傅作义升任第二战区第7集团军总司令。当傅作义率部从太原突围到达离石县柳林镇后，中共中央为了加强抗日民族统一战线，增强友军抗击日寇的作战力量，派曾山、程子华到柳林会见傅作义，商谈加强团结，共同抗日的工作。傅作义也派出周北峰去延安面见毛泽东等中央领导人，请求帮助所部开展抗日工作。

毛泽东接见周北峰后，即派潘纪文为中共驻傅作义部代表，王一然等几十名干部学生也从延安来到傅作义部。这支共产党骨干力量到达后，傅作义学习八路军的做法，第一次在团以上设政治部，营以下设政治指导员。各级政治机构的主要负责人，多由延安来的同志和从西安招来的进步青年担任，有的任师政治部主任，有的任团政治部主任。共产党人带来了先进思想和优良作风。从此，全军上下高唱《大刀进行曲》《义勇军进行曲》等抗战歌曲，处处歌声嘹亮，充满了生动活泼的气氛。

傅作义赞成中国共产党的全面抗战和持久战的主张，还把毛泽东和八路军的抗日战略战术，运用到抗日斗争的实践中。全面抗战开始后，傅作义见装备精良的国民党军队在作战中处处被动，而以"小米加步枪"作战的八路军却主动灵活，有效抗击日寇。因此，他就热心钻研毛泽东和八路军的战略战术及作战方法。在研读了《论持久战》后，傅作义爱不释手，感觉到他自己所思考的重大问题，都在这本书里得到了明确的答案，便组织部队干部学习书中的战略战术思想，并将学习研究成果随时运用到战斗、战役中去，极大提高了作战效能。

全国内战爆发后，傅作义追随蒋介石走上反共的道路。图为傅作义陪同白崇禧视察宣化炼钢厂

由于傅作义驻防西北地区时，与共产党、八路军过从甚密，因此西北一带盛传，傅作义的第35军已经是"七路半"，快成"八路军"了。

1938年冬，蒋介石为了拉拢傅作义，任命他为第八战区副司令长官兼绥远省主席。傅作义由此脱离了阎锡山，投靠了蒋介石。这是他戎马半生的一个重要转折点。从此，傅作义逐渐走上了反共的道路。

听着毛泽东盛赞他在抗日战争时期的功绩，傅作义心中充满了感激，还想表达请罪的心情，毛泽东打断了他的话，说："为了迅速结束战争，减少人民痛苦，中共愿意同南京政府进行和平谈判。而且我们不久也要回到北平去，在那里召开新政协，建立新中国。傅将军是有功人员，可以在新政府里面任职。"

在谈到对傅作义部原有人员的政策时，毛泽东说："我俘虏你的人员，都给你放回去，你可以接见他们，我们准备把他们都送到绥远去。"

傅作义大为不解，惊讶地问："为什么呢？"

"国民党不是一贯宣传共产党杀人放火，共产共妻吗？他们到了绥远，可以现身说法，共产党对他们一不搜腰包；二不侮辱其人格，可以帮助在绥远的人学习，提高认识，帮助董其武起义。这些人我们以后还要用哩！他们到绥远去参加起义，一律按起义人员对待。"

当谈到绥远问题时，毛泽东说："绥远问题用'绥远方式'解决。"

"什么叫'绥远方式'？"傅作义不解。

"有了北平的和平解放，绥远就不用兵了。先划过停战协定线，让董其武慢慢做好他的内部工作，另外，派去联络组，把铁轨接通了，贸易起来，然后再看董将军他什么时候觉得可以举行起义，就什么时候起义，傅先生你也可以先派些人去，协助董其武搞，傅先生你不久也可以去看你的旧部队，对董其武的经济困难你去了也可替他解决解决。"这就是毛泽东所设计的"绥远方式"。

傅作义为毛泽东的宽广胸襟所折服，当即表示回到北平后，一定向部下传达毛主席和其他中央首长的指教与关心，一定做好部队的和平改编工作。他十分诚恳地说："我个人也要无条件的服从主席和党中央的决定，叫我做任何工作，我都保证做好。在我有生之年，做一些对人民有益的事情弥补我以往的过错。"

24日，傅作义回到北平，一改往日的郁闷，心情愉快，精神振奋。

傅作义在原"华北总部"接见了他的部下，传达了毛泽东在西柏坡的谈话，并自我批评地说：“过去，我把你们领到错误的路上去了，由我负责。今天，总算走到正路上来了。”他还勉励大家，今后一定要听从中国共产党的安排，好好地为人民工作。

对此，时任中央社会部部长的李克农风趣地说：“毛主席一席谈，傅作义前后判若两人。”

3月5日，毛泽东在中共七届二中全会上，代表党中央正式提出了“绥远方式”。

毛泽东在分析了国内三大战役胜利后的军事形势后，提出今后解决国民党残余部队的方式有三种：即天津方式，用战斗消灭敌人；北平方式，实行和平改编；绥远方式则是有意地保存一部分国民党军队，让它原封不动，或者大体上不动，就是说向这一部分军队作大体的让步，以利于争取这部分军队在政治上站在我们方面，或者保持中立，以便我们集中力量首先解放国民党残余力量中的主要部分，在一个相当的时间之后（例如在几个月、半年，或者一年之后），再去按照人民解放军制度将这部分军队改编为人民解放军。这种新的斗争方式，概括起来就是：放宽政策，和平共处，给以时间等待觉悟，举起义旗，投向人民怀抱。

根据毛泽东主席指示的“绥远方式”，平津前线司令部首长于3月间在北京饭店宴请傅作义等人时，商定了谈判绥远和平解放的双方代表：解放军方面派李井泉、潘纪文二人；绥远方面傅作义派周北峰、阎又文二人。

3月23日，双方代表在北京饭店开始进行第一次商谈。先就划定绥蒙解放军部队与国民党绥远部队停火线问题进行商谈。而后，就恢复平绥铁路交通、通邮通电、双方贸易往来小双方货币兑换、华北局指派联络办事处进驻归绥等问题又进行了反复商谈。

25日，中共中央从西柏坡迁到北平。毛泽东、周恩来、朱德、刘少奇、任弼时等中央领导人在西苑机场检阅中国人民解放军。傅作义也应邀参加了检阅仪式。

当傅作义看到用战场上缴获的美式武器装备起来的人民解放军将士英武地站立在机场上时，非常激动，深感中国人民在中国共产党的领导下，确实是顶天立地站起来了！

几天后，毛泽东在香山双清别墅接见了傅作义和邓宝珊。

毛泽东问："傅将军，建国后您愿意干些什么呢？"

傅作义回答："我想不能在军队工作了。最好让我回到黄河河套一带去做点水利建设方面的工作。"

这时，邓宝珊插话："宜生从小就立志要为民众做些实事。他在绥远主政的时候，还在河套地区大兴水利，大办屯垦，老百姓很欢迎啊。"

"搞水利可以直接为人民办事。"傅作义补充说。

毛泽东高兴地说："看来宜生对水利感兴趣。不过黄河河套水利工作面太小，将来你可以当水利部长么！那不是更能发挥你的作用嘛。军队工作你还可以管，我看你还是很有才干的。我们朱总司令、彭德怀、刘伯承和贺龙等，过去在国民党军队里也是很出名的，现在不都是我们最优秀的指挥员吗？这主要是思想和立场问题。将来我们还可以合作，共同领导和指挥我们的国防军。"

毛泽东没有食言。新中国成立后，中央人民政府即发布公告，任命傅作义为水利部部长、中央人民政府军事委员会委员。

4月1日，傅作义发表了和平通电。全文如下：

中共中央毛主席、全国各民主党派、各人民团体、各民主人士及国民党中的爱国的朋友们：

北平的和平工作，自1月22日开始，现已圆满完成。地方未遭破坏，人民的生命财产，没有遭受损失，文物、古迹、工商、建筑也都得到保全。北平的和平解放，蒙全国各方所称许，认为是实现全国和平的开端。现正当全国和平商谈之际，在这个时候，我愿把我的认识和意见，向全国各方说明。

两年半的内战，我个人内心和行动，主观和客观，是在极端矛盾中痛苦的斗争着，北平和平的实现，就是由认识到行动，自我痛苦斗争的结果。现在回忆既往，我感觉我最大的错误，就是执行了反动的戡乱政策。我们在实行所谓戡乱的时候，每天说的虽是为人民，而事实上一切问题，都是处处摧残和压迫人民。我们的部队在乡村是给大地主看家，在城市是替特权、豪门、贪官、污吏保镖。我们不仅保护了这些乡村和城市的恶势力，而且还不断地在制造和助长这些恶势力。种种错误的恶因，反映在政治上就是腐烂；反映在经济上就是崩溃；反映在文化教育上就是控制和镇压青年学生的反抗；反映在社会上就是劳苦大众的生活一天一天的贫困，上层剥削阶级奢侈淫靡的享受一天一天的增高；反映在外交上就是依附美国；反映在军事上就是由优势变成劣势。所有这些都是因为违反了人民的利益，所以得不到人民的支持，最后为人民所抛弃。中国共产党为什么成功呢？这是因为共产党以工农大众和全国人民的利益为基础，在乡村彻底解决了土地问题，得到广大农民的拥护；对城市工商业实行公私兼顾，劳资两利，铲除官僚资本，保护民族工商业的发展。共产党的民主联合政府的主张，已经得到全国各民主党派和人民的拥护。新民主主义不但科学地解释了革命的三民主义之内容，而且正确地说明了中国革命的过去、现在和将来。新时代的民族民主革命已经不属于旧的范畴，而且属于新的范畴，必须有工农阶级和代表工农阶级的共产党领导，才能保证革命政策的彻底执行和革命任务的彻底完成。共产党人既然对于历史有了正确的认识，又有为人民服务的艰苦奋斗的精神，所以一天一天的得到成功。正确的政策是真正和平的前提，也是真正和平的保障。所谓戡乱政策，既然完全错误，共产党的新民主主义既然完全正确，我们就必须公开反对所谓戡乱政策，真诚的实际和平，不应该再犹豫徘徊，违背人民的愿望。北平的和平就是遵从人民的意志与愿望，勇于自觉，勇于负责的认识和行动，符合于正确的政策，符合毛泽东先生所提出八项和平条件，这种和平是真正的和平。一切有爱国心的国民党军政人员部应该深切检讨，勇于认错，以北平和平为开端，努力促使全国和平迅速实现，然后国家才能开始建设。今天，中国人民民主事业是以中国共产党为领导、工农联盟为基础，团结全国各民主党派、国民党的进步人士和全国各民主阶层，共同奋斗。这已经是大势所趋，人心所向。作义本此认识，今后愿拥护中共毛主席的领导，实行新民主主义，和平建设新中国。

傅作义

四月一日

第二天，毛泽东欣然命笔，复电傅作义。全文如下：

傅作义将军：

4月1日通电读悉。南京国民党反动政府发动反革命内战的政策，是完全错误的。数年来中国人民由于这种反革命内战所遭受的浩大灾难，这个政府必须负责。但是执行这个政策的国民党反动政府的文武官员，只要他们认清是非，幡然悔悟，出于真心实意，确有事实表现，因而有利于人民事业之推进，有利于用和平方法解决国内问题者，不问何人，我们均表欢迎。北平问题的和平解决，贵将军与有劳绩。贵将军复愿于今后站在人民方面，参加新民主主义的建设事业，我们认为这是很好的，这是应当欢迎的。

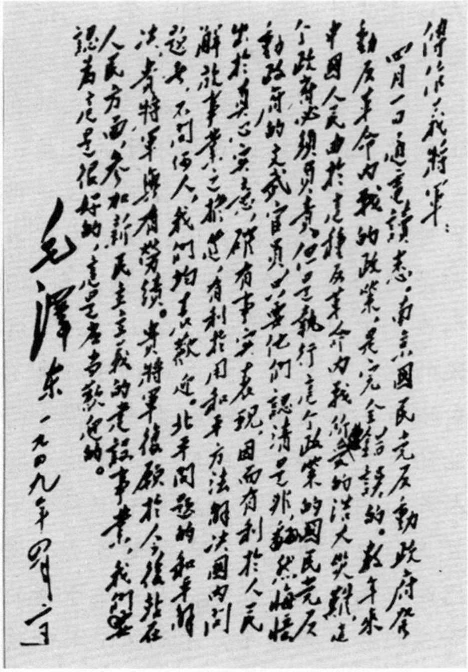

毛泽东给傅作义的复电

毛泽东

一九四九年四月二日

傅作义的通电和毛泽东的复电，经报刊登载、电台广播，广为传播，在国民党阵营中产生了极大影响，大大加快了全国解放战争胜利的进程。

此时，关于和平解决绥远问题已进入实质性阶段。4月1日，绥远方面代表提出了《绥远问题协议草案》。当月下旬，傅作义派原国民党军第104军军长安春山等人携带双方拟定的和平协议草案和双方军队驻地临时分界图来绥，让董其武审阅。并向董其武传达了傅作义的一段话：“要体会毛主席留待绥远起义的宽大政策，团结一致，实行完整的起义，勿使部队分裂，致使人民遭受损失。”

傅作义的话，使董其武觉得共产党对绥远的政策确实是伟大英明。于是，他及时召集军政人员讨论了协议草案，传达了傅作义的意见。讨论中，大部分人赞成，有的人不表态，极个别人怒气冲冲，几乎动武。

董其武认为，有分歧是自然现象，但绝不能动摇走人民的道路和接受和平协议的决心。于是他一方面做个别人的工作；另一方面派原绥远省干部训练团教育长康保安赴北平，向傅作义报告对草案的修改意见，并履行签字手续。

康保安到北平后，经双方协商，同意董其武的修改意见，并在傅作义的指导下，于6月8日双方代表举行了签字仪式。

绥远和平协议签字后，毛泽东在中南海丰泽园接见了傅作义。

毛泽东对达成和平协议很是满意，十分高兴地对傅作义说："你们商谈的条款我已看到了，就按那样执行吧。不过，不要登报，因为你们没有写明有了北平和平解放，才有绥远和平解放。不然别处都要求'绥远方式'，我们就不好办了……"

但是，和平并非一帆风顺。在国民党广州政府的指使下，驻归绥的国民党特务千方百计地进行捣乱，阻挠和平协议的执行，制造了"七二四"惨案，杀害了中共华北局驻归绥联络处秘书王士鑫。

这一事件受到了中共中央的关注。毛泽东、周恩来为此专门接见了傅作义。

毛泽东恳切地对傅作义说："事情总是有曲折的，可电告董其武多加注意。傅先生携邓宝珊先生可以去绥远走一趟，绥远的解放，用绥远的方式是不变的。绥远省将不用军管，由傅先生任绥远军政委员会主席。待起义通电发出后，即行组织。"

毛泽东主席的谈话打消了傅作义的顾虑，使他更加坚定了用和平方式解决绥远问题的信心。

接着，毛泽东令华北局书记薄一波为傅作义去绥远做好准备工作。

经过几个月的努力工作和斗争，绥远起义的条件基本成熟，但还有一些事情尚未料理稳妥。董其武经常打电话向傅作义汇报工作情况，傅作义也经常派人或打电话传达毛泽东的指示和他的意见。

7月14日，傅作义给毛泽东写了一份报告。这是绥远起义中一项颇为重要的文件。全文如下：

毛主席：

关于绥远方面最近进行工作情形，谨向主席做一简要报告，并请主席再予支持，期能在最短期间彻底成为解放区、解放军之一部。

6月14日，我派王克俊到绥远工作后，若干特务分子曾以散发污辱传单及投放手榴弹等伎俩，企图对王克俊等人加以威胁迫害。经董其武、王克俊一面严加布置；一面进行说服，于6月24日先招集高级行政人员举行会议，宣布关于绥远问题和平解决的各项协议。董其武认识坚定，决心走向人民方面来。多数干部也都了解主席成全他们的厚意，意见逐渐一致。7月8日，董其武分别向各部队长宣布协议案，并进行说服工作。据王克俊电称："发觉阎锡山利用绥远部队与山西方面的历史关系，正极力从事破坏，以金钱及名位，拉拢分化，并收买绥远部队中个别军官，企图接替董其武之地位名义，挑起叛乱。一旦铁路接轨通车，中共联络人员到达，人民券开始流通，反动派必认董其武为叛变，断绝补给，而人民政府因绥远方面尚未完全改变过来，自不便予以承认，亦无法予以接济，再加以阎锡山挑拨分化，可能引起混乱冲突。故中共联络人员到达旗下营后，当将情况说明，请其暂返丰镇。根据目前情势，为打破阎之破坏阴谋，对个别被阎拉拢利用分子必须予以控制或清除。然因其武与渠等，均系弟兄班子，不易掌握。如对个别军官采取扣捕手段，其所属部队即认为系其武之一部分打击另一部分，造成内部冲突。我公如能莅绥，作短时期之亲自安排，可能不致发生意外，即使处治一二人，亦未不可。一切困难均可能

阎锡山试图破坏绥远和平起义。图为1949年初，蒋介石与阎锡山在一起

解决，阎之挑拨分化亦因而失去作用。”我当即剀切电告董其武、王克俊：

（一）阎锡山之阴谋破坏，虽在前一时期未能估计得到，目前应即尽力克服，彻底执行。让中共联络人员折返丰镇，尤为不当。希即一面克服困难；一面请中共人员来绥，协助进行。

（二）我经半年来的学习，并从许多事实以及与中共人士接触的实际体验，深感已往因阶级观念不明确，往往为自己笼统含糊的概念所蒙蔽。如“为国家”“为人民”。所谓“国家”，必须认明是反动阶级抑或革命阶级掌握此一国家机器；所谓“人民”，亦必须明白具体是百分之八十五以上的工农群众、小资产阶级和民族资产阶级。否则，即在反动派欺骗之下，成为为美帝国主义和反动派服务的工具。

（三）研读毛主席七一《论人民民主专政》，使我的观念更明确，认识更坚定。这篇论文，应仔细研读。因为这篇论文，如此透辟的指示出国际趋势和国家前途应该走、且必然走的最正确的发展方向。我们从这篇论文中，进一步地认识了帝国主义狰狞面目，进一步地认识了反动派的可耻阴谋，也进一步认识了国际的和国内的人民民主力量的蓬勃发展和光明前途。

（四）历史是依照一定的规律向前发展。反动的、腐朽的必然灭亡，新生的、发展的必然胜利。为新生的发展阶级服务，坚决消灭反动派，肃清残余腐朽势力，才是推动历史的前进。

（五）美国帝国主义者推行反动的马歇尔计划。

（六）反动派把唯一的赌注放在第三次世界大战上。……中国反动派第三次世界大战的幻想，必然要遭到破灭，他们的赌注也命定了是要输的。充其量，不过是童男童女替帝国主义殉葬。

（七）不要受反动派残余力量的引诱，认为反动派还有什么希望；更不要被反动派的金钱拉拢所分化，只看见极短的眼前一时现象。要知道反动派所代表的政策，是依靠帝国主义的卖国政策。反动派要争夺的，是压迫人民的个人权势，个人利益。反动派所有罪恶，在人民面前已遭到完全的唾弃，他们唯一的前途就是死亡。反动派不可能有力量，因为他们的利害是和人民相反的，即使拼凑一些力量，最后也还是失败。何况反动派内部互相矛盾，互相排挤，李白与蒋阎矛盾，胡宗南与二马矛盾，李白之间，蒋阎之间，时时都在钩心斗角，争权夺权。这样一堆腐朽的残余，会有什么前途。我敢断言他们唯一的前途是在人民面前死亡。

（八）蒋阎反动派残民以逞、卖国求荣的阴谋，最近更加暴露了他们自私自利，把垂死的希望，竟寄托在勾结美帝，勾结日本军国主义，企图引导日本强盗再来屠杀中国人民。他们听从美帝国主义的指使，封锁海口，滥炸人民，不顾一切地倒行逆施。去年阎锡山曾告我说：必须利用日本的力量，才能阻止共军前进，并且先组织日本军人的华北空军义勇队，即可确保华北。这段话对我的刺激最大，也可说是加强北平和平解决的因素之一。试想：反动派如果再把日本强盗引进来，我们牺牲流血的抗日战争是为了什么？绥远部队抗日最早，且曾未经取得蒋阎的同意，自动袭击百灵庙，成功之后把荣誉归之政府，才得蒋阎承认。凡此往事，你们都记忆犹新。眼前一切事实告诉我们，必须彻底坚决地站到人民方面来，才能符合我们抗日的历史，才能符合我们的生活和行动，也不辜负毛主席成全绥远军政干部的厚意。

（九）我们的士兵几乎全是农民，我们的干部最大多数都是一身养数口，没有积蓄，没有财产，和无产阶级的生活极为接近。只是受环境的影响，存在着官僚资产阶级的反动意识。只要思想意识一经改变，即可忠实为人民服务，痛苦很小。过去，我们在反动派欺压下，走错了路，现在应该觉悟过来，不再为反动派当工具。我半年来的亲身体验，深切感到中共各项政策的正确，处处以群众利益为出发点，并虚心接受群众意见。党内注重批评与自我批评，与党外人士则以民主统一阵线密切团结。各地学者、专家、华侨都集中到北平来。人民对毛主席、朱总司令表现了至高的爱戴和信仰。人民解放军的无比强大，不是凭空来的，正是人民全力支持的必然表现。我们应该坚决彻底地站到人民方面来，在中共领导下，大刀阔斧地向反动派残余势力进攻，为人民服务，为人民立功，自新自赎来补偿过去的错误。

（十）绥远有些干部对北平的和平解决存在着一些不必要的误解和

疑惧。认为和平解决就是失业，就是流离颠沛，这是不对的。北平解放之后，各部队的整编，中共曾提出，将我过去所训练的部队，编成一个军或两个军亦可。我因中央部队为数甚多，为表示我的人格，请求中共一律整编，没有差别。如果你们认为部队不应改编，那是错误的。试想这样大的兵力，存在着严重的反动思想，如果不加改编，那就不是革命，那是给革命开玩笑，给革命掘陷阱。部队改编之后，大多数军事干部均参加学习，若干愿回原籍者，都开具证明，发给路费，均有适当安置。我知道你们是不会存在以上的误解，但应将真实情形向干部多作说明，工作自易进行。

（十一）绥远军政干部，只要你们思想改造得快，改造得好，走向革命，大门永远是敞开的，为人民服务的机会永远有你们的份。毛主席由于北平的和平解决特意成全绥远的干部，这是别人求之不得的，你们有此机会是无上幸运，能参加人民解放事业更是无上光荣，希冀加紧努力克服一切困难，迅速彻底地走到人民方面来，准备配合其他解放军，向甘宁青进击，分担解放大西北的光荣任务。将以上各点详细向干部多加说明，以此来说服干部，进行工作。

前电发出后，据王克俊12日电称：中共人员11日业经抵达归绥，正与董共武研究恢复交通各事。而阎锡山亦派祁定远来绥，特务系统亦派张庆恩到包，企图直接分化、破坏。因情况已至非仇即友的紧急阶段，反动派必出以破坏手段，并可能有少数分子受阎利用，对董其武、王克俊等加以迫害，或生出其他变故。为免除问题拖延、夜长梦多计，我的意见：绥远问题迅速彻底解决，俾能在最近时期内成为解放区、解放军之一部。把立场站过来，仍继续加紧进行思想教育，至适当时机即可配合解放军作战，为人民立功。因目前情况急迫，请主席再予以特别之支持，军事应如何？政治应如何？经费应如何？指派人员拟订一具体方案，付之实施，彻底执行，使绥远部队能有机会配合其他解放军向宁青甘进击，分担解放大西北之光荣任务。谨请

裁示。

傅作义　谨启

七月十四日

毛泽东十分关心绥远起义的进展情况，当他阅读了傅作义关于绥远情况的汇报后，当即决定委托傅作义、邓宝珊等人携带大量现金到绥远慰问全体将士，推进绥远起义。

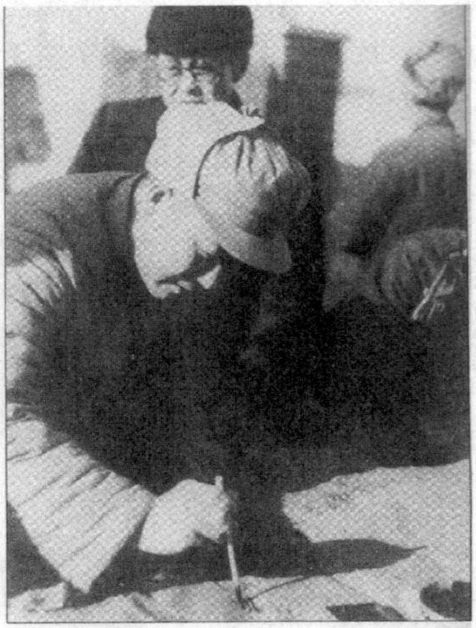
1949年9月，董其武在绥远起义通电上签字

8月28日，傅作义受毛泽东委托，从北平前门火车站乘专列前往绥远。随行的还有邓宝珊、王克俊等人。

到达归绥的第二天，傅作义分别会见了军政干部和地方各界代表，并向官兵们发了慰问金，说明是毛主席让他给大家送钱来了。

9月10日，傅作义来到包头，住在城外的皮革厂，筹备起义事宜。他首先召集军、师、旅级军官到包头，分别进行谈话。在谈话中，傅作义着重说明了全国形势的发展，告诉大家，“响应毛主席的号召走和平道路，是唯一正确的道路，对国家好，对绥远地方好，对个人也好”。

傅作义向大家阐明了共产党对起义人员“起义有功，既往不咎”的宽大政策，引导大家参加起义，走革命的道路。接着，他又邀请各族各界和地方代表人物，共同商议了绥远起义的有关问题。

由于傅作义有起义后的亲身体会，并与毛泽东多次会见，他的话最能打动人心，也最有说服力。凡受到接见的人，在思想上莫不豁然开朗，欣然同意起义。

绥远起义将要大功告成之际，国民党反动派破坏和平的贼心不死，演出了一幕幕丑剧。

傅作义到包头后，蒋介石发来电报，称：“你这次回绥，如同我当年西安事变回南京一样，一念之差，铸成今日亡危之大错，你要接受我的教训，不要自误、误国、误部下，……希接电后，即来重庆，我当派飞机前往迎接，并委以重任，共谋党国之复兴！”

对此，傅作义置之一笑。

蒋介石一计不成，又生一计。

15日，国民党军令部部长徐永昌又携带蒋介石、李宗仁、阎锡山的亲笔信，乘飞机来到包头，企图把傅作义、邓宝珊拉到广州去继续为他们卖命。

傅作义向徐永昌详细介绍了他所以要举行北平和平起义的情况，义正词严地说：“我一向为国家独立、民族振兴而奋斗，谁能救国救民我就跟谁走。蒋先生私心太重，全不顾国家民族。国民政府已丧尽人心军心，大势已去，无可挽回。即使我到广州也无能为力。不只北平、绥远解放，全国很快也要解放了。这是历史的必然。”

此时，董其武已拟好了起义的通电稿。徐永昌见任务无法完成，不好回去复命，便假称闹肚子拉稀，要住医院。

傅作义感到有些棘手，对邓宝珊说：“次辰（徐永昌字次辰）病了，要待在这里不走。他不走，我们不能起义，不是耽误了我们的大事吗？这怎么办呢？”

经过一番商议后，邓宝珊找到徐永昌，说：“次辰兄怎么病了？这里气候不好，要多注意！宜生已让董主席给你安排好医院。就请马上搬进医院里去吧。……宜生还说，你能在包头住下来也好，那就请你领衔，率领绥远起义吧，不要再回去啦！起义后，我们一同去见毛主席。”

徐永昌闻听此言，先是一愣，

和平起义后国民党军出城接受改编

马上意识到自己的处境不妙了，连声说："我的病不要紧，不要紧！我对共产党还没有认识，明早就动身，不妨碍你们的事情。"

邓宝珊将计就计，盛情挽留。徐永昌越发慌了手脚，感到包头是个是非之地，恨不得立即离开。19日早晨，徐永昌灰溜溜地离开包头飞返广州。

当日上午，董其武率绥远省党政军要人向毛泽东主席发出了起义通电。

电文发出后，傅作义胜利完成了毛泽东主席交给的任务，怀着十分兴奋的心情，同邓宝珊、孙兰峰乘车去北平，参加即将召开的第一届中国人民政治协商会议。

21日下午，傅作义和邓宝珊、孙兰峰等带着极其兴奋的心情出席了第一届全国政治协商会议。他们在庄严隆重的会场里，面对主席台高悬的伟大的革命先行者孙中山先生的巨幅画像，万分激动，无不感到：中山先生所倡导的新三民主义，在中国共产党领导下，经过22年抛头颅、洒热血的艰苦奋斗，终于实现了。人民的力量是不可战胜的，领导中国革命的中国共产党是伟大的，毛泽东是英明的。

23日，傅作义在一片掌声中登上主席台发表讲话。

全国人民一致期待的政治协商会议开幕了。这才真正是国家的大事，值得庆贺……

我今天出席大会，感到很惭愧，因为在北平解放之前，我还是一个反动派的重要负责人，那时候，我还看不清人民意志的方向，还继续与解放军为敌。到东北战役结束时，我才清楚认识到"戡乱"政策的错误，才认识到中国共产党的正确。中国共产党和人民解放军由小到大，如此迅速地发展，就是人民意志表现的标志。我既然认识到自己行为的错误，我就有过必改，敢于大胆承认错误，立刻猛回头，遵从人民的意志，实现北平和平，脱离反动派，走到人民方面来。虽然北平的和平有助于革命的进展，虽然我尽了一切努力保全了有几千年文化积累的古城……但我觉得我还是应该对过去反动的内战负责，我并且向解放军请求以战犯来惩处我。人民今天宽恕了我，……不仅不咎既往，而且还让我……参加中国人民政治协商会议，真是既惭愧，又荣幸，更是无限兴奋和自豪……让我们和全国人民一起在毛主席的领导下来建设繁荣昌盛的中华人民共和国……

傅作义的讲话充满了爱国主义激情，由衷地表示拥护中国共产党的领导，拥护毛泽东主席，愿为建设繁荣富强的新中国而努力奋斗。毛泽东、周恩来、朱德在傅作义讲话结束时，带头为他热烈鼓掌，还迎上去跟他亲切握手和拥抱。

绥远起义后，党中央、毛泽东主席对起义中傅作义的部下都给予了妥善安置，使他们各得其所，得以继续发挥作用。

然而，在绥远一切旧的组织机构与制度还没有改变，解放军也没有进驻。董其武急切盼望中共党政军的领导快些来归绥，以便早日实现党中央、毛主席对绥远的希望和要求：部队解放军化，地方解放区化。于是，他致电傅作义，请示下一步怎么办。

中共中央迁驻北平后，毛泽东日理万机，军事、政治、经济、外交等方面的国家大事，都亲自过问，异常辛劳，而他对绥远的问题更为关注。

开国大典后三四天，薄一波通知周北峰说："毛主席要接见傅作义先生、邓宝珊先生，你和阎又文也去。时间确定后，我再打电话通知你。你先给傅先生打个招呼。"

当晚，薄一波告周北峰说："今天晚上，你就随傅、邓一起去中南海。"

这晚，毛泽东、周恩来在丰泽园接见了傅作义等人。在座的还有朱德、聂荣臻、薄一波。

毛泽东笑容满面，亲切和蔼地说："绥远的和平解放是全部完成了。绥远不采取军管，直接成立绥远省军政委员会，傅先生任主席，姚喆、董其武、孙兰峰任副主席；一波同志任绥远军区政委，高克林同志任副政委；邓宝珊回甘肃任主席，董其武任绥远省人民政府主席，周北峰等都可以到绥远去参加省人民政府工作。傅先生你看还有什么人可以参加人民政府工作。由一波同志与你筹划一下，绥远省的工作今后可按‘团结一致，力求进步，改革旧制度，实行新政策’的原则，由董其武领导，大胆地努力去工作。”

接着，毛泽东又说：“李德邻（李宗仁字德邻）于和谈未成后，跑到广州，对人说，他是六亲无靠。像他这样，本来就造成了六亲无靠嘛！傅先生你与共产党是结成姑舅亲戚了。你以后有什么难办的事，关于中央的你就找恩来，关于华北局范围的你就找一波同志。你过些时候可以回绥远走一趟。”

1949年9月，毛泽东在中国人民政治协商会议第一次会议上发言

毛泽东吸了一口烟，对薄一波说：“傅先生回绥远的事，你和荣臻同志可以安排一下。”

这时，傅作义为毛泽东对他工作上的关心表示感谢，并说了对尔后绥远工作的设想，概括地说是“四个原则，三个步骤”。

四个原则是：坚持团结，肃清匪特，整顿纪律，军队改编成人民解放军。三个步骤是：彻底实现解放区化和解放军化，同国民党政权完全脱离关系；恢复交通，包括通商、通邮和人民的来往；解放军派干部到部队去进行思想工作。

毛泽东听后，非常赞成傅作义的意见，当即表示：“宜生先生所虑极是，就按所提上述原则和步骤实施。

10月26日，毛泽东、周恩来在中南海接见了傅作义和聂荣臻、薄一波以及高克林、姚喆、裴周玉。

在融洽轻松的气氛里，毛泽东说：“绥远的团结改造方针早已定下了，工作原则和步骤按傅先生提出的四个原则、三个步骤办。工作要有步骤地进行，做出更大成绩来给全国看。要合作把事情办好。过去是敌人，现在成了朋友。合作后，也要估计可能发生一些问题，还要经过艰苦的工作与斗争。一年办到算好，否则两年。没有战争，不能很快，快了就会出毛病。先做思想工作，后改革旧制度，有步骤地达到目的。原则问题，电报上已讲过，团结一致，力求进步，改革旧制度，实行新政策，为建设新绥远而奋斗。军队现在暂不变动，待条件成熟，再按解放军制度整编。党内要特别讲清楚，一年达到目的，不能性急。蒋介石21年未弄好，我们一年完成还不算好吗？”

毛泽东接着谈了部队组织生产的问题，强调干部要参加生产指导与劳动，劳动可以改造思想，战士看到干部挖地，官兵关系就可以好转，这就是政治工作。他还说，凡愿意和可能争取同我们合作的人，都要耐心帮助教育改造，很好地与他们合作。争取团结多数，他们内部也一样是两头小、中间大，激进的可以鼓励，缓慢的可以等待。……要使他们感到与共产党合作有好处，思想能进步，新政策好，生活能改善，有保证。如果达不到他们的要求，即算工作失败。过去才走了第一步，现在要实现第二步。总之，要做好事，不做坏事，他们就会欢迎。双方加重责任，工作要做好，这一条一天天地得到证明。傅先生到归绥走一趟起了作用。傅先生在归绥时，也有人怀疑怕没有前途，只要有前途，他们就愿意合作。你们要特别注意，人家就是怕没有前途。

这时，傅作义插话说：“绥远感谢共产党，感谢毛主席！”

毛泽东吸了口烟，微笑着说：“现在形势很好，全国快解放了，归绥方面也在学马列主义。对董其武、孙兰峰、刘万春要小心谨慎，使他们认为与共产党合作有好处，使人感到前途光明。你们去了还是相互观察的时期，要说话算话，不能骗人。共产党去了，如做的同说的不了样，就同国民党一样，先甜后辣，别人会说我们学蒋介石‘好话说尽，坏事做绝’。傅先生也会失信。所以，第二、第三、第四步，也要与人越搞越好，使别人相信我们。……新政协各方面都有人，没有说开得不好的。主要是小心谨慎，与人协商，与人为善。政协给全国做了一个榜样。共产党整风，就是用‘惩前毖后，治病救人’的方法帮助人，是团结—批评—团结。所以，共产党要善于运用批评和自我批评。……中国已归我们，一草一木都是我们的，任何事情我们都要负责并管理好，不能踢皮球送给别人去。国民党的一千万党政军人员我们也要包起来。绥远也在内，特务也要管好，使所有的人都要有出路。没有这一条不行。要统筹全局，要干部懂得，一有前途，二顾全局。”

毛泽东略微停顿了一下，又说：“要学会搞政治斗争，学会搞经济工作。这是战略问题。绥远要搞政府，用协商办法，互相打通思想，做事快得多，不同意的不要办。军队也要协商。这是中国的特点。即使同意，也要看是心愿，还是口愿，若勉强就缓办。上面要得到傅先生同意，下面要得到干部同意。特别是军队，不同意就缓办，否则最易出乱子。对党外同志要当成自己人看待，长期合作。这回工作若做好了，对双方干部都是一大进步。这是过去未做过的，要用新的方法去做好工作，要耐心。问题摆在面前，要我们去好好工作。”

这次接见一直进行了两个小时。午夜零时30分，傅作义、高克林等人才起身告辞，离开中南海。

毛泽东把他们送出丰泽园的门外，对着高克林等人很风趣地说：“不要把他们赶到黄河里去。”

高克林等人当即表示，一定遵照毛主席的教导做好工作。

在返回住处的路上，傅作义陷入了深深的沉思。回味着毛主席那语重心长、寓意深刻的亲切谈话，心情久久不能平静。从毛主席的谈话中，他看到了毛主席的诚恳真挚，看到了共产党人的光明磊落，决心不辜负毛主席的期望，一定把绥远的合作搞好。

第二天，华北局、华北人民政府又召开会议，研究贯彻执行中共中央和毛泽东意见的具体措施，初步研究了绥远军政委员会、省政府、省军区的领导人选问题，以及编两个军10个师、旅的问题。对政治干部派去的条件要求等，也做了原则规定。

12月2日，中央人民政府委员会第四次会议确定了绥远省军政委员会、省人民政府的组成人员。任命傅作义为绥远军政委员会主席，高克林、乌兰夫、董其武、孙兰峰为副主席。任命董其武为绥远省人民政府主席，杨植霖、奎壁、孙兰峰为副主席。

13日，中央人民政府人民革命军事委员会任命了绥远省军区负责人。傅作义为司令员，薄一波兼政治委员，乌兰夫、董其武、姚喆、孙兰峰为副司令员，高克林、杨叶澎、王克俊为副政治委员。

1950年6月，朝鲜战争爆发。美帝国主义把战火烧到了鸭绿江边，妄图以朝鲜为跳板，实现扼杀新中国的狂妄野心。

周恩来总理对美国的侵略提出警告

8月27日，美帝国主义派飞机非法侵入中国东北领空。周恩来总理向美国政府提出严正抗议，要求惩办美国空军和赔偿一切损失，并致电联合国安理会，要求制裁美帝，撤出侵朝军队。

对于美帝国主义的狂妄野心和侵略行径，傅作义十分气愤。他当时正在黄河中游查勘，制订修建三门峡水库的计划。得到消息后，当即致电毛主席、周总理，表示对美帝的侵朝，不能置之不理，要积极地对朝鲜进行支援。回到北京，他又上书毛主席，详细陈述美帝侵朝是妄想扼杀新中国，认为对美帝的侵略行径我们不能坐视观望，必须予以打击。

傅作义在上书中还根据多年的经验，坚决地说："美帝国主义并不可怕，我们不怕它，应当抵抗它，而且一定能够战胜它。"

此时，中共中央对是否出兵抗美援朝，意见尚不一致。有一些同志觉得新中国刚刚成立，各项建设刚刚开始恢复，需要休养生息。美帝又有新式武器装备，打起来胜负难料。毛泽东则认为不出兵后患无穷，应立即抗美援朝。

毛泽东看了傅作义的信后，十分赞赏，当即将信的全文印发给党中央、政务院等部门领导同志参阅，又请傅作义在政务院的最高国务会议上详细阐述了抗美援朝的利害关系。

“你们看，傅宜生先生都坚决主张出兵，我们还有什么疑虑的呢？”毛泽东感慨地说。

美帝国主义侵朝的消息也很快传到了归绥市。归绥省、市各群众团体，各阶层人民，一致对美帝国主义的侵略罪行表示极大的愤慨，纷纷举行集会，声讨美帝。

董其武当即在《绥远日报》上发表文章，坚决拥护周总理的严正声明，拥护中央人民政府的伟大国策，要求绥远各族军民，为维护和平和人类的安全做正义的斗争。

起义部队的广大干部、战士，经过一系列解放军化教育，政治思想觉悟普遍提高，听到美帝入侵朝鲜，战火烧到鸭绿江边的消息，群情激愤，纷纷要求严惩美帝国主义。

10月下旬，中国人民志愿军雄赳赳气昂昂地跨过鸭绿江，进行伟大的抗美援朝战争。

与此同时，绥远部队广大指战员积极请求参加抗美援朝、保家卫国的决心书、请战书，成批地送到了省军区机关。

对广大指战员的这种要求，董其武除报告华北局、华北军区和党中央外，还专门向傅作义作了汇报。

11月上旬，傅作义向毛泽东建议：调原绥远起义部队到朝鲜前线参战。这样能使这支部队受到新的锻炼和考验，进一步实现解放军化。同时，对绥远地方实现解放区化也更为有利。

党中央、毛泽东采纳了傅作义的意见，决定以原绥远起义部队为主，成立中国人民解放军第23兵团，并就兵团的人选征询了傅作义的意见。

12月10日，傅作义从北京来到绥远，于当日召开了绥远军政委员会扩大会议，宣布中央军委和毛泽东主席的决定：组建成中国人民解放军第23兵团，归华北军区领导，移驻河北衡水地区，整训补充，作为抗美援朝的二线兵团。任命董其武为兵团司令员，高克林为兵团政治委员。

董其武随即率新组建的第23兵团离开绥远，开赴河北衡水，进行整训。

1951年1月20日，董其武将部队整编和备战情况，写成专题报告呈报给毛泽东和中央军委。

毛泽东阅后非常高兴，于26日将专题报告转给傅作义看，并写道：“第23兵团最近情况报告一份，送上请阅。阅后请予掷还。第23兵团进步如此之大且快，可为庆贺！”

志愿军某部举行出国参战誓师大会

毛泽东主席对第23兵团的关怀和称赞，使傅作义为之精神振奋，进一步增添了帮助兵团领导带好部队的信心。

9月3日，董其武率中国人民志愿军第23兵团开赴朝鲜战场后，立即投入到修建南市、秦川、院里机场的工作中。

全兵团的指战员们在董其武的率领下，怀着“你炸你的，我修我的”“敌人有钢铁，我们有石头”“上刀山，下火海，不修好机场不下战场”的豪情壮志，排除千难万险，提前完成了机场修建任务。

11月底，第23兵团将士凯旋回国。1952年12月，第23兵团整编为中国人民解放军第69军，开始进行现代化、正规化建设。在毛泽东的不断关怀下，傅作义部的这支起义部队锻炼成为中国人民解放军的一支雄师劲旅。

新中国成立后，毛泽东十分关心傅作义，多次请他到家中做客，有时还邀他一起吃饭、看电影。

1951年农历五月初五，这天是傅作义56岁生日。

毛泽东把傅作义请到中南海，又特意叫薄一波请华北的几个人来吃饭。进餐时，毛泽东谈笑风生，给傅作义频频夹菜，使傅作义感到十分温暖。

在回来的路上，傅作义对身边的同志说：“毛主席真细心，真伟大，令人钦敬之至。”

7月11日，薄一波致信毛泽东，称：傅作义提出在整风中是否要把他的历史问题向大家谈一下，薄告以不需要。毛泽东当天回信，称："同意你的意见。请妥慎处理，团结傅及一切可以团结的干部。并加强对这些干部的教育。"

傅作义一直热爱中国共产党，热爱社会主义国家，曾任第一至第三届全国政协常委，第四届政协副主席，第一至第三届全国人大代表，国防委员会副主席，水利部和水电部部长。鉴于傅作义为解放事业所做出的贡献，1955年，毛泽东亲自授予他一级解放勋章。

有一次，毛泽东问第64军政委王昭："中央给傅作义先生一个水利部长做，你们兵团的同志服气不服气？"

王昭回答："论打仗我们什么时候也没服过他的气。"

毛泽东笑了，亲切地对王昭说："你回去后要做工作哩！傅先生把北平完好地交给人民，这个功劳大得很哩！比我们任何一位将军带兵打下北平的功劳都大哩！有这么大功劳的人，怎么不该做个水利部长呢？"

当王昭把这件事传到部队后，大家都说毛主席站得高，看得远。

时隔不久，北京市第一届体育运动会在天坛举行。毛泽东等党和国家领导人应邀出席了运动会的开幕式。

开幕式结束后，毛泽东特意走到傅作义身边，说："宜生，到外边转转如何？"

"行啊！我很想看看修葺一新的天坛景色。"傅作义表示很有兴趣。

俩人一前一后走出了运动场，边走边谈，不觉间走到了祈年殿前。

毛泽东抬手指着修补过的祈年殿，问："宜生，你看这一块我们补得好不好？"

傅作义看着完好如初的祈年殿会意地笑了，说："不错，不错。不仔细看，还真看不出是修补过的。"

"如果我们兵戎相见，这祈年殿补也补不得喽！你是保护北京的大功臣啊！应该给你发一枚天坛一样大的奖章。"毛泽东风趣地说。

"哪里，哪里。您不治我的罪，我已是感激不尽了。"傅作义答道。

说着，俩人都笑起来。

傅作义从1949年10月被任命为水利部部长起，就非常重视这项工作。

他多次对水利部的同志们说："我国水利建设任务很重要。在水利问题上，我还是个门外汉。要不辜负毛主席和共产党的信任，光坐办公室不好。得多下去了解情况，向群众学习，努力做好工作。"

傅作义是个言必行、行必果的人，多年来他坚持每年至少有四分之一到三分之一的时间在野外工作，跋山涉水，不辞劳苦。从天山脚下，到东海之滨；从松辽平原，到珠江三角洲的水利电力工地，都有他的足迹。在发生严重水灾时，傅作义总是亲赴抗洪抢险第一线，对新中国水利电力事业做出了卓越的贡献。

1950年6月至7月，安徽、河南交界处连降暴雨，形成洪涝灾害。7月18日，华东防汛总指挥部在给中央防汛总指挥部的电报中说：淮河中游水势仍在猛涨，估计可能超过1931年最高洪水水位。

毛泽东看了这封电报，心情十分焦急，当即批转周恩来，指示：除目前防救外，须考虑根治办法，现在开始准备，秋起即组织大规模导淮工程，期以一年完成，免去明年水患。

22日，周恩来邀集了有关人员初步讨论了淮河工程问题。

8月1日，安徽负责人曾希圣等致电华东局并转中共中央，报告皖北灾情及救灾工作意见。电报中说：今年水势之大，受灾之惨，重于去年，为百年来所未有。淮北、淮南97个县受淹。其中不少全村淹没。由于水势凶猛，群众来不及逃走，或攀登树上、失足坠水（有在树上被毒蛇咬死者），或船小浪大、翻船而死者，统计489人，受灾人口共990余万人，约占皖北人口之半。干群均极悲观。灾民遇着干部多抱头大哭，干部亦垂头流泪。

5日，毛泽东在阅读这封电报时流下了眼泪。他在"不少是全村淹没""被毒蛇咬死者""多抱头大哭"等处都画了横线，并给周恩来写了批语：请令水利部限日作出导淮计划，送我一阅。此计划八月份务须做好，由政务院通过，秋初即开始动工。

25日，水利部以毛泽东关于根治淮河的指示，在周恩来的具体领导下，傅作义主持召开了治淮会议。会议经反复研究和探讨，确定了"蓄泄兼筹，上中下游统筹兼顾"的基本方针和第一期工程。

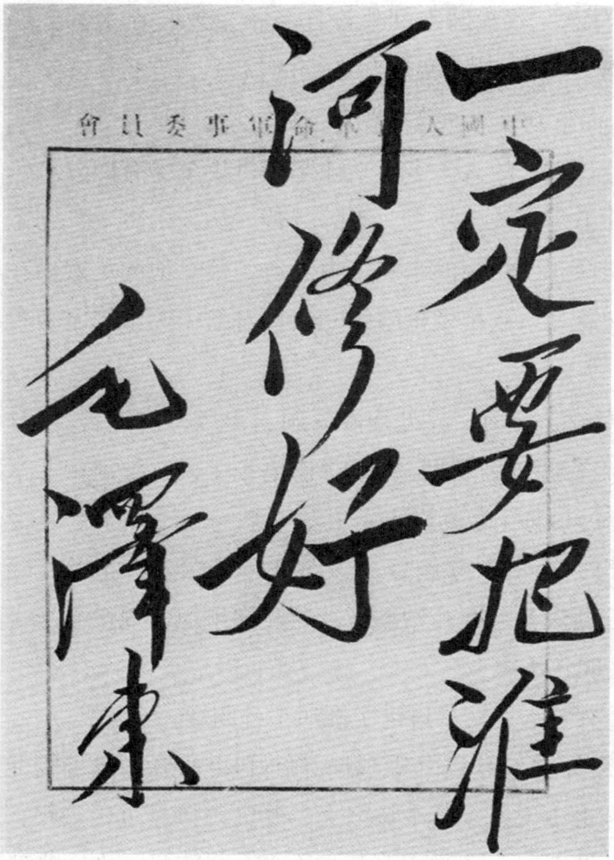

毛泽东指示：一定要把淮河修好

10月14日，中央人民政府政务院发布《关于治理淮河的决定》。为加紧治淮工程的进行，1951年3月，傅作义到淮河上中下游进行了历时49天的视察。

回京后，傅作义在政务院第91次政务会议上作了《视察淮河报告》。不久，他又在北京召开了第二次治淮会议，根据考察所得的结论，进一步深入论证制订治淮计划，确定第二年的治淮工程。

1952年3月，傅作义应宋庆龄的函约，为《中国建设》杂志撰写了题为《制止洪水灾害》的文章，向国外读者介绍治淮规划、淮河的历史状况、历代统治阶级对治淮的态度，特别着重阐述了新中国治淮规划和第一年的成就及其他水利设施的成就。

11月13日，傅作义在《人民日报》上发表了题为《毛主席的领导决定了治淮工程的胜利》的文章，通过他在治淮工程中的亲身体会和新旧社会的比较，热情讴歌了中国共产党和毛泽东主席。

长江中游的荆江段，是历史上水患最频繁的地区之一。在根治淮河的同时，中央人民政府于1952年3月决定修建荆江分洪工程。

过去在反动统治下，荆江水患非但未加治理，反而加深了两岸广大地区人民遭受洪水威胁的程度。为了保障湖北、湖南两省人民生命财产的安全，中央人民政府指示要力争在当年汛期前完工。

毛泽东对此项工程极为重视，亲自题词：“为广大人民的利益，争取荆江分洪工程的胜利！”并且制作成了锦旗，派傅作义前往工地，慰问参加施工的人民解放军和人民群众。

傅作义在前往荆江太平江口进洪闸慰问时，适逢大雨，道路泥泞，别人劝他等雨停后再去。但为了让广大军民尽快听到毛主席的声音，傅作义冒雨前往。

当工地广大军民听到毛主席亲切慰问的喜讯后，无不欢欣鼓舞。30万军民鼓起干劲，在短短的两个月内就完成了规模巨大的荆江分洪工程。

毛泽东非常满意地说：“宜生，看来你对水利这一行是真钻进去了。”

傅作义谦虚地回答：“我是一个从旧社会过来的人，能直接为人民办点事，向人民群众学习，向技术人员学，是无比幸福的。”

1974年初，傅作义被确诊患癌症。

4月18日，刚因癌症动手术不久周恩来拖着沉重的病体，赶到北京医院去看望病危的傅作义。

已是病入膏肓的傅作义见到周恩来的第一句话便说：“我没有完成总理交给我统一台湾的任务。”

周恩来紧紧握住傅作义的手，诚挚情深地说：“宜生先生，毛主席叫我看望你来了，毛主席说你对和平解放北平立了大功。解放台湾，我们这一代不成，还有下一代嘛，工作总不可能由我们去做完嘛！希望你安心休养，多保重身体。”

听着这情深意切的话语，望着面容消瘦了许多的周恩来，傅作义干枯的双眼中闪现出激动的泪光，嘴唇颤动着想说什么。是啊，他有多少话要说给敬爱的周总理听，但再也没有力气说出来。

翌日下午1点40分，这位为北平、绥远和平解放，为新中国的水利事业做出卓越贡献的爱国将领，怀着对中国共产党、毛泽东主席、周恩来总理和对新中国的无限眷恋之情与世长辞。

毛泽东眼中的戴安澜

——沙场竟殒命，壮志也无违

戴安澜

戴安澜，原名衍功，号海鸥。生于1904年，安徽无为人。国民党陆军中将。

1910年，年仅6岁的戴安澜进塾馆读书，取学名炳阳。1922年，考入由陶行知任校长的南京安徽公学学习。1924年3月，从在粤军第4师任团长的叔祖父戴端甫的来信中，获悉国共两党合作创办黄埔陆军军官学校的消息，便与本乡一批热血青年奔赴广州，先参加国民革命军，当二等兵。同年底，考入黄埔军校第三期入伍生队，改名安澜，自号海鸥，以表达自己要力挽狂澜，为振兴中华贡献自己的一生；要像不怕大海风暴中的海鸥一样去勇敢搏击。在校期间，他受到孙中山新三民主义的影响，接受周恩来、恽代英等共产党人的教育，先后参加了讨伐陈炯明叛乱的战斗和平定滇系军阀杨希闵、桂系军阀刘震寰叛乱的战斗。

1926年，戴安澜从黄埔军校毕业后，参加北伐战争，历任国民革命军排长、连长、营长、副团长等职。1928年5月，戴安澜亲历日军制造的“济南惨案”，对日本帝国主义惨无人道的侵略行径无比愤慨，决心要与日寇拼杀到底，直至将他们全部赶出中国。1930年参加蒋冯阎中原大战。1932年参加对鄂豫皖革命根据地的第四次“围剿”作战。1933年，任第17军第25师第145团团长，参加长城抗战，率部在古北口西南5公里的南天门一带，与日军血战三昼夜，重创日寇。战斗中，戴安澜身先士

即将奔赴抗日前线

卒，指挥若定，英勇负伤，荣获五等云麾勋章。

抗日战争全面爆发后，戴安澜升任第13军第73旅旅长，先后率部在河北漕河、漳河等地阻击日军。期间，教育官兵振奋精神，坚定抗日必胜信心，指出：日军“虽争城得地不少，已出于力战求胜之下策，较之初期欲用不战而胜之上策及连战连胜之中策，已损失甚多”，并认真总结作战中的经验教训，制定作战要诀：“长兵要短用，短兵要长用；低兵要高用，高兵要低用。能够这样，才能做到势险节短，因敌制宜，也才能战无不胜，守无不固。”

1938年初，戴安澜率部从华北战场转入第五战区。3月参加徐州会战。台儿庄一役中，他指挥所部在山东郯城、向城、洪山镇（今均属苍山）一线顽强抗击日军。日军猛扑数十次都没有得逞。由于戴安澜身材魁梧，被日军误认为是俄籍军官，在广播里说：“中国军队中有一俄籍军官，指挥有度。”战后升任第13军第89师副师长，并获国民政府颁发的华胄荣誉奖章。8月参加武汉保卫战，率部在江西瑞昌、湖北阳新间阻击从九江进犯的日军第9师团。该师团在日军中素以凶狠顽强著称，然而每前进一步都遭到戴部的痛击，先后补充兵员达九次之多。

戴安澜手迹

1939年，戴安澜接替杜聿明升任第5军第200师师长。该师是由1936年创建的战车营发展起来的，是当时中国军队第一个也是唯一的机械化师，武器装备精良，官兵训练有素。在宣誓就职时，戴安澜表示："尽竭全力，练成劲旅，为国驰驱，歼彼倭寇。"

同年11月，戴安澜率部参加桂南会战，担任正面主攻，三失三克昆仑关，击毙日军前线指挥官第5师团第12旅团长中村正雄少将。激战中，戴安澜被日军的炮弹弹片击穿左背，身负重伤，仍坚持指挥战斗。在友军配合下与日军反复激烈争夺，最终收复昆仑关口，并坚守住阵地。戴安澜因战功卓著，获国民政府颁发的四等宝鼎勋章。何应钦代表蒋介石主持召开南岳会议，总结昆仑关战役，高度赞扬戴安澜为"当代之标准青年将领"。国内外报刊在报道此战时，也盛赞他颇具北宋大将军狄青的风度。

中国远征军渡河进入缅甸境内

1941年12月，太平洋战争爆发，日本对美国、英国宣战。1942年初，日本大举进攻缅甸。应英国政府的请求，国民政府派遣十万人组成远征军，远赴缅甸支援盟军作战。

3月，戴安澜奉命率部赴缅参战。出征前，他亲自向部属作动员，勉励官兵英勇杀敌，扬威国外，为国争光。在坚守东吁战斗中，第200师鏖战十二昼夜，予日军以沉重打击，完成防御任务后奉命撤离。5月18日，在北撤途中遭日军伏击，戴安澜身负重伤，于26日在缅北南坎西南的茅帮村殉国。10月16日，戴安澜被国民政府追晋为陆军中将。29日，美国政府授予其懋绩勋章。中华人民共和国成立后，中央人民政府追认戴安澜为革命烈士。

毛泽东并不熟悉戴安澜，甚至从来都没有见到这位抗日英雄。但戴安澜的英雄壮举却深深地打动了毛泽东，使他平生第一次也是唯一一次为国民党阵亡将领题写挽诗，以寄托哀思。

中国远征军开赴缅甸前线

1943年4月1日，国民政府在广西全州香山寺为戴安澜举行了隆重的国葬仪式，有万余人参加。国共两党的领导人纷纷送来挽诗、挽联和花圈。

蒋介石的挽词是："虎头食肉负雄姿，看万里长征，与敌周旋欣不忝；马革裹尸酧壮志，惜大勋未集，虚予期望痛何如？"

毛泽东则写下了那首著名的《五律·挽戴安澜将军》："外侮需人御，将军赋采薇。师称机械化，勇夺虎罴威。浴血东瓜守，驱倭棠吉归。沙场竟殒命，壮志也无违。"

诗中所说的东瓜，即东吁，又称同古，是阻止日军北侵的缅北重镇。

1941年12月，太平洋战争爆发后，日本大本营为尽速攻占东南亚各国和西太平洋诸岛屿，令第15集团军司令官饭田祥二郎率2个师由泰国麦索侵入缅甸，陷仰光后，又增调2个师，共约9.5万人，飞机250架，分路向缅甸北部进攻。

为保障中国国际交通线滇缅路畅通，中国政府根据《中英共同防御滇缅路协定》，决定以3个军10个师共10万余人组成中国远征军第1路。此时，戴安澜率第200师正在广西、云南等地进行紧张的军事训练。在得知中国军队将出国远征的消息后，他对人说："如果远征异域，始偿男儿志愿！"

12月16日，蒋介石命令第5军开赴缅甸，协同英军抗击日军。戴安澜率部西进，途中他豪情满怀，即兴赋诗两首：

策马扬鞭走八荒，远征大业迈秦皇；
誓澄宇宙安黎庶，手挽长弓射夕阳！

万里旌旗耀眼开，王师出境夷岛摧；
扬鞭遥指花如许，诸葛前身今又来！

1942年2月下旬，蒋介石应驻缅英军总司令胡敦的请求，命令第1路副司令长官杜聿明率第5、第6军入缅，接替英军仰光——曼德勒铁路以东至泰、老、越接壤地区的防务。随后又增调第66军进至曼德勒地区，并派中国战区参谋长、美军中将史迪威和第1路司令长官罗卓英入缅指挥作战。

3月，戴安澜率领第200师不惜冒孤军深入的危险，挺进东吁，接替英军防务。6日，戴安澜在东吁会晤英军第1师师长斯高特，共商防务交接事宜。8日，日军第55、第33、第18师团分中、西、东三路向北迅速推进，企图在雨季到来前会师曼德勒，占领缅甸大部国土。为迟滞日军前进，掩护英军安全撤退，第200师昼夜抢修工事，修筑堡垒，布下三道防线，做了充分的迎战准备。

20日，日军第55师团在第5飞行集团一部配合下，向东吁外围阵地发起攻击。面对强大的敌军，第200师孤军作战且后援困难，处境艰难，但戴安澜决心血战到底。

戴安澜将军雕像

战前，他召集全师营以上军官开会，慷慨陈词：“此次远征，系唐明以来扬威国外的盛举，虽战至一兵一卒，也必死守东瓜。”“如本师长战死，以副师长代之；副师长战死，以参谋长代之；参谋长战死，由步兵指挥官替代，各级照此办理。”并命令团、营、连、排、班长都预立遗嘱，指定代理人，然后又带头立下了“誓与阵地共存亡”的遗书。

在致夫人王荷馨的信中，戴安澜写道：“余此次奉命固守同古，因上面大计未定，后方联络过远，敌人行动又快，现在孤军奋斗，决心全部牺牲，以报国家养育。为国战死，事极光荣。”

全师各级指挥官纷纷效仿，决意与日寇死战。

战斗打响后，日军借助空中支援和地面火力优势，发起了一波又一波猛烈的进攻。第200师官兵勇猛还击，给日军以沉重打击。

凶狠的日军见强攻不能奏效，竟施放糜烂性毒气。第200师官兵顽强地坚守着阵地，与敌血战，自身伤亡不断增加，大部分掩体也被炮火摧毁。戴安澜指挥将士利用残垣断壁、弹坑为依托，继续抗击日军的猛攻。他还采取百米决斗术，等攻击的日军进到50米处时，才从战壕里一跃而出，或用手榴弹集中投掷，或用刺刀进行肉搏。

中国远征军炮兵在战斗中

就这样，经五天激战，日军在付出了巨大伤亡代价后，夺取外围据点和东吁机场。

26日，日军第55师团向东吁市区发起总攻。戴安澜及时调整部署，命令师步兵指挥官兼第598团团长郑庭笈指挥3个步兵团坚守城区，他亲率师指挥部官兵到城外东郊继续指挥战斗。第200师遂与敌展开激烈的巷战。

28日，第5军新编第22师增援东吁，在东吁以北的南阳车站被日军所阻。激战两日，新编第22师未能突破阻击。29日夜，日军增援部队第56师团搜索团加入战斗，师团主力接近东吁。

据此，杜聿明鉴于第5军预备队第96师尚在输送途中，不能集中主力与日军决战，以解东吁之围，遂命第200师撤出战斗，退往彬马那，以图伺机再战。

此战，第200师以高昂的斗志与四倍于己、装备精良的日军鏖战12天，打退了日军20多次冲锋，歼灭日军4000多人，俘400多人，成功掩护了英军的撤退，取得了中国远征军出国参战的首次胜利，打出了国威。

战斗一结束，蒋介石就驰电嘉许戴安澜，称赞道：中国军队的黄埔精神战胜了日本军队的武士道精神。

抗日名将戴安澜

向中国远征军官兵授勋

戴安澜和他的200师在盟军中也因此战而声名大振。美国政府认为，东吁保卫战是“所有缅甸保卫战所坚持的最长的防卫行动，并为该师和他的指挥官赢得了巨大的荣誉”。英国的《泰晤士报》称：“……被围守军，以寡敌众与其英勇作战之经过，实使中国军队光荣簿中增一新页。”就连日军也不得不承认，东吁之战是缅战中“最艰苦的战斗之一”。

30日，日军进占东吁，随后分兵两路：第56师团东向南梅黑克，然后北攻腊戍；第55师团和增调的第18师团北向曼德勒攻击前进。

新22师在斯瓦地区依托既设阵地，逐次抗击北进日军；第6军暂编第55师在茂奇地区阻击东进日军。

4月18日，第66军新编第38师师长孙立人奉命率所部主力驰援，救援在仁安羌被日军第33师一部包围的英缅军第1师和英装甲兵第7旅，次日击破日军包围，解救出被围部队7000余人、传教士等500余人。

21日，戴安澜奉命收复棠吉。24日拂晓，第200师发起攻击，先后攻占西南北三面高地，并突入市区与敌人展开激烈的巷战。戴安澜亲临前线指挥，战斗一直持续到午夜，棠吉被攻克。捷报传来，举国上下无不欢欣鼓舞。蒋介石对第200师入缅后的战功倍加赞许，特意颁发奖金一百万元。史迪威也称赞说：“近代立功异域，扬大汉之声威者殆以戴安澜将军为第一人。”

然而，由于大批日军由泰国、老挝边境窜入，向中国远征军后方围攻过来。29日腊戍失守，5月1日曼德勒陷落，5日中国云南怒江惠通桥西岸地区被占，日军实现了对中国远征军的战略包围。

中国远征军在缅甸丛林里行军

形势日益危急，罗卓英急令中国远征军向八莫、密支那方向撤退。戴安澜奉命率第200师突围，退入泰、缅老边区原始森林地带。

当时条件异常艰苦，将士们无衣无食，每天只能以野草杂菜充饥。在这种情况下，将士们克服常人难以想象的困难，终日翻山越岭，向祖国的方向前进。日军紧追不舍，扬言“非消灭第5军尤其是第200师不可”。

5月16日，大雨滂沱，第200师行进至郎科地区时，突遭日军第56师团的重兵伏击。

激战两天，全师伤亡惨重。戴安澜在一个小平山坡上指挥夺取敌军阵地时，不幸被敌军枪弹击中胸部和肺部，血流如注。

戴安澜从昏迷中苏醒过来，用微弱的声音，断断续续地对围在身边的部属说：“大家不用管我，赶快突围出去！”

此时，缅甸已进入雨季，终日大雨滂沱。林中满地沼泽，道路泥泞，行军更加艰难。

部队不仅断粮，也没有药，甚至连块干净的绷带也没有。连日的大雨，加上蚊子、蚂蟥叮咬，戴安澜身上的两个大伤口，已经严重感染、溃烂、化脓，还长了蛆。

位于贵阳花溪的戴安澜衣冠冢

26日下午5时40分，在缅北距祖国只有100多公里之地的茅邦村，戴安澜将军流尽了最后一滴血，壮烈殉国，时年38岁，实现了他“为国战死，事极光荣”的誓言。临终前，他嘱咐部属帮他整理一下衣冠，扶起他向祖国的方向瞭望，嘴里喃喃地说：“反攻，反攻，祖国万岁！”

戴安澜将军墓

6月17日，历尽千辛万苦的第200师到达云南腾冲，戴安澜的遗骸随部队回到了祖国。他的灵柩经云南昆明、贵州安顺和贵阳、广西柳州和桂林，最后运在全州暂厝。

戴安澜英勇捐躯后，美国

政府为表彰他在第二次世界大战中做出的巨大贡献，向其颁授懋绩勋章一枚。戴安澜成为第二次世界大战反法西斯斗争中第一位获得美国勋章的中国军人。罗斯福总统在签署的命令中写道：“中华民国陆军第二百师师长戴安澜将军于1942年于同盟国缅甸战场协同援英抗日时期，作战英勇，指挥卓越，圆满完成所负任务，实为我同盟国军人之优良楷模。”

10月，国民政府发布命令，追赠戴安澜为陆军中将。12月，批准戴安澜的英名入南京忠烈祠，同时入祀省、县忠烈祠。

1943年秋，戴安澜的灵柩由广西全州迁葬于安徽芜湖故里。

1956年9月21日，中华人民共和国中央人民政府内务部追认戴安澜将军为革命烈士。10月3日，毛泽东亲自向戴安澜的遗属颁发了“革命牺牲军人家属光荣纪念证”。

参考书目

中国军事百科全书编审委员会：《中国军事百科全书》，军事科学出版社，1997年7月。

中共中央文献研究室：《毛泽东传（1893–1949）》，中央文献出版社，1996年8月

中共中央文献研究室：《毛泽东文集》，中央文献出版社，1996年8月

中共中央文献研究室：《毛泽东年谱（1893–1949）》，人民出版社、中央文献出版社，1993年12月

《毛泽东军事文集》，军事科学出版社，1993年12月

《建国以来毛泽东文稿》（第1–第7册），中央文献出版社，1987年11月

《民国高级将领列传》，第1集，解放军出版社，1988年3月

《民国高级将领列传》，第2集，解放军出版社，1988年10月

《民国高级将领列传》，第3集，解放军出版社，1989年5月

《民国高级将领列传》，第4集，解放军出版社，1989年12月

《民国高级将领列传》，第5集，解放军出版社，1990年11月

《民国高级将领列传》，第6集，解放军出版社，1993年11月

马祥林：《毛泽东点评国民党著名将领》，民主建设出版社，2006年1月

孙琴安：《毛泽东与国民党高级将领》，重庆出版社，2002年1月

高建中：《毛泽东与李宗仁》，华文出版社，1999年1月

李涛：《肝胆相照——毛泽东与国民党爱国将领》，长征出版社，2003年11月

李豫：《毛泽东与国民党高级将领》，解放军文艺出版社，1998年1月

苏志荣等：《白崇禧回忆录》，解放军出版社，1987年5月

赵建利：《蒋介石麾下八大金刚》，中国文史出版社，2012年8月
钟卓安：《陈济棠》，广东省地图出版社，1999年12月
陈利明：《陈明仁将军传》，解放军出版社，1989年2月
戴澄东：《戴安澜传》，安徽人民出版社，1999年9月
全国政协文史资料研究委员会等：《邓宝珊将军》，文史资料出版社，1985年6月
蒋曙晨：《傅作义传略》，中国青年出版社，1990年11月
余方德：《西北王胡宗南》，四川文艺出版社，1995年1月
周溯源等：《蒋介石的五虎上将》，湖北人民出版社，1993年5月
申晓云、李静之：《李宗仁的一生》，河南人民出版社，1992年5月
王鸿宾等：《马占山》，黑龙江人民出版社，1985年1月
方知今：《爱国将领卫立煌》，华文出版社，2006年6月
李茂盛等：《阎锡山全传》，当代中国出版社，1997年1月
贾思南：《毛泽东人际交往实录》，江苏文艺出版社，1989年6月
刘立勤、李涛：《中国近代军系——奉军》，山西人民出版社，2012年1月
邵康：《毛泽东和党外朋友们》，团结出版社，1993年9月
刘思齐：《毛泽东的统战交往》，中国书店，1993年1月
殷理田：《毛泽东交往百人丛书》，山西人民出版社，1993年10月
张民：《毛泽东是怎样战胜对手的》，中共中央学校出版社，1996年1月
周溯源：《毛泽东点评古今人物》，红旗出版社，1998年1月
毕桂发：《毛泽东评说古今名将》，解放军出版社，2001年1月

声 明

本书在编写过程中，参考引用了大量的图片资料。由于资料的来源广、头绪众多，在客观上难以逐一进行核实。特在此郑重声明：希望图片资料版权的所有者予以谅解，并向他们致以衷心的感谢。凡认定自己是本书所使用的某张图片资料的版权所有者，请提供可靠的证明材料，并请及时与作者或出版社联系，我们将根据有关规定，合理支付报酬。